U0915609

珍藏本
纪念版

汉译世界学术名著丛书

拿破仑法典

（法国民法典）

李浩培 吴传颐 孙鸣岗 译

商务印书馆
SINCE 1897 The Commercial Press
2017年·北京

CODE CIVIL FRANÇAIS
Librairie Dalloz
Paris，1928
本书根据达罗斯出版社1928年法文版译

汉译世界学术名著丛书
（120 年纪念版·珍藏本）
出版说明

2017 年 2 月 11 日，商务印书馆迎来 120 岁的生日。120 年前，商务印书馆前贤怀揣文化救国的理想，抱持“昌明教育，开启民智”的使命，立足本土，放眼寰宇，以出版为津梁，沟通中西，为中国、为世界提供最富智慧的思想文化成果。无论世事白云苍狗，潮流左右激荡，甚至战火硝烟弥漫，始终践行学术报国之志，无改初心。

迻译世界各国学术名著，即其一端。早在 20 世纪初年便出版《原富》《天演论》等影响至今的代表性著作，1950 年代后更致力于外国哲学和社会科学经典的译介，及至 1980 年代，辑为“汉译世界学术名著丛书”，汇涓为流，蔚为大观。丛书自 1981 年开始出版，历时三十余年，迄今已推出七百种，是我国现代出版史上规模最大、最为重要的学术翻译工程。

丛书所选之书，立场观点不囿于一派，学科领域不限于一门，皆为文明开启以来，各时代、各国家、各民族的思想与文化精粹，代表着人类已经到达过的精神境界。丛书系统译介世界学术经典，引领时代思想，为本土原创学术的发展提供丰富的文化滋养，为推动中国现代学术和现代化进程做出了突出的贡献。

为纪念商务印书馆成立120周年，我们整体推出“汉译世界学术名著丛书”120年纪念版的珍藏本，寄望既利于文化积累，又便于研读查考，同时向长期支持丛书出版的译者、编者和读者致以敬意。

两甲子后的今天，商务印书馆又站在了一个新的历史时间节点上。我们不仅要铭记先辈的身影和足迹，更须让我们的步伐充满新的时代精神。这是商务人代代相传的事业，更是与国家和民族的命运始终紧密相连的事业。我们责无旁贷，必须做好我们这代人的传承与创造，让我们的努力和成果不仅凝聚成民族文化的记忆，还能成为后来人可以接续的事业。唯此，才能不负前贤，无愧来者。

商务印书馆编辑部

2017年10月

译者序

1804年公布的《法国民法典》，也称《拿破仑法典》，是1789年法国资产阶级大革命的产物。它是资产阶级国家最早的一部民法典；经过一些修正后，它现在仍然施行于法国。

法国在大革命后之所以亟欲制定民法典，是由于两个主要的原因。第一，在此以前，法国的民法是不统一的，因而它需要一部统一的民法典。第二，革命既已成功，必须除旧布新，即通过成文法的制定来巩固资产阶级革命的胜利，并为资本主义的发展在法律上奠定基础。

(一)统一的民法典的需要：

在法国大革命以前，尽管法国在政治上已经统一了很久，在法律上却是很不统一的。那时，法国的法律界线，自纪龙德河口向东把法国分为南北两部分。南部是成文法地区，施行着罗马的《优斯蒂宁法典》。北部是习惯法地区，施行着渊源于法国人民的法律传统而经官方文件予以记录的一般习惯和地方习惯，主要是1580年修正的1510年的巴黎习惯，及1509和1583年的奥雷昂习惯。而且，这两部分地区所施行的罗马法和习惯法在内容上也是各种各样的。不仅如此，在施行罗马法的南部地区，罗马法已经地方习惯法加以补充；而在适用习惯法的北部地区，罗马法作为成文的理性至少也渗入了习惯法的罅隙中。所以,法国的民法处于很为分歧的状态,既难以了解,就难以适用,对法国人民很为不便。因此,法国1791年的《宪法》即已明文规定:“应制定一部共同于整个王国的民法典。”正是《法国民法典》统一了法国的民法,该法典的主要组成部分仍然是上述罗马法和习惯法。但是,在该法典内,在这两个法律渊源中,习惯法处于优势,因为法典编纂人主要来自习惯法地区。有时,该法典的条文把罗马法和习惯法的不同规定加以折中,但是折中得不够完善,从而造成了不协调,例如在继承法中就有这样的情形。

(二)巩固革命胜利的需要:

1789年的法国大革命是翻天覆地的革命。革命的结果推翻了封建专制制度,建立了资产阶级共和国。这样重要的政治和经济变革在法律上不可能没有反映。在民法上的反映就是《法国民法典》。

在这方面,1791年的《宪法》所规定的制定统一民法典的计划虽然在此后多年革命动荡的时期未能完成;几个草案,特别是所谓《国民议会的草案》,都没有超过草案的阶段;然而许多单行法却具有重要的意义。1791年宪法议会的法令废除了长子的一切特权,及继承法上基于年龄或性别的一切其他区别,并规定了子女间或其他法定继承人间对遗产的完全平等的分配。同时废除了指定世袭财产补充继承人的制度。这两项改革具有非常深远的意义。此外,1791年《宪法》把婚姻宣告为纯粹的民事契约,从而为婚姻法的世俗化提供准备;接着,在1792年的法律中,创行了国家民事身份登记制度和强行的民法婚姻制度以及完全创新的离婚制度。不仅如此，亲权的行使被限制于未成年时期，而成年年龄被降低到二十一岁。但是，最重要的是废除了土地上的封建权利，而不予补偿。在以后的几年中，即使在民法问题上，革命的发展也越来越广泛和深入。为了将数量巨大的财产分裂成许多小额财产，几乎完全废止了遗嘱自由和赠与自由；为了便利离婚，许可了只在身份官员前作离婚表示的离婚；为了解放非婚生子女，把他们置于几乎和婚生子女平等的地位。

但是，这些以单行法规定的民法上的改革还不够。为了巩固革命的成果，为了发展资本主义，有必要制定一部崭新的民法典，以为促进资本主义发展的理想的上层建筑。

《法国民法典》的草拟和制定，主要是在1799年执政官制度确立以后。1800年，任命了以法律家组成的四人委员会，赋予起草民法典的任务，其中一人包塔利斯（Portalis）出自成文法地区，另一人特朗舍（Tronchet）出自习惯法地区，其余两人是比戈-普勒阿默纳（Bigot-préameneu）和马勒维尔（Maleville）。翌年，委员会以四个月的时间草成了全部民法典的初稿。第一执政拿破仑和第二执政冈巴塞莱斯（Cambacérès）亲自参加了该法典的制定。冈氏原是《国民议会法典》的起草人，所以对民法典的编纂很有经验，对于它的制定有不少贡献。但是，拿破仑的积极参加制定，对于该法典的胜利草成起了决定性的作用。他在法国枢密院中对草案讨论的积极参与，大大地影响了很多条文的形成。草案除了经过枢密院的仔细审议外，还送请法国各法院征询意见，然后逐渐分为三十六个单行法（相当于该法典现有的三十六章），得到法国国会的通过，而在帝国建立以后，被综合成为《法国民法典》，于法国革命纪元

12 年的风月 30 日，即 1804 年 3 月 21 日，最后以法律通过。1807 年和 1852 年，该民法典曾先后两次被命名为《拿破仑法典》，以纪念他的贡献。拿破仑也曾自夸地说："我的光荣不在于打胜了四十个战役，滑铁卢会摧毁这么多的胜利……，但不会被任何东西摧毁的，会永远存在的，是我的民法典。"

《法国民法典》除开头的《总则》章外，分为三编，第一编是人法，包含关于个人和亲属法的规定，实际上是关于民事权利主体的规定。第二编是物法，包含关于各种财产和所有权及其他物权的规定，实际上是关于在静态中的民事权利客体的规定。第三编称为"取得所有权的各种方法"编，其规定的对象颇为庞杂：首先规定了继承、赠与、遗嘱和夫妻财产制，其次规定了债法，附以质权和抵押权法，最后还规定了取得时效和消灭时效。实际上，该编是关于民事权利客体从一个权利主体移转于另一个权利主体的各种可能性的规定。

这三编法律规定可以三个原则予以概括：自由和平等的原则、所有权原则、契约自治原则。

(一)就自由和平等原则来说，该法典包含两个基本的规定。第 8 条规定："所有法国人都享有民事权利。"民事权利是指非政治性权利，包括关于个人的权利、亲属的权利和财产的权利。这就是说，在原则上，每个法国人，毫无例外，都享有平等的民事权利。第 488 条规定："满二十一岁为成年，到达此年龄后，除结婚章规定的例外外，有能力为一切民事生活上的行为。"这就是说，在原则上，每个人从成年之日起都享有平等的民事行为能力，虽然关于这种能力的享有，法律定有某些限制。人人都享有平等的民事权利和行为能力，所以人人在民法上都是自由和平等的。

这个原则初看起来似乎是尽善尽美的，然而实际上并非如此。首先，这个原则以理论上不能成立的个人主义作为它的哲学基础。按照个人主义，个人被想象为在自然状态中是自由和平等的，享有各种自然权利。它认为，虽然社会是必要的，可是社会的最后目的是个人。所以，不论在公法或私法上，法律都应当保障个人的自由和平等，保护个人的与生命同来的自然权利。而且，个人还被想象为孤立和独立的人，并且只是为自己的利益而行动。然而，它主张，正是由于每个个人为自己利益行动的结果，就对社会的利益作出了贡献。因此，国家虽然可以对个人进行干涉，可是国家干涉的目的只是为了更好地保证个人的才能的发展。但是，个人的利益必然同其他个人的利益相对立，所以法律一面固然应对个人的利益加以保障，而另一面也须加以界限，以使各个个人可以共同存在。因此，该法典第 6 条规定："个人不得以特别约定违反有关公共秩序和善良风俗的法律。"

我们认为，在自然状态中存在着孤立和独立的个人，这种个人在社会存在以前已享有一些自然权利，而在组成社会时把它们随同带进社会的说法，是完全不符合事实的。孤立和独立的个人是纯粹的虚构，这种个人从未存在过。人是社会的动物，只是生存在集体中，而且总是作为一个集体的成员而存在的。任何个人的享有权利，以另一个人的负担义务为必要条件。所以，独立于社会之外的个人是毫无权利可言的。这个原则以虚构作为基础，其出发点就是错误的。

其次，该法典所规定的自由和平等只是形式上的自由和平等，掩盖了实质上的不自由和不平等。例如,按照该法典,人人都可以享有动产和不动产的所有权,然而无产阶级除了极少数的生活资料以外,一无所有。人人都有为任何有关民事生活的行为的能力,然而一个赤贫的工人实际上除了能为出卖其劳动力以供资本家剥削的行为能力以外,它的其他有关民事生活的行为的能力是微不足道的。所以,该法典是阶级的立法,只是保护了有产者。虽然法国大革命的一些宪法规定人有生存权和工作权,然而该法典并未保障这些基本权利。当然,对于这一评论可以提出反对意见,说这些是行政法的问题,而不是民法的问题。可是,即使在法国行政法上,这些权利也是不存在的。

最后,在《法国民法典》上,关于民事权利能力和行为能力的享有,即使是形式上的平等也没有完全实现。例如,在夫妻关系和亲子(女)关系上,该法典规定了夫(父)是一家之长的原则。按照第 213 条,丈夫有保护其妻的义务,妻子有服从其丈夫的义务。该法典虽然规定夫妻间可以自由选择夫妻财产制,然而在没有相反约定的情况下,就应适用法定的夫妻共同财产制。而按照后一制度,丈夫不仅有权管理共同财产,而且就对第三人的关系而言,他还有权作为共同财产的所有人,出卖、让与或抵押这种财产,而不以其妻作为当事人的一方。妻子虽然在法律上受到一些保障,然而她依法没有行为能力,绝对不能自行处分她的财产(第 142 条以下)。即使在离婚的法定原因方面,夫妻的地位也是不平等的。按照该法典第 230 条的原文,妻子只是在其夫将姘妇留在夫妻共同家宅时才得要求离婚,而按照第 229 条,丈夫在妻子通奸的场合即可要求离婚。

在亲子(女)关系上,未成年子女虽然处于其父母双方的亲权之下,但在婚姻存续期间,只是父亲有权行使亲权(第 372、第 373 条)。父亲对于其子女的人身和财产的权力是很广的:例如,甚至有权将他们拘禁(第 375 条以下)。父亲在夫妻婚姻存续期间对其十八岁以下子女的财产享有使用收益权(第 384 条)。而母亲对于其子女的人身和财产的权力只能在父亲死亡后行使(第 381、第 384 条)。

同样,非婚生子女也是受到歧视的,按照该法典,他们的继承权就大大低于婚生子女(第 756 条以下)。

从此可见,《法国民法典》,较之大革命时期的立法,在亲属法方面显然是后退了。然而总的说来,这个自由平等原则的一些规定消灭了封建桎梏,使个人有积极发挥其能力的可能性,从而为发展资本主义经济开辟了广阔的道路,这在当时是有巨大的进步意义的。而且,夫为一家之长的规则已为 1970 年 6 月 4 日的法律所废除;1972 年 1 月 3 日的法律也已确立了非婚生子女与婚生子女平等的地位。

(二)就所有权原则来说,该法典第 544 条至 546 条给与动产和不动产所有人以充分广泛的权利和保障。所有权被定义为"对于物有绝对无限制地使用、收益及处分的权利"。国家征收私人财产只能根据公益的理由,并以给予所有人以公正和事先的补偿为条件。不论是动产或不动产的所有人都有权得到该财产所生产以及添附于该财产的一切东西。这样,资产阶级的生产资料和生产工具既可以完全自由地使用、收益和出售,又不愁被国家征收而得不到补偿,资本主义的经济自然可以迅速发展。另一方面,农民的私有土地也得到了保障，借以安抚他们。此外，该法典还规定了对他人财产的用益物权（第 578 条以下）和地役权（第 637 条以下），这对小农经济是重要的。

（三）契约自治，或契约自由原则，规定在第 1134 条："依法成立的契约，在缔结契约的当事人间有相当于法律的效力。"换句话说，当事人之间的契约，对于当事人就等于法律，除非该契约违反了该法典第 6 条所说的公共秩序或善良风俗。契约是两个或两个以上的意思表示的一致，其目的在于产生某种法律上的效果，即或者将所有权从一人移转于他人，或者产生某些债务，或者解除当事人先前所缔结的债务，或者只是改变已经存在的一些约定。该法典赋予两个或两个以上个人的意思表示的一致以等于法律的效力，来使他们以自己的行为产生相互间的权利义务，从而改变其原有的法律地位。所以，契约自治，也称为当事人意思自治。契约一经合法成立，当事人必须按照约定，善意履行，非经他们共同同意，不得修改或废除。契约当事人的财产，甚至人身（该法典第 2059 条以下原来规定了对违约债务人的民事拘留）都作为履行契约的保证。基于这些观念，立法者作出了一系列规定：契约义务的强制履行、不履行的损害赔偿、履行迟延、债务人破产的程序等等。

在资本主义社会，契约有非常巨大的意义：原料的取得，商品的流通，工人的雇用，都必须通过契约。确立了这个契约自治原则，资本主义社会就可以自动地运行和发展。从该法典用一千多个条文来规定契约之债，就可见契约对资本主义社会的重要性。契约自治也是在形式上平等和自由的名义下实行的，并且是自由和平等原则的逻辑结果。对于这个原则，马克思曾经在《资本论》

中予以精辟的批判(《资本论》第1卷,第2编,第4章,第3节)。实际上,这个原则是资本主义制度“弱肉强食”原则的必要条件,而其必然结果是资本主义社会从自由资本主义发展到垄断资本主义。

《法国民法典》对于世界上各资产阶级国家的民法典有巨大的影响。

在1804年原属法国因而自该法典施行之日起即属于它的效力范围的一些国家中,比利时和卢森堡现在仍然把它作为自己的法典。在其他从该法典施行之日起即予适用或经拿破仑强行施加的那些国家里,它后来先后被废除而由其他立法替代,但是关于这方面的发展,各国的历程在细节上并不相同。

在德国,曾适用该法典的地区占其总面积的六分之一,其人口约八百万。随着1900年1月1日《德国民法典》的施行,该法典在德国的效力即告终止。但是,在起草《德国民法典》时,曾经仔细参考了该法典,并斟酌采用了它的个别规定。例如,《德国民法典》的第831条,以该法典的第1384条为蓝本;前者关于亲笔遗嘱的规定(第2231、第2267条)以后者的第970条为蓝本。

在瑞士,日内瓦郡和贝尔纳·茹拉郡于1804年属于法国,因而自该法典施行之日起即适用该法典。此后,19世纪时法典编纂的需要使瑞士法语地区的一切郡逐渐都以该法典为蓝本来制定自己的民法典。但是,自1907年统一的《瑞士民法典》施行之日起,上述各仿效该法典的郡民法典都已废止。《瑞士民法典》是独立的新创,然而也受到了该法典的影响。例如,它的关于继承人特留分权利和失踪宣告的规定都来自该法典。

与《德国民法典》和《瑞士民法典》只受了该法典的若干影响不同，该法典在有些国家里被接受为母法，并通过其子法现今正在那里发生效力。例如，1838 年的《丹麦民法典》并非独立的新创，而是依据该法典制定的；1865 年的《意大利民法典》在体系和原则上也是以该法典为基础的；1946 年的《希腊民法典》也是以该法典为模范的。

至于 1888—1889 年的《西班牙民法典》，虽然它在外表的体系上接受了该法典，然而除了债法及其他类似问题的很多规定采用该法典以外，其他问题都经过独立的研究，并按照本国的传统予以规定。1867 年的《葡萄牙民法典》则更不能被认为是它的子法，因为，尽管它的很多个别规定采自该法典，但是总的说来，它是新创的。拉丁美洲国家的一些民法典的编纂，则是从西班牙或葡萄牙的民法典出发，折中地进行的，所以也不能说是一般采纳了《法国民法典》。该法典对于拉美各国民法典的影响，按其程度，首先是 1855 年的《智利民法典》，其次是 1869 年的《阿根廷民法典》，最后是 1916 年的《巴西民法典》。

最后，该法典在法国的某些前殖民地中仍在施行。例如，加拿大的魁北克省现行的民法典，部分地以该法典为基础，部分地以巴黎习惯法为基础。美国的路易斯安那州自 1825 年起采取了该法典，虽然加以若干修改和补充。

总之，从以上概括而尚非详尽无遗的叙述看来，《法国民法典》对于资本主义世界各国民法的发展显然是很有影响的。其所以如此，原因在于：第一，法国在 19 世纪是一个强国，它的力量使该法典易于影响外国。第二，该法典在形式上和实质上都有其优越性，这也使它易于影响外国。就形式说，该法典文字简单明了，逻辑谨严，体系完整。就实质说，该法典不仅折中了法国习惯法和罗马成文法，使它成为一个和谐的整体；而且最重要的，是它废除了一切封建特权和桎梏，它的一些原则使其他资产阶级国家把它评价为发展资本主义的最良好的上层建筑。第三，19 世纪的各资产阶级国家大都急需编纂统一的民法典，而该法典是现成的模型。

《法国民法典》既有上述重大的意义和影响，我国的社会科学家显然不能予以无视。同人等爰忠实译出，以供研究。错误之处，甚望阅者指正。

李 浩 培

1979 年 1 月 21 日于北京

目　　录

法国民法典

一八〇三——八〇四年公布

总则　法律的公布、效力及其适用

第 1 条　经国王公布的法律，在法国全境内有强行力。在王国各部分，自公布可为公众所知悉之时起，法律发生强行力。

国王所为的公布，在首都，视为于公布的次日为公众所知悉，其他各省于上述日期届满后，按首都与各省首府间的距离每百公里增加一日。

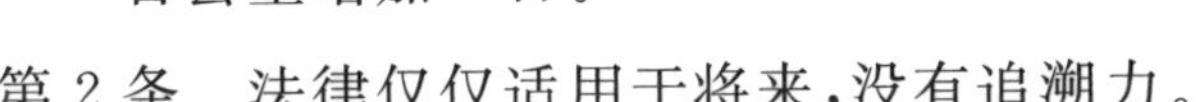

第 2 条　法律仅仅适用于将来，没有追溯力。

第 3 条　有关警察与公共治安的法律，对于居住于法国境内的居民均有强行力。

不动产，即使属于外国人所有，仍适用法国法律。

关于个人身份与法律上能力的法律，适用于全体法国人，即使其居住于国外时亦同。

第 4 条　审判员借口没有法律或法律不明确不完备而拒绝受理者，得依拒绝审判罪追诉之。

第 5 条　审判员对于其审理的案件，不得用确立一般规则的方式进行判决。

第 6 条　个人不得以特别约定违反有关公共秩序和善良风俗的法律。

第一编　人

第一章　民事权利的享有及丧失

第一节　民事权利的享有

第 7 条　民事权利的行使不以按照宪法取得并保持的公民资格为条件。

第 8 条　所有法国人都享有民事权利。

第 9 条　外国人在法国所生的子女，得于其成年后之一年内，请求取得法国人资格，但以符合下列条件为限：如该子女居住于法国时，声明其有在法国设立住所的意思；如居住于外国时，订立在法国设立住所的承认书，并于承认书做成后之一年内在法国设立住所。

第 10 条　所有法国人在外国所生的子女一律为法国人。所有丧失法国人资格的法国人在外国所生的子女，得按照第 9 条规定的方式，随时请求恢复法国人资格。

第 11 条　外国人，如其本国和法国订有条约允许法国人在其国内享有某些民事权利者，在法国亦得享有同样的民事权利。

第 12 条　外国妇女与法国人结婚者，依从其夫的地位。

第 13 条　外国人经政府许可设立住所于法国者，在其继续居住期间，享有一切民事权利。

第 14 条　不居住于法国的外国人，曾在法国与法国人订立契约者，因此契约所生债务的履行问题，得由法国法院受理；其曾在外国订约对法国人负有债务者，亦得由法国法院受理。

第15条　法国人在外国订约所负的债务，即使对方为外国人的情形，得由法国法院受理。

第16条　一切诉讼，除商事外，由外国人为原告者，应提供支付诉讼费用及因诉讼所生损害赔偿的担保。但如在法国占有不动产足够保证此项支付者不在此限。

第二节　民事权利的丧失

第一目　因丧失法国人资格而丧失民事权利

第17条　法国人资格因下列原因而丧失：

一、入外国国籍者；

二、未经国王准许，接受外国政府所授予的公职者；

三、在国外建立事业，无意返国者。

第18条　所有丧失法国人资格的法国人，取得国王的许可重返法国，且声明其有意在法国定居并放弃一切与法国法律相违反的特殊称号者，得请求恢复此种资格。

第19条　法国妇女与外国人结婚者，依从其夫的地位。

如该妇女成为寡妇，得要求恢复法国人资格，但以其居住于法国，或取得国王的许可重返法国并声明有意定居于法国者为限。

第20条　依第10条、第18条与第19条规定的情形，请求恢复法国人资格者，仅于完成各该条所定的条件后，始得主张此种资格,并始得行使其自此时起开始享有的权利。

第21条　法国人未经国王的许可,服务于外国军队或参加外国军事团体者,丧失法国人资格。

前项之人仅于取得国王准许后,始得重返法国,并须完成外国人成为公民的条件,始得恢复法国人资格;以上一切,对于刑法就法国人过去或将来持有武器反抗祖国所定的刑罚,不生影响。

第二目　因法院判决而剥夺民事权利

第22条　受刑罚的宣告,其效果为剥夺受刑人享有下述规定的民事权利者,发生民事死亡。

第23条　受死刑宣告者,并发生民事死亡。

第24条　其他终身身体刑,仅法律定有民事死亡的效果者,发生民事死亡。

第25条　民事死亡,使受刑人丧失其对于全部财产的所有权;其财产继承为其继承人的利益而开始,与其自然死亡而并未立有遗嘱因此遗产归属于继承人的情形相同。

民事死亡人不再继承任何财产,亦不能以此名义移转其此后所取得的财产。

民事死亡人不能以生前赠与或遗嘱的方式,处分其财产的全部或部分;除受扶养的原因外,亦不能以赠与或遗赠的名义有所受领。

民事死亡人不能被指定为监护人,亦不能参与有关监护的行为。

民事死亡人不能为要式行为或公证书的证人，亦不许为诉讼上的证人。

民事死亡人不能为诉讼上的原告或被告，仅得由受诉法院所任命负担特别财产管理人职务之人，以其自己的名义为之。

民事死亡人不能缔结产生任何民事效果的婚姻。

民事死亡人以前所缔结的婚姻，就一切民事效果说，视为消灭。其配偶与继承人就其自然死亡开始的权利与诉权得互相行使之。

第 26 条　几个宣告互有出入时，民事死亡仅从真正的或假想的刑之执行日开始。

第 27 条　在缺席宣告刑罚的情形，民事死亡仅自判决经假想的执行满五年时开始，且在此期间内受刑人得自行到案。

第 28 条　缺席受刑人，在五年内，或迄至其到案或在此期间内被捕为止，一律剥夺其民事权利的行使。

其财产的管理与权利的行使与不在人同。

第 29 条　缺席受刑人，自执行之日起算，在五年内自动投案，或在此期间内被扣押监禁时，判决在法律上当然消灭；被告重新占有其财产，并重新予以审理；如新判决处以同样刑罚或不同刑罚，并同样附带宣告民事死亡时，民事死亡自新判决执行之日起开始。

第 30 条　缺席受刑人，如在五年内既未投案亦未被监禁，而经新判决赦免或改处不附带宣告民事死亡的刑罚时，自被告重行投案之日起，完全恢复其民事权利；但第一判决自执行满五年时起直至被告重行投案时止对于民事死亡所产生的效果，仍保持其效力。

第 31 条　如缺席受刑人在五年恩惠期间死亡，既未到案，亦未被捕，视为其死亡时保有完全的权利。

缺席判决在法律上当然消灭，但不影响民事部分的诉权，此项诉权得依民事程序对受刑人的继承人提起之。

第 32 条　在任何情形，刑罚因时效而消灭时，受刑人的民事权利，对将来仍不恢复。

第 33 条　受刑人在民事死亡存续中取得并于其自然死亡时仍占有的财产，由国家按无人继承的权利取得之。

但国王得为受刑人的寡妇、子女或父母的利益为适应人道主义的决定。

第二章　身份证书

第一节　总　则

第 34 条　身份证书应记载做成的年、月、日、时，以及所有证书上涉及之人的姓名、年龄、职业与住所。

第 35 条　身份吏不得在其做成的证书中以注解或叙述插入当事人应声明以外的事项。

第 36 条　利害关系人在并无亲自出席义务的情形，得以特别委任书或公证委任书，委托代理人出席。

第 37 条　身份证书的证人，须至少年满二十一岁的男性，不问是否为亲属，并由利害关系人选择之。

第 38 条　身份吏应对出席的当事人、代理人及证人宣读证书。

前项方式的履行应记载之。

第 39 条　证书应由身份吏、当事人及证人签名；或记明当事人和证人不能签名的理由。

第 40 条　在各区、乡，身份证书应登录于一种或数种登记簿，此种登记簿应备正副本二份。

第 41 条　登记簿应由第一审法院院长或代理其职务的审判员，在首页及末页记明页数，并于每页上签名。

第 42 条　证书应依次登录于登记簿，不许留有任何空页。涂改或添注应按照证书本身同样方法签证之。不得为任何简略的记载，且任何日期不得以号码数字记载之。

第 43 条　登记簿于每年终了由身份吏截止记载，并于一个月内，以复本中的一份送存当地记录保存所，另一复本送存第一审法院书记课。

第 44 条　添附于身份证书的委任书与其他文件，经提出人及身份吏签名后，送交保管复本登记簿的第一审法院书记课一并保存。

第 45 条　任何人得请求身份登记簿保管人交付登记簿的节要。交付的节要如与登记簿相符合，并由第一审法院院长或代行其职务的审判员认证后，在经过诉讼确认登录系出于伪造前有证据力。

交付日期应以文字记载之。

第 46 条　登记簿不存在或遗失时，其证明得以文件或证人为之；在婚姻、出生、死亡的事件，得以已故父母的登记簿及文件或证人证明之。

第 47 条　一切在外国做成的法国人或外国人的身份证书，如系按照该国通常方式做成者，有证据力。

第 48 条　旅外法国人的身份证书，如经外交人员或领事人员依法国法做成者，一律有效。

第 49 条　有关身份证书的记载，应记入已经登录的另一证书的备注栏内时，基于利害关系人的请求，由身份吏记入现用的登记簿或已送存当地记录保存所的登记簿，并由第一审法院书记员记入送存书记课的登记簿；为郑重计，身份吏应于三日内通知当地法院的王国初级检察官，请其查阅二份登记簿的记载是否一致。

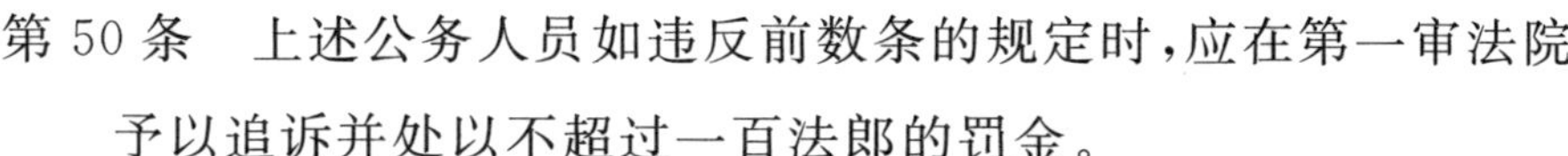

第 50 条　上述公务人员如违反前数条的规定时，应在第一审法院予以追诉并处以不超过一百法郎的罚金。

第 51 条　一切登记簿的保管人对于登记簿上发生的变造负民事上责任，但对于变造的行为人有求偿权。

第 52 条　身份证书的变造、伪造，在活页上或登记簿以外的文书上登录身份证书，对当事人均负赔偿损害的责任，并不妨碍刑法规定刑罚的成立。

第 53 条　第一审法院的王国初级检察官，在登记簿送存书记课时，负责检查登记簿的状态；检查结果应做成检查书，对身份吏的犯罪应予揭发，并请求判处罚金。

第 54 条　第一审法院关于身份证书为认定时，在任何情形，当事人均得对判决提起上诉。

第二节　出生证书

第 55 条　出生应于分娩日起三日内向当地身份吏提出申报，并向其提出婴儿。

如出生不于法定期间内申报时，身份吏仅得依儿童出生地法院的判决补记于登记簿，并摘要附记于出生日的备注栏内。

如出生地不明时，申请人住所地的法院有管辖权。

第 56 条　婴儿的出生，由父，父不在时，由内科或外科医生、助产士、医疗工作人员或其他分娩时在场之人进行申报；如母于自己住所以外分娩时，由分娩地点的主人进行申报。

出生证书，经二位证人到场，应立即做成之。

第 57 条　出生证书应记载出生日期、时间与地点；婴儿的性别与所给予的名号，父母的姓名、年龄、职业与住所；以及证人的姓名、年龄、职业与住所。

第 58 条　婴儿的发见人，应将婴儿连同其衣服及随身物件送交身份吏，并陈述发见地点及发见时的一切情况。

发见人应做成详细报告书，记明婴儿的大概年龄、性别、所给予的名号，以及送交的户籍当局。此项报告书应登录于登记簿。

第 59 条　如婴儿在海洋旅行中出生时，出生证书应于二十四小时内做成，如其父在船上，由父到场，并于该船的官吏中邀二人为证人，如无官吏，则邀请船员担任之。

如在国王的船舶上，证书由海军行政官吏做成之；如船舶属于私人船主或商人时，由船长或船主做成之。出生证书应登录于船员名簿的末尾。

第 60 条　船舶或由于停泊，或由于解除航行设备以外之目的到达第一港时，做成证书的海军行政官吏、船长或船主，应将出生证书之公证抄本二份送存下列机关:如在法国港口,送存海军登记处,在外国港口时,送存领事馆。

上述抄本的一份留存于海军登记处或领事馆;另一份寄交海军部,海军部应将经签证之证书的抄本,送交婴儿之父住所地的身份吏,如父不明时,送交母住所地的身份吏,该抄本应立即登录于登记簿。

第 61 条　船舶到达解除航行设备的港口时,船员名簿应送存于海军登记处,海军登记处将经其签名的出生证书抄本一份送交婴儿之父住所地的身份吏,如父不明时,送交母住所地的身份吏,该抄本应立即登录于登记簿。

第 62 条　非婚生子女认领证书应于做成证书日登录于登记簿;如有出生证书,应将认领附记于其备注栏内。

第三节　婚姻证书

第 63 条　婚姻仪式举行前,身份吏应于区、乡政府的门前,揭示两次公告,前后两次公告须隔八日,包括一个星期日在内。公告及以后须做成的证书应记明未婚夫妻的姓名、职业、住所、成年或未成年,以及父母的姓名、职业与住所。该证书并须记明公告的日期、地点与时间。该证书应登录于唯一的登记簿,该登记簿应依第 41 条规定记明页数并签名,且在每年年终,送存于当地法院的书记课。

第 64 条　公告证书的正本,应揭示于区、乡政府的门前,第一、二两次公告,应相隔八日。婚姻仪式,自第二次公告的后一日起,至少须经过二日,方得举行。

第 65 条 如婚姻仪式于公告期满后一年内未举行，婚姻仪式须经依上述方式为新的公告后，始得举行。

第 66 条 婚姻异议证书由异议人或其具有特别和公证委任书的代理人签名于原本和抄本；异议证书连同委任书抄本应送达于身份吏、当事人本人或其住所，身份吏应在证书的原本上签证。

第 67 条 身份吏应立即将异议概要记载于公告登记簿；如判决或取消异议证书的正本送达时，该判决或取消异议亦应记载于登录异议的备注栏内。

第 68 条 在发生异议的情形，身份吏于收受取消异议证书前，不得主持举行婚姻仪式，违反时应处三百法郎罚金并负一切损害赔偿的责任。

第 69 条 如无任何异议，应将无异议的事实记载于婚姻证书；且如公告在数个区、乡揭示时，当事人应提交各区、乡身份吏所交付证明并无异议的证书。

第 70 条 身份吏应使未婚夫妻双方各提交其出生证书。夫妻的一方不能提交此项证书时，得提交其出生地或住所地治安审判员所交付的公证证书替代之。

第 71 条 公证证书应记载证人七人——不问男女性别、亲属或非亲属——的陈述，未婚夫妻的姓名、职业与住所；如其父母存在时，父母的姓名、职业与住所；未婚夫妻的出生地点及其时间；以及妨碍提交出生证书的原因。证人与治安审判员共同签名于公证证书；如有人不能签名时，应附记之。

第 72 条 公证证书应提交于婚姻仪式举行地的第一审法院。法院于听取王国初级检察官的意见后，依其认为证人的陈述以及妨碍提交出生证书的原因是否充分，为认可与否的裁定。

第 73 条　父母或祖父母（如无此等人时，家属）表示同意的公证书，应记载未婚夫妻的姓名、职业与住所，以及参与做成证书人的姓名、职业、住所，与其亲属的亲等。

第 74 条　婚姻仪式应于夫妻一方有住所的区、乡举行之。该住所须于结婚前经过在同一区、乡继续居住满六个月时，始得认为设定。

第 75 条　经过公告期间以后，依结婚人指定的日期，身份吏在不问是否亲属的证人四人面前，在区、乡政府向结婚人朗读下列文件：有关他们身份和有关婚姻仪式的文件，及结婚章第四节有关夫妻相互权利义务的规定。

（一八五〇年七月十日法律）对于结婚人以及同意该婚姻并在场的人，应询以已否订立夫妻财产契约，如已订立，其订立的日期以及做成此项契约的公证人的姓名与居住地点。

身份吏于逐一听取结婚人双方分别表示愿为对方之夫或妻的陈述后，以法律的名义宣告双方的婚姻已经成立，并立即做成证书。

第 76 条　婚姻证书记载下列事项：

一、夫妻的姓名、职业、年龄、出生地点及住所；

二、夫妻成年或未成年；

三、父母的姓名、职业及住所；

四、在成立婚姻需要父母、祖父母、家属同意的情形，他们的同意；

五、如曾做成尊敬证书时，其证书；

六、在不同住所所为的公告；

七、如有异议时，其异议；异议的取消或并无异议的记载；

八、结婚人表示愿为夫妻的陈述以及身份吏关于婚姻成立的宣告；

九、证人的姓名、年龄、职业及住所，以及有关其属于结婚人何方的血亲、姻亲乃至亲等的陈述；

十、对于依上条规定所询曾否订立夫妻财产契约所为的陈述，如存在此项契约时，订约日期以及做成此项契约的公证人的姓名与居住地点；违反以上规定时，身份吏处第 50 条所定的罚金。

如陈述有省略或错误时，有省略与错误的证书的订正，得由检察官请求之，但不妨碍利害关系人按第 99 条所有的权利。

婚姻仪式的举行应附记于夫妻出生证书的备注栏。

第四节　死亡证书

第 77 条　埋葬，非经身份吏以不定式用纸并免费做成的许可证许可，不得为之；身份吏须于亲赴死者处所，确认其已死亡，并于死亡二十四小时后始得交付许可证；但警察法规有特别规定者，不在此限。

第 78 条　死亡证书，由身份吏基于证人二人的陈述做成之。此种证人，如属可能，须为最近的亲属或邻居二人，如于自己住所以外死亡时，须为死亡地点的主人与亲属或非亲属一人。

第 79 条　死亡证书记载死亡者的姓名、年龄、职业与住所；如死亡者已经结婚或系鳏寡，其配偶的姓名；申报人的姓名、年龄、职业与住所，如申报人为亲属时，其亲等。

该证书应尽可能记载死亡者父母的姓名、职业与住所以及死亡者的出生地点。

第 80 条　死亡发生于军人医院、市民医院或其他公共场所时，其首长、管理人或主人应于二十四小时内通知身份吏，身份吏亲赴死者场所，以便确认其死亡，并于听取申报搜集情报后，依前条规定做成证书。

在上述医院或场所，应备置登录申报与情报用的登记簿。

身份吏将死亡证书寄交死者最后住所地的身份吏，后者应登录于登记簿。

第 81 条　如死亡有原因于暴行的现象、痕迹或其他可疑的情况时，须于警察官吏会同内科或外科医生就尸体的状况、周围环境，以及可能搜集关于死者姓名、年龄、职业、出生地和住所的情报做成调查笔录后，始得埋葬。

第 82 条　警察官吏应立即以调查笔录所记载的情报通知死亡地的身份吏，死亡证书应基于调查笔录的记载做成之。

身份吏如知悉死亡者的住所时，应以死亡证书公证抄本一份寄交死亡者住所地的身份吏。该项公证抄本应即登录于登记簿。

第 83 条　刑事庭的书记员，应于死刑判决执行后的二十四小时内，负责以有关第 79 条所规定事项的情报寄交死刑执行地的身份吏，死亡证书即基于此种情报做成之。

第 84 条　在监狱、看守所或拘留所发生死亡时，监狱员或看守人员应立即通知身份吏，身份吏应依第 80 条的规定亲赴死亡处所，并做成死亡证书。

第 85 条　因暴力死亡，在监狱或看守所死亡，或因执行死刑而死亡时，此等事实在登记簿上不作记载，死亡证书亦仅依第 79 条规定的方式做成之。

第 86 条　如死亡发生于航海旅行中，死亡证书应于二十四小时内做成，在船舶官吏中邀二人到场作证，如无官吏，则邀请船员。此项证书由下列人员做成：如在国王船舶上，由海军行政官吏做成之；如船舶属于私人船主或商人时，由船长或船主做成之。死亡证书应登录于船员名簿的末尾。

第 87 条　船舶或由于停泊，或由于解除航行设备以外的目的到达第一港时，做成死亡证书的海军行政官吏、船长或船主，应依第 60 条的规定送存公证抄本二份。

船舶到达解除航行设备的港口时，船员名簿应送存海军登记处；海军登记处将经其签名的死亡证书正本一份寄交死亡者住所地的身份吏。此项正本应立即登录于登记簿。

第五节　关于在王国领土外军人的身份证书

第 88 条　关于军人或在军队中服务之人在王国领土外做成的身份证书，除以下各条规定的例外情形外，依上述各条规定的形式做成之。

第 89 条　由一个或数个步兵队或骑兵队组成的每一部队的军需员和其他部队的队长执行身份吏的职务；对于不带军队的官吏以及军队中的雇员，上述职务由附属于部队的阅兵检查员担任之。

第 90 条　在每一部队中，应置备有关其部队人员的身份证书登记簿一份，并在参谋处另置备有关不带军队的官吏及雇员的身份证书登记簿一份；此项登记簿应与部队和参谋处的其他登记簿以同一方式保存之，并于部队返至王国领土时，送存军事记录保存所。

第 91 条　登记簿在部队中应由司令官，在参谋处应由参谋长记明页数并签名。

第 92 条　在军队中出生的申报，应于分娩后十日内为之。

第 93 条　负责管理身份登记簿的官吏，在登录出生证书于登记簿后之十日内，应将节本一份寄交婴儿之父最后住所地的身份吏，如其父不明时，寄交其母最后住所地的身份吏。

第 94 条　军人或军队雇员婚姻的公告，应于此等人的最后住所为之；此等公告，如有关军人的婚姻，并应于举行婚姻仪式前二十五日载入部队的每日命令书，如有关不带军队的官吏及雇员的婚姻，应在同一时期载入一军或一部队的每日命令书中。

第 95 条　负责管理登记簿的官吏，于婚姻证书登录于登记簿后，应立即寄送公正抄本一份于夫妻最后住所地的身份吏。

第 96 条　死亡证书，在每个部队中，由军需员做成之；关于不带军队的官吏及雇员的死亡，由附属于部队的阅兵检查员基于证人三人的证明做成之；且登记簿的节本应于十日内寄交死亡者最后住所地的身份吏。

第 97 条　死亡发生于军队的流动或固定医院时，证书由医院院长做成之，并寄交死亡者所属部队的军需员或附属于部队的阅兵检查员;此等官吏应将证书公证抄本一份寄交死亡者最后住所地的身份吏。

第 98 条　当事人住所地的身份吏,收到军队寄交的身份证书公证抄本后,负责立即登录于登记簿。

第六节　身份证书的订正

第 99 条　发生订正身份证书的请求时,由管辖法院基于王国初级检察官的结论决定之,但得对之提起上诉。审理中如有必要,应传讯利害关系人。

第 100 条　订正判决,在任何时间,对从未请求订正或未经传唤的利害关系人不得主张。

第 101 条　订正判决,应由身份吏于收到判决后立即登录于登记簿,并于经订正的证书的备注栏内附记登录的事实。

第三章　住所

第 102 条　关于法国人民事权利的行使,其住所认为设立于本人的生活根据地。

第 103 条　住所的变更,以居住于另一地方的事实以及在该处设立生活根据地的意思为之。

第 104 条　前条意思的证明,以向迁出区和迁入区的行政机关所为之明示的声明为之。

第 105 条　缺乏明示的声明时,此项意思,以各种情况证明之。

第 106 条　市民被任命担负临时的公职时,保有其原来的住所,但以无相反的意思表示为限。

第 107 条　受任终身职的公务人员，其住所应立即移至执行公务的地点。

第 108 条　妻除有夫的住所外，不得有其他住所。

未解除亲权的未成年人以其父母或监护人的住所为住所。成年的禁治产人以其监护人的住所为住所。

第 109 条　经常受雇或为他人服劳役的成年人，如与其主人居住于同一房屋时，即以其主人的住所为住所。

第 110 条　继承开始的地点，依住所定之。

第 111 条　法律行为当事人的双方或一方，在证书中载明选择其实在住所地以外的另一住所，以履行该法律行为时，关于该行为的通知、请求或诉追，得向双方合意的住所为之，并得在该住所地审判员前进行之。

第四章　不在

第一节　不在的推定

第 112 条　被推定为不在的人（推定不在人），如并无任何授权的代理人而其所遗财产的全部或一部有任命管理人的必要时，第一审法院得基于利害关系人的请求决定之。

第 113 条　法院依最热心的当事人的声请，任命公证人，就与推定不在人有利害关系的财产的编目、计算、分配与清算等事项，代理推定不在人。

第 114 条　检察官对于推定不在人的利益有特殊注意的职责；一切有关推定不在人的请求，应听取检察官意见。

第二节　不在宣告

第115条　如某人停止出现于其住所或居所且经过四年毫无音信时，利害关系人得诉请第一审法院，宣告其不在。

第116条　法院基于提出的证件，命令在不在人住所地，如住所外尚有居所时，并在其居所地，在检察官到场辩论下，进行调查，以资确定其不在。

第117条　法院就请求为决定时，应斟酌推定不在人不在的动机以及通信遭受阻碍的原因。

第118条　王国初级检察官于接受判决时，不问此项判决为准备判决或终结判决，立即寄送司法部，司法部应公告之。

第119条　宣告不在的判决，非于命令进行调查的判决经过一年后，不得为之。

第三节　不在的效果

第一目　不在对于不在人开始不在时所有财产的效果

第120条　不在人并未委托代理人管理其财产时，其行踪不明或最后音信时的假定继承人，依据宣告不在的终结判决，暂时占有不在人在出走日或最后音信日所有的财产，但为保证管理的妥善，有提供担保的义务。

第121条　不在人委托有代理人时，其假定继承人，仅从其行踪不明或最后音信时起经过十年以后，始得诉请宣告不在并暂时占有其财产。

第 122 条　代理权消灭时，仍适用前条的规定；在此情形，并得依本章第一节的规定，任命管理人管理不在人的财产。

第 123 条　假定继承人经判决许可其暂时占有不在人的财产时，如有遗嘱，经利害关系人或王国初级检察官的请求，于法院启视之；且受遗赠人、受赠人以及一切对不在人的财产享有以不在人死亡为条件的权利人，得提供担保，暂时行使其权利。

第 124 条　共有财产制下的配偶，如选定继续共有财产制时，得阻止暂时占有以及以不在人死亡为条件的权利人之暂时行使权利，并优先取得或保有管理不在人财产的权利。如选定暂时解散共有财产时，就应返还的财产提供担保后，得行使取回其自己财产的请求权以及法律上和契约上的一切权利。

妻如选择继续共有财产制时，保留以后放弃的权利。

第 125 条　暂时占有只是一种寄托，赋予占有人以管理不在人财产的权利；不在人重返故乡或其音信有人收到时，占有人有向其提出管理账目的义务。

第 126 条　经许可的暂时占有人或选择继续共同财产制的配偶，应在第一审法院的王国初级检察官，或检察官邀请的治安审判员到场时，做成关于不在人所有动产及债权证书的目录。法院于必要时，得命令出卖动产的一部或全部。在出卖的情形，卖得价金与到期的果实应运用之。

经许可的暂时占有人，为保障自己，得请求法院任命鉴定人视察不动产并证明其现状。鉴定人的报告应由法院经王国初级检察官到场批准之；所有费用由不在人财产中支付之。

第 127 条　经许可的暂时占有人或法定管理人将不在人的财产使

用、收益时，如不在人于行踪不明后十五年内重返故乡，应对不在人返还财产收益的五分之一；如不在人于行踪不明经十五年以后重返故乡时，应返还财产收益的十分之一。

行踪不明经三十年后，收益全部均归暂时占有人或法定管理人。

第128条　仅依据暂时占有而享有使用与收益权之人，不得出卖或抵押不在人的不动产。

第129条　不在人的财产经许可暂时占有后，或经共有财产制下的配偶管理已满三十年时，或不在人自出生起已满一百年时，提供担保的义务应予解除；一切权利人得要求分割不在人的财产，并请求第一审法院宣告确定的占有。

第130条　不在人财产的继承，从证明其死亡之日，为当时最先顺位继承人的利益开始之；一切对不在人财产享有使用与收益权之人，除依第127条规定取得收益外，应负责归还不在人财产于其继承人。

第131条　在暂时占有时期中，不在人重返故乡或其存在经证明时，宣告不在的判决停止其效力。但依本章第一节关于财产管理所为的保全处分，如有必要，仍不生影响。

第132条　不在人重返故乡或其存在经证明时，即使已经判决宣告确定的占有，其本人得要求返还其现存状态的财产、已出售财产的价金，或利用此项价金所取得的财产。

第133条　不在人的直系卑血亲，自判决宣告确定占有时起三十年内，亦得依前条规定要求返还其财产。

第134条　经宣告不在的判决以后，所有对不在人行使权利之人，

仅得对暂时占有人或法定管理人主张其权利。

第二目 不在对于可能归属于不在人的期待权的效力

第 135 条 任何人主张属于生死不明人的权利时，应证明后者于权利产生时确实生存，如不能提出此项证明时，其请求即不予受理。

第 136 条 继承对生死不明人开始时，其应继财产即归属于其共同继承人或归属于生死不明人不在时得承受该财产之人。

第 137 条 前二条规定并不妨碍属于不在人或其代位继承人或其权利承继人的请求回复继承权以及其他权利的诉权；此项诉权仅经过时效期间而消灭。

第 138 条 不在人未重返故乡或未以其自己的名义行使诉权时，继承财产承受人应取得善意收取的果实。

第三目 不在对于婚姻的效力

第 139 条 不在人的配偶重行结婚时，仅不在人本人或持有其生存证据的代理人有权攻击此新婚姻。

第 140 条 如不在人并无亲属可以继承其财产，其配偶得请求暂时占有不在人的财产。

第四节 父行踪不明时关于其未成年子女的监护

第 141 条 父与母在婚姻关系中所生的子女尚未成年而父行踪不明时，母即监护其子女，并行使父所有的权利，不问关于子女的教养以及关于子女财产的管理。

第 142 条　父行踪不明后的六个月，如母于父行踪不明中死亡或于宣告父不在前死亡，子女的监护应由亲属会议委托最近直系尊血亲担任之，如无此项尊血亲时，委托一临时监护人担任之。

第 143 条　配偶的一方行踪不明，遗有前婚所生的未成年子女者亦同。

第五章　结婚

第一节　结婚的资格与要件

第 144 条　男未满十八岁，女未满十五岁，不得结婚。

第 145 条　但基于重大原因，国王有权免除年龄的限制。

第 146 条　未经合意不得成立婚姻。

第 147 条　第一次婚姻解除前不得再婚。

第 148 条　子未满二十五周岁、女未满二十一周岁，非经父母的同意不得结婚；父母意见不一致时，有父的同意即可。

第 149 条　如父母的一方死亡或处于不能表示其意思的状况下，有他方的同意即可。

第 150 条　如父母双亡或处于不能表示意思的状况下，由祖父母（包括父系和母系）替代之：如同系的祖父母意见不一致时，有祖父的同意即可。如不同系的祖父母意见不一致时，此项不一致仍发生同意的效力。

第 151 条　子女已达第 148 条规定的年龄时，在举行婚姻仪式前，应以要式的尊敬证书，请求父母提供意见；如父母已死或处于不能表示意见的状况时，向祖父母请求之。

第 152 条　子自到达第 148 条的年龄至三十岁止，女自到达第 148 条的年龄至二十五岁止，经做成前条所定的尊敬证书而未取得婚姻的同意时，应按月再做成新的尊敬证书两次；第三次尊敬证书做成经一个月后，得即举行婚姻仪式。

第 153 条　三十岁后，做成尊敬证书而并未取得同意时，做成经一个月后，得即举行婚姻仪式。

第 154 条　尊敬证书由公证人二人或公证人一人与证人二人送达于第 151 条规定的尊血亲；在应做成的记录中，并应记载尊血亲的答复。

第 155 条　应向其送达尊敬证书的尊血亲不在时，得于提出宣告不在的判决后，如无此项判决，则于提出命令进行调查的判决后；或者如尚无任何判决时，于提出不在人最后住所地治安审判员所给予的公证证书后，即举行婚姻仪式。上述公证证书记载由该治安审判员依职权传唤的证人四人的陈述。

未婚夫妻的父母的死亡，如经各该祖父母证明时，即无提出死亡证书的必要；在此情形，应记载其证明于婚姻证书。

如应给予同意或意见的尊血亲死亡，而不能提供其死亡证书或行踪不明的证明，且不知其最后住所时，成年人得以宣誓方式声明其尊血亲的死亡地和最后住所地均不明了后，即举行婚姻仪式。

此项声明须经婚姻证书证人四人同样以宣誓方式证明：他们虽认识未婚夫妻，但不知其尊血亲的死亡地及最后住所地。身份吏应于婚姻证书中记载上述声明。

第156条　身份吏并未在婚姻证书上记明未满二十五岁的男子或未满二十一岁的女子曾得父母、祖父母的同意，或于必要时家属的同意，而为之举行婚姻仪式者，经利害关系人或婚姻仪式举行地第一审法院国王检察官的请求，应判处第192条规定的罚金并至少六个月的监禁。

第157条　未经依法做成尊敬证书而为举行婚姻仪式的身份吏，应处同样的罚金并至少一个月的监禁。

第158条　第148条与第149条的规定，以及第151条、第152条、第153条、第154条与第155条关于应向父母致送尊敬证书的规定，对经合法认领的非婚生子女适用之。

第159条　未经认领的非婚生子女，或虽经认领而父母已死亡或处于不能表示其意思的状况时，如并无为其任命的特别监护人的同意，于未达二十一周岁前不得结婚。

第160条　如无父母，亦无祖父母，或父母、祖父母均属于不能表示意思的状况时，未满二十一岁的子女，无亲属会议的同意，不得结婚。

第161条　直系尊血亲与卑血亲间，不问其为婚生或非婚生，禁止结婚。直系姻亲间亦同。

第162条　旁系血亲兄弟姊妹间，不问其为婚生或非婚生，禁止结婚。同亲等的旁系姻亲间亦同。

第163条　伯叔与侄女间，舅父与外甥女间，姑母与内侄间，伯、叔母与侄间，姨母与姨甥间，舅母与外甥间，禁止结婚。

第164条　但基于重大原因，国王有权取消前条规定禁婚的限制。

第二节　结婚的仪式

第 165 条　婚姻仪式，于当事人一方的住所，在身份吏前公开举行之。

第 166 条　身份证书章第 63 条所规定的两次公告，应于双方当事人住所地的区、乡为之。

第 167 条　但如现在住所仅依居住六个月的事实而设定，公告应同时于最后住所地的区、乡为之。

第 168 条　结婚人或其一方在婚姻事项方面处于他人亲权之下时，公告并应在对结婚人具有亲权的直系尊血亲住所地的区、乡为之。

第 169 条　基于重大原因，国王有权免除第二次公告；官吏亦得为此目的，提出建议。

第 170 条　法国人与法国人或法国人与外国人在外国缔结的婚姻，如按照当地通行仪式举行婚姻仪式，并依身份证书章第 63 条规定事先进行公告，且法国人不违反前节的规定时，其婚姻有效。

第 171 条　在返回法兰西王国领土后的三个月内，在外国缔结婚姻的证书应登录于其住所地的婚姻公共登记簿。

第三节　婚姻异议

第 172 条　对举行婚姻仪式提出异议的权利，属于与结婚人的一方有婚姻关系之人。

第 173 条　父、如无父时，母，父母俱无时，祖父与祖母，得对其子女或卑血亲的婚姻提出异议；即使子女已满二十五周岁者亦同。

第 174 条　无直系尊血亲时，成年的兄弟姊妹，伯、叔、舅父母，姑、姨母，嫡堂或亲表兄弟姊妹，仅得于下列二种情形下提出异议：

一、结婚未依第 159 条规定取得亲属会议的同意时；

二、未婚夫妻有精神病时。此项异议，仅在异议人于判决规定的期限内，声请禁治产并取得宣告的情形，始予接受，否则法院得无条件取消之。

第 175 条　在前条规定的二种情形下，监护人与财产管理人在监护或管理财产关系存续中，得召集亲属会议，取得其同意后，提出异议。

第 176 条　所有异议证书应记载异议人因而取得提出异议权的资格；并记载在婚姻仪式举行地所选定的住所；除异议证书系根据直系尊血亲的请求而做成者外，并应记载异议的理由：违反以上规定时，其证书无效，司法助理工作人员签名于此种异议证书者，停止其执行职务。

第 177 条　第一审法院于十日内就取消异议的请求进行判决。

第 178 条　如有上诉时，于传唤后的十日内进行判决。

第 179 条　异议被取消时，直系尊血亲以外的异议人得被判令赔偿损害。

第四节　婚姻无效之诉

第 180 条　夫妻双方或一方并非出于自由意志而结婚者，仅未经自由表示同意的一方或双方有权提出攻击。

如关于婚姻当事人有错误时，仅夫妻中受诈欺而陷于错误的一方有权对婚姻提出攻击。

第 181 条 在前条规定的情形中，如夫妻于完全取得自由或发现错误后继续同居满六个月时，无效之诉不予受理。

第 182 条 在须经父母、祖父母或亲属会议的同意始得结婚的情形，未取得同意而结婚时，有同意权之人或夫妻中须取得同意的一方有权对婚姻提出攻击。

第 183 条 夫妻或有同意权的血亲，在有同意权之人对婚姻已有明示的或默示的承认，或自该夫妻或血亲知悉结婚的事实经过一年不提出攻击时，不得再行提起无效之诉。夫妻于达到其本人得表示同意的年龄经过一年未提出攻击时，亦不得再行提起无效之诉。

第 184 条 违反第 144 条、第 147 条、第 161 条、第 162 条及第 163 条的规定的结婚，夫妻、利害关系人与检察官均得提出攻击。

第 185 条 夫妻一方或双方虽未达必要的年龄，有下列情形之一时，不得再提出攻击：

一、夫妻一方或双方到达必要年龄经过六个月时。

二、未达此项年龄之妻，于六个月届满前怀孕时。

第 186 条 父母、直系尊血亲与家属对前条的结婚曾经同意时，其无效之诉不予受理。

第 187 条 依第 184 条所有利害关系人均得提起无效之诉时，旁系血亲，或前婚所生的子女，于夫妻均生存中，不得提起；如此等人对于提起诉讼有现实与即受的利益，不在此限。

第 188 条　因再婚而受损害的配偶，即使在与自己结婚的配偶生存时，亦得提起再婚无效之诉。

第 189 条　新配偶对前婚提起无效之诉时，对于该前婚的有效无效，应先进行判决。

第 190 条　王国初级检察官，于适用第 184 条的情形，除第 185 条的限制外，在夫妻均生存中，应提起婚姻无效之诉，且请求判令其分离。

第 191 条　结婚未经在有管辖权的公务员前举行公开仪式者，夫妻本人、父母、直系尊血亲和有现实与即受利益的一切人以及检察官均得提出攻击。

第 192 条　婚姻如未事先进行两次必要的公告，或未依法取得免除，或未遵守公告与举行仪式的法定期间，王国初级检察官对该公务员处以不超过三百法郎的罚金，并对结婚人或对结婚人行使亲权之人，处以与其财产相称的罚金。

第 193 条　违反第 165 条的规定时，虽其违反不足构成宣告婚姻无效的理由，但前条所列举之人应处以前条所定的刑罚。

第 194 条　无论何人，如不提出经登录于身份登记簿的婚姻证书，不得主张夫妻的名义及民事上婚姻的效果。但身份证书章第 46 条规定的情形，不在此限。

第 195 条　自称为夫妻者，于相互主张其配偶身份时，并不能以表现的夫妻身份的具有，免除其在身份吏前提出婚姻证书。

第 196 条　有具有表现的夫妻身份的事实，并在身份吏前提出婚姻证书者，夫妻相互间主张该证书无效的请求，不予受理。

第 197 条　在第 194 条、第 195 条规定的情形，如男女双方公开地共度夫妻的生活，死亡后遗有所生子女，其婚生子女的资格，不能以未经提出婚姻证书为唯一借口而予以否认，其婚生子女的资格，得以表现的夫妻身份的具有及出生证书无反对的记载证明之。

第198条 婚姻仪式的合法举行，经刑事诉讼结果证明，且该刑事判决经登录于身份登记簿者，从举行婚礼之日起，不问对于夫妻，或对于因婚姻所生的子女，该项登录确保婚姻的一切民事上效果。

第199条 如夫妻双方或一方未发见诈欺（例如关于婚姻证书的变造或毁损）而死亡时，一切对宣告婚姻有效具有利害关系之人以及王国初级检察官得提起刑事诉讼。

第200条 有关公务员于发见诈欺时已死亡者，王国初级检察官得以其继承人为被告提起民事上的诉讼，由利害关系人到场，并听取其陈述。

第201条 善意缔结的婚姻，虽经宣告无效，对于夫妻及其所生的子女，发生民事上的效果。

第202条 如善意仅存在于夫妻一方时，婚姻的民事上效果仅对善意的一方与其所生的子女发生。

第五节 婚姻所生的义务

第203条 夫妻基于结婚的事实，负抚养、教育其子女的义务。

第204条 子女不能因婚姻或其他原因，诉请父母给予资金。

第205条 父母与其他直系尊血亲有受扶养的必要时，子女负扶养的义务。

第206条　女婿与媳妇，在同样情况下，对岳父母与公婆，亦负扶养的义务。但此项义务因下列情形而终止：

一、岳母或婆母再婚时；

二、产生姻亲关系的夫妻一方及其与他方在婚姻中所生的子女均死亡时。

第207条　前数条规定的扶养义务，为扶养人与被扶养人双方对待的义务。

第208条　扶养义务，应斟酌扶养请求人的需要与扶养义务人的资力，适当履行之。

第209条　如扶养义务人与扶养请求人情况变更，致一方无力再行负担，或他方需要减低一部或全不需要时，得请求免除扶养义务或减低其数额。

第210条　如扶养义务人证明其无力支付扶养定期金时，法院作事实调查后，得判令其接纳扶养请求人于其居住处所赡养之。

第211条　如父母建议接纳其应扶养的子女于其居住所抚养、教育时，法院应为与前条同样的判决并免除其支付扶养定期金。

第六节　夫妻相互的权利与义务

第212条　夫妻负相互忠实、帮助、救援的义务。

第213条　夫应保护其妻，妻应顺从其夫。

第214条　妻负与夫同居的义务并应相随至夫认为适宜居住的地点；夫负接纳其妻，并按照其资力与身份供给其妻生活上需要的义务。

第215条　即使妻经营商业，或不在共有财产制下，或采用分别财产制，未经夫的许可，亦不得进行诉讼。

第 216 条　妻受刑事或违警事件的追诉，无须取得其夫的许可。

第 217 条　即使妻不在共有财产制下或采用分别财产制，未得其夫之参与于行为或书面同意，不得为赠与、依有偿名义或无偿名义转让、抵押以及取得行为。

第 218 条　如夫拒绝许可其妻进行诉讼时，审判员得给予许可。

第 219 条　如夫拒绝许可其妻为法律行为时，妻得直接向共同住所地的第一审法院请求传唤其夫，该法院于合法传唤其夫至非讼事件审理庭听取其意见后，或经合法传唤而其夫不到时，为许可或拒绝的决定。

第 220 条　妻为商人时，有关其业务事项，未经夫的许可，亦得负担义务；且在此情形，如夫妻间有共有财产时，夫对于上述义务同样负责。

如妻仅就夫的商业作商品的零售经营时，不得视为商人；妻独立经营时，始得成为商人。

第 221 条　夫受身体刑与名誉刑的宣告，但其宣告仅系缺席判决时，妻虽已成年，在夫受刑的期间，非经审判员的许可，不得进行诉讼或订立契约；在此情形，审判员给予许可时，无须传唤夫，亦无须听取其意见。

第 222 条　如夫系禁治产人或不在人，审判员于调查事实后，许可其妻进行诉讼或订立契约。

第 223 条　一般的许可，即使订定于夫妻财产契约，仅关于妻的财产的管理有效力。

第 224 条　如夫为未成年人，不问关于进行诉讼或订立契约，妻必须取得审判员的许可。

第 225 条　基于缺乏同意而发生的无效，仅妻、夫及其继承人得主张之。

第 226 条　妻未经夫的许可，得为遗嘱。

第七节　婚姻的解除

第 227 条　婚姻因下列事项而解除：

一、夫妻一方死亡时；

二、合法判决离婚时；

三、夫妻一方受民事死亡宣告的判决确定时。

第八节　再婚

第 228 条　妻仅于前婚解除后满十个月，始得再婚。

第六章　离婚

第一节　离婚原因

第 229 条　夫得以妻通奸为理由，诉请离婚。

第 230 条　妻亦得以夫通奸且于夫妻共同居所实行姘度的理由，诉请离婚。

第 231 条　夫妻双方，均得以他方对自己有重大暴行、虐待与侮辱为理由，诉请离婚。

第 232 条　夫妻双方，均得以他方受名誉刑的宣告为理由，诉请离婚。

第 233 条　夫妻双方于法定的条件下，并经过法定的考验后，依法定的方式表示之相互的且坚定地同意离婚，充分证明他们的共同生活已不能容忍，并证明他们已有决定性的离婚原因。

第二节　离婚诉讼程序

第一目　离婚的方式

第 234 条　不问构成离婚请求原因的事实或犯罪的性质如何，离婚请求仅得向夫妻住所地的法院为之。

第 235 条　原告配偶论证事实中的一部分事实，构成检察官方面的刑事追诉时，离婚之诉中止至重罪法院判决以后；凡从该判决中不能作出任何不受理的理由或对原告配偶为预审的临时判决时，离婚诉讼得重行进行。

第 236 条　所有离婚请求应详述事实；请求连同其所依据的证件，由原告配偶亲自送交法院院长或代行其职务的审判员；如原告配偶因病不能亲往，基于其请求并内科或外科医生二人或医疗工作人员二人的证明，院长或审判员亲赴原告住所，以便接受其请求。

第 237 条　审判员于讯问原告并对其为必要的指示后，在请求书与附件上签名，并做成讯问笔录一份，载明所收到的各件。该讯问笔录由审判员与原告签名，在原告不会或不能签名的情形，应于笔录上记明之。

第 238 条　审判员应于讯问笔录的下端注明命令当事人在其指定的日期和时间亲自到庭；且为此目的，其命令的抄本应送达于被请求离婚的被告。

第 239 条　审判员于指定日期，向到庭的当事人进行其所认为可达重归于好的规劝；如不达目的，即做成笔录并命令以请求书及附件送交检察官并报告一切于法院。

第 240 条　法院基于院长或代行其职务的审判员的报告以及检察官的结论，于三日内，决定准许传唤或暂缓传唤。暂缓传唤的期间不得超过二十日。

第 241 条　原告根据法院的准许，依普通方式传唤被告在法定期间亲自出席不公开审理的法庭；除传票外，并应给予离婚请求书及其所附证件的抄本。

第 242 条　上述期间届满后，不问被告出席与否，原告本人及其所认为适宜的律师应详述请求的理由；提供其依据的证件并指出证人，以便讯问。

第 243 条　被告本人或委托代理人出席时，对于原告请求离婚的理由，原告所提出的文件及指出的证人，得提出其自己的论述。被告亦得指出证人，以便讯问；对于此种证人，原告同样得提出其自己的论述。

第 244 条　应做成庭讯笔录，记载到庭的当事人及其陈述与看法，以及一方或他方可能的自认。此项笔录应向上述当事人朗读，并由其签名；笔录上应明白记载当事人的签署或其不能签署不愿签署的声明。

第 245 条　法院订定日期与时间将当事人送回公开庭审理；同时命令将该诉讼程序通知检察官并任命一报告人。被告未出席时，原告负责在法院命令所规定的期限内将法院命令送达于被告。

第 246 条　在指定日期与时间，基于受命审判员提出的报告、检察官的意见，如有不受理的提议时，法院应首先考虑不受理的理由，进行决定。在不受理理由充分的情形，离婚请求即行驳回。在相反的情形或并无不受理的提议时，离婚请求应予受理。

第 247 条　在受理离婚的请求后，基于审判员提出的报告、检察官的意见，法院应即审理离婚事件的实质，进行判决。法院如认为请求已经证明，得准予离婚；否则，得准许原告提出其所主张的有关事实的证据，并由被告提出反证。

第 248 条　在诉讼事件的每一审理中，当事人得在审判员报告后，检察官陈述意见前，各自主张其理由，首先关于不受理问题，其次关于实质问题；但在任何情形，如原告未亲自出席，原告的律师不得出席。

第 249 条　法院书记员，在宣布命令进行人证调查的裁定后，应立即朗读记载关于当事人建议应予传讯的证人的部分笔录。当事人由法院院长告知尚得提出其他证人，但过此时期，即不得提出。

第 250 条　当事人对于其所反对的证人，应各立即提出反对。法院对于此项反对，在听取检察官意见后，进行裁定。

第 251 条　对于当事人的血亲——除当事人的子女及其他直系卑血亲外——不得以有血亲关系为理由，反对其作证；对于夫妻的佣仆，亦不得以有佣仆身份为理由，反对其作证。但法院对于血亲与佣仆的证言，应予以合理的斟酌。

第 252 条　一切准许传讯证人的裁定，应载明所传证人的姓名，并指定当事人应出席的日期与时间。

第 253 条　证言在法院不公开的法庭上听取之，由检察官、双方当事人及每方不超过三人的律师与朋友出席参与。

第 254 条　当事人及其律师，得就证言提出其所认为适当的论述及质询，但在陈述证言过程中，不得插口。

第 255 条　每一证言辩论，应做成笔录，包括当时发生的陈明与论述。调查证人笔录，应向当事人与证人朗读之；当事人与证人均应于笔录上签名；笔录上应记载其签署或其不能签署不愿签署的声明。

第 256 条　在两次调查终结后，如被告未提出证人，则对原告的一次调查终结后，法院订定日期与时间，将当事人交回公开庭审理；法院命令将该诉讼程序通知检察官并任命一报告人。此项命令，依原告的请求，在该命令决定的期限内，送达于被告。

第 257 条　在指定宣告终结判决的日期，由受命审判员报告，当事人或其律师继之陈明其认为有利于诉讼事件的论述，最后，由检察官陈述其意见。

第 258 条　终结判决应公开宣告，如判决准予离婚时，原告应至身份吏处，请其宣布。

第 259 条　如离婚之诉基于有重大暴行、虐待与侮辱的原因而提出时，即使原因业经成立，审判员得不立即准许离婚。在此情形，得于判决前准许妻离开其夫，并准其于自己不认接纳其夫为适当时，不必接纳其夫；如妻无充分收入足以供给其自己的需要时，并命令其夫按照资力给予妻扶养定期金。

第 260 条　经过一年的考验期间，如当事人不能重归于好，原告配偶，得于法定期限内，传唤配偶他方到庭，听取终结判决。此时该终结判决，即准许离婚。

第 261 条　如离婚之诉基于配偶他方受名誉刑的宣告时，唯一应遵守的方式为以依式缮整的处刑判决正本一份，连同书记员证明该判决依一般法定程序不能变更的证书一份，一并送交第一审法院。

第 262 条　对第一审法院就离婚诉讼所为准许离婚判决或终结判决的上诉，由王家法院作为紧急事件审理判决之。

第 263 条　上诉仅得自经辩论或缺席的判决送达后三个月内提出之。对第二审判决向最高法院提起上诉的期限亦为三个月，从送达时起算。上诉发生停止执行的效力。

第 264 条　根据准予离婚的第二审法院所为的判决或已发生确定判决力的判决，胜诉的配偶应在两个月期间内，合法召唤对方赴身份吏处，请其宣告离婚。

第 265 条　两个月期间的起算，为：关于第一审判决，上诉期届满后；关于第二审所为的缺席判决，异议期届满后；关于第二审经辩论所为的判决，向第三审上诉期届满后。

第 266 条　原告配偶在以上规定期间内未召唤对方赴身份吏处时，丧失其从判决所取得的利益，除由于新的原因外，不得再提起离婚之诉；但根据新的原因提起离婚之诉时，仍得主张旧的原因。

第二目 离婚请求中发生的临时措施

第 267 条 子女的临时管理,由夫——不问其在离婚诉讼中为原告或被告——担任之;但法院基于母、家属或检察官的请求,为子女最大的利益,得为与此不同的处分。

第 268 条 妻在离婚之诉中为原告或被告时,在诉讼进行中,得迁离夫的住所,并请求按照夫的资力,给付扶养定期金。法院应指定妻的居所,如有必要,并确定夫应支付的扶养定期金。

第 269 条 妻被请求证明其居住于指定的地点时,必须为此项证明。缺乏此项证明时,夫得拒绝支付扶养定期金;妻如为离婚诉讼的原告时,夫并得请求宣布不许其继续进行诉讼程序。

第 270 条 采共有财产制之妻,不问为原告或被告,自第 238 条规定的命令发布日起,在全部诉讼过程中,为保全自己的利益,得请求封存属于共有制的动产。这种封存,仅于制成经过估值的财产目录,并由夫负责提出财产目录上的财产,或作为裁判上的管理人负责保证该财产的价值时,始得取消。

第 271 条 在第 238 条规定的命令发布以后,所有夫以共有财产偿付的契约债务,所有属于共有财产的不动产的让与,如证明其让与或订约系意在诈欺妻的权利时,应宣告无效。

第三目 离婚诉讼不受理的理由

第 272 条 准许提起离婚诉讼的事实发生后或请求离婚之诉提出后,夫妻重归于好时,离婚诉权消灭。

第 273 条 在前条所定的两种情形,原告之诉均宣布不予受理;但基于重归于好后发生之新的原因，得提起新的离婚诉讼，此际并得主张旧的原因以支持其新的请求。

第 274 条　如原告否认有重归于好的事实时，被告得依本章第一节规定的方式，以书证或人证证明之。

第三节　协议离婚

第 275 条　如夫不满二十五岁，或妻不满二十一岁，夫妻的离婚协议，不应准许。

第 276 条　离婚协议，非于结婚两年后不应准许。

第 277 条　结婚后经过二十年，或妻超过四十五岁者，亦不准为离婚协议。

第 278 条　夫妻的离婚协议，在任何情形，如未依结婚章第 150 条规定经父母或其他直系尊血亲许可者，不得成立。

第 279 条　夫妻决定协议离婚时，负责先行将其所有动产与不动产做成财产目录并予估价，并处理其相互的权利，但在处理时，得自由协商之。

第 280 条　夫妻两方同样负责以书面证明以下三点的协议：

一、婚姻中所生的子女，在考验期间或宣布离婚后，要由何方照管；

二、在考验期间，妻应迁出并居住于何一房屋；

三、在同一期间，如妻无足够收入供给自己的需要，夫应对妻支付的数目。

第 281 条　夫妻共同亲自至其所在区域民事法院院长前或代行职务的审判员前，经双方邀请的公证人二人到场，向院长或审判员声明其意思。

第 282 条　审判员，经证人二人在场，同时对夫妻双方并分别向夫妻一方，进行其认为适当的劝导与诰诫；且向其朗读本章第四节关于离婚效果的规定，并阐明双方所采的措施的一切后果。

第 283 条　如夫妻双方坚持其原决定，审判员即给予请求离婚并已获致协议的证书；同时，双方除提出第 279 条和第 280 条规定的证书外，并应将下列证书提出，暂时寄存于公证人：

一、出生证书及婚姻证书；

二、婚姻中所生子女的出生证书与死亡证书；

三、夫妻双方的父母或其他生存的直系尊血亲的公证声明书，载明自己的子女或孙子女某姓某名，前经与某姓某名的人结婚，现在依据自己所知悉的原因，许可其要求离婚，并予以同意。在提出死亡证书证明夫妻双方的父母、祖父母死亡以前，推定其为生存。

第 284 条　公证人就执行前数条规定所为的陈述和行为，做成详细的笔录正本，连同经提出黏附于笔录的文件，由公证人二人中较年长者保存。在笔录中，记载下述通知：妻应于二十四小时内迁至其夫妻协议的居所，并在该处居住至宣布离婚为止。

第 285 条　上述声明，在声明后的第一个十五个月期间内的第四、第七、第十三个月，应依同样方式更新之。当事人每次声明时，负责提出证明其父母或其他生存的直系尊血亲坚持其最初决定的公证书；但当事人无须再提出其他任何证书。

第 286 条　在第一个声明满一年后的第十五日，夫妻双方各由其当地著名人士年龄达五十以上的友人二人辅助，共同亲自向法院院长或代行其职务的审判员报到；夫妻双方向其递交记载协议离婚的四次笔录的缮整正本，以及一切附入的证书，同时双方各自分别地，当对方与四位友人在场时，要求准予离婚。

第 287 条　在审判员和辅助人对夫妻陈述他们的观点后，如夫妻仍坚持其意见，应给予证书，证明其声请及其所递交的证件。法院书记员应做成笔录，由当事人(除其声明不会或不能签名外，在此情形，应记明其事由)、辅助人四人、审判员和书记员签名。

第 288 条　审判员应即在笔录下端载明其命令于三日内将该案交由法院非讼事件审理庭基于检察官的书面结论，迅速审理；为便利结论的做成，书记员应将证件移送于检察官。

第 289 条　如检察官在证件中获得下列证明时——即在第一次声明时，夫已满二十五岁，妻已满二十一岁；并在此时，结婚已逾两年，结婚后尚不足二十年，妻尚在四十五岁以下；离婚协议曾在一年期间内表示四次，而且其表示是在前数条所规定的前提完成以后，并在依照本节所规定的一切方式之下，特别是在具有其父母的许可之下，父母死亡时，则在其尚生存的直系尊血亲许可之下——应给予“法律准许协议离婚”的结论；在相反的情形，结论应为“法律禁止协议离婚”。

第 290 条　法院在迅速审理中，仅得按前条的规定进行审查。如按照法院意见，当事人已满足法律规定的条件并完成法律规定的方式，应准许离婚并使当事人至身份吏处请其宣布离婚；在相反情形，法院宣示不能准许离婚，并阐明其判决的理由。

第291条　对于宣示不准离婚的判决的上诉，仅当事人双方均为上诉但以各别的文书提出时，始予受理。上诉期限自第一审法院判决日起，最早在十日以内，最迟在二十日以内。

第292条　上诉文书应互相送达，送达于配偶的他方以及第一审法院的检察官。

第293条　第一审法院检察官在接到第二上诉文书送达后十日内，将判决正本与有关文件汇送上诉法院的检察长。上诉法院检察长在收到文件后的十日内提出其书面结论；法院院长或代行其职务的审判员向上诉法院不公开合议庭提出报告，同时，不公开合议庭应于接到书面结论后十日内为终结的判决。

第294条　根据第二审准许离婚的判决，自判决日起算，在二十日以内，当事人应共同亲自至身份吏处请其宣布离婚。不遵守上述期间时，判决视为无效。

第四节　离婚的效果

第295条　离婚的夫妻不问其离婚基于何种原因，不得重行结合。

第296条　基于一定的原因宣告离婚时，离婚之妻非于离婚宣告经十个月后，不得再婚。

第297条　协议离婚的夫妻双方均须于宣告离婚后经过三年始得再婚。

第298条　基于证明通奸而准许离婚时，有罪的配偶绝不许与相奸者结婚。通奸之妻基于检察官的请求，在离婚判决内判处不少于三个月不超过二年的轻惩役。

第 299 条　除协议离婚的情形外，不问何种原因发生离婚时，离婚诉讼败诉的一方，丧失他方依夫妻财产契约或于结婚后给予的利益。

第 300 条　离婚诉讼胜诉的夫妻一方，对于他方所给予的利益，即使给予时曾约定以互惠为条件，而该条件并未满足，仍得保持之。

第 301 条　如夫妻并未相互给予任何利益，或约定给予的利益不足保证离婚诉讼胜诉一方的生活时，法院得以不超过他方收入三分之一的金额作为扶养定期金给予胜诉的一方。此项定期金在不需要时，得取消之。

第 302 条　子女托付离婚诉讼胜诉的夫妻一方监护之。但法院基于家属或检察官的请求，为子女最大的利益，得命令将全体子女中或其数人托付他方或第三人监护之。

第 303 条　子女不问其托付于何人监护，父母均保有对于子女抚养与教育的监督权，且按其资力负分担出资抚养与教育的义务。

第 304 条　婚姻因裁判上离婚而解除时，从该婚姻所生的子女依法律或其父母的夫妻财产契约所确保的利益不受任何影响；但子女权利开始的方法和情况与未发生离婚时同。

第 305 条　在协议离婚的情形，夫妻双方在作第一次声明时所有财产的半数依法当然由该婚姻所生的子女取得：父母在子女未成年前对该半数财产仍保有使用收益权，但负责按照其资力与身份，对子女供给抚养与教育。以上规定对该子女由父母夫妻财产契约所确保的其他利益，不生影响。

第五节　别居

第 306 条　在有一定的原因可据以提起离婚请求的情形，夫妻一方有权提起别居的请求。

第 307 条　别居诉讼的提起、审理与判决，与一般民事诉讼同：别居不得因夫妻相互的协议而发生。

第 308 条　别居之诉如因妻通奸而宣告，基于检察官的请求，在同一判决中，应判处妻不少于三个月不超过二年的轻惩役。

第 309 条　夫同意仍收留其妻时，保有停止判处效果的权力。

第 310 条　别居如基于妻通奸以外的原因而宣告后经过三年时，原为被告的配偶得向法院请求离婚；如原为原告的配偶到场或经合法传唤而不同意立即停止别居时，法院得准许离婚。

第 311 条　别居必然发生分别财产。

第七章　父母子女

第一节　婚生子女

第 312 条　子女于婚姻关系中怀孕者，夫即取得父的资格。

但夫如能证明自子女出生前的第三百日起至第一百八十日止的期间，有远离他乡或某种生理上不能与妻同居的原因时，得否认其子女。

第 313 条　夫不得以自然不通人道为理由，提起否认子女之诉：夫同样不得以通奸为理由，提起否认之诉，但子女出生的事实对夫曾经隐瞒时，夫得提出所有有关的事实，以证明其本人并非该子女之父。

第 314 条　结婚后一百八十日以内所生的子女，夫于下列情形不得诉请否认：

一、夫在结婚前知妻怀孕时；

二、夫参与出生证书的做成，并签名于证书或证书上记有其不能签名的声明时；

三、出生婴儿无生活力时。

第 315 条　婚姻解除后经过三百日所生的子女，其婚生子女的资格得否认之。

第 316 条　夫在各种许可提起否认之诉的情形，如其在子女出生地时，应于一个月内提起之。

在子女出生时夫不在的情形，应于夫归来后两个月内提起之。

在子女出生时夫被隐瞒的情形，于夫发现诈欺后两个月内提起之。

第 317 条　如夫于提起否认之诉前死亡，而当时提起否认之诉的期限尚未届满时，继承人于该子女占有夫的财产或阻挠继承人占有夫的财产时起两个月的期间以内，得对该子女的婚生子女资格提起否认。

第 318 条　夫或其继承人所有在裁判外表示否认的行为，如未经于表示后的一个月内在母的到场下对于子女的特别监护人提起诉讼者，视为无效。

第二节　婚生子女关系的证明

第 319 条　婚生子女的身份，依登录于身份登记簿的出生证书证明之。

第 320 条　如无上项证书时，继续占有婚生子女身份的事实，亦可证明婚生子女身份。

第 321 条　婚生子女身份的占有，由于充分具备足以说明个人与其主张所隶属的家庭间有亲子关系存在的各种事实而成立。

此种事实主要为：

个人经常使用其所主张为其父者的姓氏；

其所主张为其父者以对待子女的方式对待之，并以此种资格供给其抚养、教育与成家立业；

社会上对该个人经常认为其所主张为其父者的子女；

家庭中对该个人经常认为其所主张为其父者的子女。

第 322 条　凡出生证书所赋予以及依该证书所占有的身份，任何人不得为相反身份的主张。反之，任何人亦不得对依出生证书所占有的身份，提出争议。

第 323 条　如无出生证书及继续占有身份的事实时，或子女曾以虚伪的姓名登录，或其父母不明时，父母子女的关系，得以证人证明之。

但此项证言，只在有书面证据的端绪时，或从子女出生后常见的事实征象，及从此所得的推定，相当有力，可以说明其大概具有婚生子女的身份时，始得予以采取。

第 324 条　书面证据的端绪，根据父或母的家族证书、家庭记录簿或家事书类，以及与争议有关或尚生存而对争议有利益的当事人所提出的公证书或私证书。

第 325 条　反证，得以凡能证明主张者所主张之母实在并非其母，或即使母与子女的关系已经证实，但母之夫实在并非其父的一切方法为之。

第 326 条　民事法院对于有关身份的诉讼，有专属管辖权。

第 327 条　关于湮灭身份证据罪的刑事追诉，仅得于有关身份问题的判决确定后开始之。

第 328 条　子女关于主张身份的诉权，不因时效而消灭。

第 329 条　子女的继承人，仅于子女未及主张其婚生子女的身份，即于未成年前死亡，或成年后不足五年死亡的情形，得提起确认婚生子女身份之诉。

第 330 条　子女已开始的确认婚生身份的诉讼，除子女正式撤回或自为最后诉讼行为后经过三年未续为诉讼行为的情形外，其继承人得继续进行之。

第三节　非婚生子女

第一目　非婚生子女取得婚生子女的资格

第 331 条　非婚生子女，除乱伦或通奸所生的子女外，如其父母事后结婚，于结婚前合法予以认领或在婚姻证书中认领时，即取得婚生子女的资格。

第 332 条　非婚生子女虽已死亡，仍得为其直系卑血亲的利益，取得婚生子女的资格；在此情形，取得婚生子女的资格，由其卑血亲享受利益。

第 333 条　因父母事后举行婚姻仪式而取得婚生子女资格的子女，与婚生子女有同等的权利。

第二目　非婚生子女的认领

第 334 条　非婚生子女的认领，不在出生证书上做成时，应以公证书为之。

第 335 条　认领不得为乱伦或通奸所生子女的利益为之。

第 336 条　父为认领时，如未经母的指明与承认，仅对于父发生效力。

第 337 条　夫妻的一方，为婚姻前与他方以外之人所生的非婚生子女的利益，于婚姻中认领时，其认领不得妨害该他方以及该婚姻所生了女的利益。

但认领于该婚姻解除并未遗有子女时发生全部效力。

第 338 条　经认领的非婚生子女不得主张婚生子女的权利，非婚生子女的权利于继承章中规定之。

第 339 条　对于父或母的认领以及子女的请求认领，一切利害关系人均得提出争议。

第 340 条　非婚生子女不得请求其父认领。在其母被略诱的情形，如略诱时间与怀孕时间相合时，略诱人得因利害关系人的请求被宣告为子女之父。

第 341 条　请求其母认领，为法所许。

请求母认领的子女，应证明其自己即为母所分娩的婴儿。

在此情形，证人证言的采取，以已有书面证据的端绪为限。

第 342 条　依第 335 条不许认领的情形，非婚生子女，不问对于其父或对于其母，均不得请求认领。

第八章 收养与非正式监护

第一节 收养

第一目 收养及其效果

第343条 收养，仅五十岁以上的男子或女子，于收养时并无婚生的子女或直系卑血亲，且至少大于拟收养之人十五岁者，始许为之。

第344条 任何人不得被数人同时收养，但收养人为夫妻时不在此限。

除第366条的情形以外，夫妻一方须取得他方的同意始得收养。

第345条 收养的权利，仅得对于在未成年时且至少在六年的期间内不断给予援助和照顾的个人，或对于援救收养人生命或在战斗中或从水、火中救出收养人的个人行使之。

在前项第二种情形，收养人如已成年，并较长于被收养人，且无婚生子女或直系卑血亲，如已结婚，并取得其配偶的同意时，即得成立收养。

第346条 收养，在任何情形，不得于被收养人未成年时举行。如被收养人未满二十五岁，尚有父母或父母中的一人时，须得其父母或父母中生存的一人对于收养的同意；如其已满二十五岁时，须经征求父母或父母中生存的一人对于收养的意见。

第347条 收养使被收养人取得收养人之姓，以收养人之姓加于其本姓之上。

第 348 条　被收养人留于其出生的家庭并保有其在出生家庭中的一切权利。但下列各人相互间不得结婚：

收养人与被收养人及其直系卑血亲间；

同一人的养子女间；

收养人所生的子女与被收养人间；

被收养人与收养人的配偶间，同样，收养人与被收养人的配偶间。

第 349 条　在法律规定条件下提供扶养的自然债务仍继续存在于被收养人和其父母相互间；此项债务，在收养人与被收养人相互间，亦视为存在。

第 350 条　被收养人对于收养人的父母的遗产不能取得继承权利；但被收养人对于收养人的遗产有与婚生子女同等的权利，即使收养人于收养后生有其他子女时亦同。

第 351 条　如被收养人死亡，并未遗有婚生的直系卑血亲时，收养人所给予的财物或从收养人遗产中承受的财物，如于被收养人死亡时原物尚存在时，除分担被收养人债务且不妨碍第三人的利益外，重归收养人或其直系卑血亲。

被收养人的剩余财产，属于其本生的血亲，且此等血亲，即使关于本条所规定的财物，除不得排除收养人的直系卑血亲而优先取得外，得排除收养人的一切其他继承人而优先取得。

第 352 条　如在收养人生存中，被收养人死亡后，被收养人所遗子女或直系卑血亲亦死亡而无后裔时，收养人依前条规定，继承其所给予的财物。但此项继承权利专属于收养人本人，且不得移转于其继承人，即使该继承人为其直系卑血亲时亦同。

第二目　收养的方式

第353条　拟议中的收养人与同意被收养的被收养人，应在收养人住所地的治安审判员前，做成相互同意的证书。

第354条　此项证书的公证抄本，在十日内由最热心的当事人送交收养人住所地的第一审法院的王国初级检察官，并请求该法院认许。

第355条　法院应组成不公开合议庭开庭，并于为必要的调查后，确定下列两点：

一、所有法律条件是否具备；

二、拟议中的收养人是否享有良好的声誉。

第356条　法院在听取王国初级检察官的意见后，不必经过其他程序，即宣告收养成立或不成立，亦无须说明理由。

第357条　在第一审法院判决后一个月内，基于最热心当事人的控诉，该判决由上诉法院按照第一审法院同样形式审理之，并宣布维持该判决或改变该判决，无须说明理由，从而发生收养成立或不成立。

第358条　上诉法院认许收养的判决应公开宣告之，并以法院认为适宜数量的复本揭示于相当的地区。

第359条　判决后的三个月内，依当事人一方或他方的请求登录于收养人住所地的身份登记簿。

此项登录仅须审阅按上诉法院判决形式的复本；如超过此期限未登录时，收养不发生效果。

第360条　如收养人在证明订立收养契约意思的证书经治安审判

员做成并向法院提请认许后，在法院确定宣告前死亡时，如有必要，案件审理得继续进行并得认许收养。

收养人的继承人如确信收养不应认许时，得将关于此问题的一切备忘录及意见，递交王国初级检察官。

第二节　非正式监护

第 361 条　所有年在五十岁以上且无婚生子女与直系卑血亲之人，愿意使一个未成年人以法定的名义依附于己时，得经该未成年人的父母同意或父母中尚生存的一方同意后，或父母俱无时，经其亲属会议同意后，最后，如该未成年人并无亲属时，经原保育该未成年人的救济院管理人或其居住地行政当局同意后，成为该未成年人的非正式监护人。

第 362 条　夫妻一方仅于取得他方的同意后始得成为非正式监护人。

第 363 条　儿童住所地的治安审判员做成有关非正式监护的请求与同意的笔录。

第 364 条　此种监护仅得为年在十五岁以下儿童的利益为之。此种监护当然发生供养、教育并培植其使能自谋生活的义务，对于任何特别约定不生影响。

第 365 条　如被监护人有若干财产，且原处于监护之下，其财产的管理，连同其本人的照管均归非正式监护人担任，但非正式监护人不得以被监护人的收入移作其教育费用。

第 366 条　如非正式监护人，于监护满五年后，预感其本人将在被监护人成年前死亡，而以遗嘱证书收养被监护人时，如非正式监护人无任何婚生子女,此项遗嘱得认为有效。

第 367 条　非正式监护人于监护满五年前或在此期间后死亡而未收养被监护人时,应于被监护人成年以前供给其生活资料,其数额与范围,如以前并无明确约定时,由监护人与被监护人的代表友好协议决定之,如不能协议,由裁判确定之。

第 368 条　在被监护人成年时,如非正式监护人拟收养被监护人,而被监护人同意时,即进行前节所规定的方式并发生完全相同的效果。

第 369 条　在被监护人成年后三个月内,如被监护人向非正式监护人要求收养的请求并无效果,且被监护人处于不能自谋其生活的境地,得判令非正式监护人向被监护人赔偿。此种赔偿应为可以解决其职业问题的援助;以上规定对于以前预见此种情况所为的约定不生影响。

第 370 条　非正式监护人曾管理被监护人的若干财产时,在不论何种情形,均应做成计算。

第九章　亲权

第 371 条　子女不问其年龄如何,对父母负尊敬的义务。

第 372 条　子女在成年或亲权解除前,均处于父母权力之下。

第 373 条　父母婚姻关系存续中,亲权由父单独行使之。

第 374 条　子女除于十八周岁后为志愿兵入营外,非得其父的许可不得离开其父的家庭。

第 375 条　父对于子女的行为有重大不满的原因时,得以下述方法矫正之。

第 376 条　如子女的年龄在十六岁开始以前时，父得在一个月以下的期间内拘留之；且为此目的，当地法院院长应基于父的请求交付逮捕令。

第 377 条　自子女十六岁开始至成年或解除亲权，父仅得请求拘留至多六个月；父应向当地法院院长提出请求，院长经向王国初级检察官征询意见后，发给逮捕令或拒绝其请求，在发给逮捕令的情形，仍得缩短父所要求的拘留期间。

第 378 条　除逮捕令本身外，不问在何种情形，无须裁判上形式的文书，在逮捕令中，亦无须记明理由。

父单独负责签署支付一切费用并供给相当扶养费的承认书。

第 379 条　父经常有权缩短其所决定或要求的拘留期间。如子女于释放后，故态复萌，拘留得依前数条规定的方式再次请求之。

第 380 条　如父再婚，要求拘留前妻的子女时，即使该子女不足十六岁，亦应按照第 377 条的规定办理。

第 381 条　未再婚的寡母，须经父系最近血亲二人的协力并依第 377 条的声请程序，始得拘留其子女。

第 382 条　如子女有个人财产或职业时，即使年龄不足十六岁，其拘留仅得依第 377 条规定的声请程序为之。

被拘留的子女得向上诉法院检察长致送备忘录。检察长应令第一审法院检察官报告并应向上诉法院院长提出报告；上诉法院院长，在通知子女之父并为一切调查后，得取消或变更第一审法院院长所发给的命令。

第 383 条　第 376 条、第 377 条、第 378 条和第 379 条对于合法认领非婚生子女的父母适用之。

第 384 条　父在婚姻关系存续中，或婚姻解除后尚未死亡的父或母，对十八岁以下未经解除亲权或未满十八岁子女的财产，有用益权。

第 385 条　此种用益权的负担如下：

一、用益权人应负担的费用；

二、与子女资力相当的生活、教育费用；

三、已到期年金与利息的支付；

四、最后疾病治疗费及丧葬费。

第 386 条　此种用益权，不得为离婚诉讼中败诉之父或母的利益而发生；此种用益权，在母再婚时，对母即行停止。

第 387 条　此种用益权不得扩张至子女因独立劳动与经营业务所取得的财产，并不得扩张至子女因赠与或遗赠所取得的财产，如果此种赠与或遗赠明白附有父母不能享有用益权的条件。

第一〇章　未成年、监护及亲权的解除

第一节　未成年

第 388 条　男或女未满二十一岁者，为未成年人。

第二节　监护

第一目　父母的监护

第 389 条　父于婚姻关系存续中，管理其未成年子女的个人财产。

父应就不享有用益权的财产本身及从该项财产所得的收入，以及享有用益权的财产本身，做成计算。

第 390 条　因夫妻一方自然死亡或民事上死亡而婚姻解除时，未成年并未解除亲权的子女，法律上当然由生存之父或母监护之。

第 391 条　父对于生存且担任监护人之母，得为其指定特别辅助人，非得该辅助人的同意，母不得为任何有关监护的行为。

如父特别就一定行为指定辅助人时，前项监护人无须辅助人的辅助，得为其他行为。

第 392 条　辅助人的指定，仅得依下列方式为之：

一、遗嘱；

二、在有书记员协助的治安审判员前，或在公证人前所为的表示。

第 393 条　如夫死亡时，妻怀有身孕，亲属会议应任命胎儿的财产管理人。

子女出生时，母成为监护人，财产管理人法律上当然成为监护监督人。

第 394 条　母并无必须接受监护任务的义务；但母拒绝为监护人时，应履行监护义务至其促成任命监护人之时为止。

第 395 条　担任监护人之母企图再婚时，应于婚姻行为前，召开亲属会议，由其决定母是否继续保留监护职务。

未召开此种会议时，母在法律上当然丧失监护权；如母不正当保留监护时，其新夫对于因此引起的后果负连带责任。

第 396 条　如亲属会议经合法召开后决定由母保留监护职务时，

其新夫必须被指定为共同监护人，新夫与妻对婚姻后的管理行为，负连带责任。

第二目　父或母指定监护

第 397 条　个人选择亲属或非亲属为监护人的权利，仅属于后死之父或母。

第 398 条　此种权利，仅得依第 392 条规定的方式及本条以下所定的例外与变更行使之。

第 399 条　再婚且未保留对前婚子女监护之母，不得为前婚子女选任监护人。

第 400 条　再婚且保留监护之母为前婚子女选任监护人时，其选任须得亲属会议的认可，始生效力。

第 401 条　父或母选任的监护人并无必须接受监护任务的义务。但此种被选任人如属于虽未经此特别选任，亲属会议亦可能选任其担任监护的一类人者，不在此限。

第三目　直系尊血亲的监护

第 402 条　后死之父或母，未为未成年人选任监护人时，监护权依法即属于父系祖父，无父系祖父，即属于母系祖父，并依此类推，但如亲等相同，父的直系尊血亲经常较母的直系尊血亲有优先权。

第 403 条　如未成年人既无父系祖父又无母系祖父，而有属于父系较高亲等的尊血亲二人并存时，监护权依法应归属于未成年人之父的父系祖父。

第 404 条　如母系曾祖父同时并存时，由亲属会议指定监护人，亲属会议仅得就该尊血亲二人中指定其一人。

第四目　亲属会议指定的监护

第 405 条　如未成年且未解除亲权的子女，既无父母，亦无父母选任的监护人，又无男性直系尊血亲，或以上规定有监护人资格之人处于下述应排斥的情况，或已经合法排斥时，亲属会议应为指定监护人一人。

第 406 条　亲属会议，基于未成年人的血亲、债权人或其他利害关系人的请求召开之，或由未成年人住所地治安审判员依职权自行召开之。无论何人均得向治安审判员报告须要指定监护人的事实。

第 407 条　亲属会议除治安审判员外，由男女两性血亲或姻亲六人组成之；就居住在监护开始地二十公里范围内的父母两系亲等最近的亲属中各邀请三人。

血亲较同亲等的姻亲有优先权；同亲等的血亲中，年长者有优先权。

第 408 条　未成年人的同胞兄弟，及同胞姊妹之夫，为前条所定人数限制的唯一例外。

如前项列举之人共为六人或六人以上，均成为亲属会议的成员，并由此等人单独组成亲属会议，但未成年人如有直系尊血亲的寡妇及合法免除监护责任的直系尊血亲时，仍应与此等直系尊血亲共同组成之。

如第一项的人数不足六人时，仅得邀请其他亲属以补充亲属会议成员不足之数。

第 409 条　如在第 407 条规定地区内的父系或母系血亲或姻亲的人数不足时，治安审判员得召集居住于较远地区的血亲或姻亲，或与未成年人父母有经常友好关系并居住于监护开始地的公民充任之。

第 410 条　治安审判员，即使在当地的血亲或姻亲人数足够的情形，得召集居住于较远地区、亲等较近或亲等相同的血亲或姻亲；但此际须减少若干当地的亲属，且不超过前数条规定的人数。

第 411 条　出席日期，由治安审判员指定，但开会通知送达的日期与指定开会的日期，如出席人居住于监护开始地或二十公里以内者，一般至少须有三日的间隔。

但出席人中如有居住于上述地区以外者，上述间隔期间每三十公里增加一日。

第 412 条　被召集的血亲、姻亲或朋友，应亲自出席，或派遣特别代理人出席。

代理人不得代理一人以上。

第 413 条　所有被召集的血亲、姻亲或朋友，如无正当理由而不出席时，得处以不超过五十法郎的罚金，由治安审判员宣告，并不得提起上诉。

第 414 条　如不出席有充分的理由，且斟酌情况宜等待缺席人或以他人代替时，在此情形，以及在未成年人的利益要求暂停或延期开会的一切其他情形，治安审判员得将会议暂停或延期。

第 415 条　此种会议，除治安审判员本人指定另一举行地点外，当然在治安审判员处所举行之。会议至少须有被召集会员四分之三的出席，方得举行讨论。

第 416 条　亲属会议由治安审判员任主席，治安审判员有表决权，且于意见相等的情形，有决定权。

第 417 条　如未成年人在法国有住所，而在殖民地有财产时，或在相反的情形，为其财产的特别管理，应指定副监护人一人。

在前项情形，监护人与副监护人均为独立的，对于各自的管理行为，彼此不对他方负责。

第 418 条　如监护人曾经出席于指定其为监护人的会议时，自指定日起，如未出席时，自接受其被指定为监护人的通知之日起，应以监护人的资格，进行活动与管理。

第 419 条　监护为个人的义务，不得转移于监护人的继承人。该继承人仅对于其被继承人的管理行为负责；如继承人为成年人时，应负责维持监护至新监护人任命之日为止。

第五目　监护监督人

第 420 条　在各种监护，亲属会议均须指定监护监督人一人。监护监督人的职能为：当未成年人的利益与监护人的利益相抵触时，代表未成年人的利益进行活动。

第 421 条　监护人的职务归属于具有本节第一目、第二目及第三目规定资格之一的任何人时，该监护人在执行职务前，应召开依第四款规定组织的亲属会议，请其指定监护监督人。

如监护人于未完成此种形式即进行管理活动时，基于血亲、债权人或其他利害关系人的请求，或依治安审判员的职权而召开的亲属会议，如认为监护人有诈欺时，得剥夺其监护权，但不妨碍未成年人的损害赔偿请求权。

第 422 条　在其他监护，在指定监护人后应立即指定监护监督人。

第 423 条　在任何情形，监护人不得参与于指定监护监督人的表决；监护监督人，除同胞兄弟的情形以外，不得在监护人所属的系统（父系或母系）中指定之。

第 424 条　如监护人有空缺或因不在而放弃其职务时，监护监督人在法律上并不当然代理监护人；但监护监督人，在此情形，应提议指定新的监护人，否则应负责赔偿未成年人因此所受的损害。

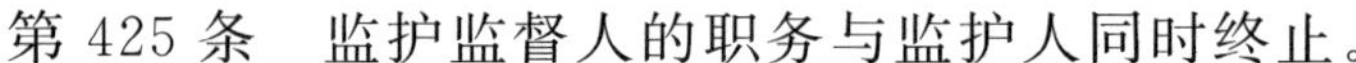

第 425 条　监护监督人的职务与监护人同时终止。

第 426 条　本节第六目与第七目的规定对监护监督人适用之。

但监护人不得提议罢免监护监督人，在为此目的而召开的亲属会议中亦不得参与表决。

第六目　免除监护的原因

第 427 条　下列各人免除监护的职务：

一八〇四年五月十八日条例第三章、第五章、第六章、第八章、第九章、第一〇章、第一一章所列举之人；

最高法院院长及审判员，最高检察署检察长及检察官；

省长；

在行使监护地以外之省从事公职之人。

第 428 条　现役军人以及一切在王国领土外执行国王所任命的公务之人同样免除监护的职务。

第 429 条　如任命并非正式且有争执时，经申请人提出该公务主管部的证明书，以证明构成免除理由的公务业经任命后，始得宣告免除。

第 430 条　有前数条规定资格的公民，在担任构成免除理由的公职、军役或公务后接受监护职务者，不得再以此原因请求卸除其监护职务。

第 431 条　在与前条相反的情形，于接受监护职务后，始担任公职、公务或军役之人，如不愿继任监护职务时，得在一个月之内，请求召开亲属会议，以指定新监护人接替其职务。

如旧监护人的公职、军役或公务满期后，新监护人请求卸职，或旧监护人请求复职时，亲属会议得许旧监护人恢复监护。

第 432 条　所有既非血亲亦非姻亲的公民，仅于在四十公里距离内无适宜于担任监护职务的血亲或姻亲时，始得强使其接受监护职务。

第 433 条　所有年龄满六十五岁之人得拒绝担任监护人。如监护人的指定在此年龄以前，达七十岁时，亦得请求卸除监护职务。

第 434 条　所有身患重病并经合法证明之人，免除其监护职务。

如重病发生于指定监护之后，同样得请求卸除其职务。

第 435 条　已担任两个监护职务之人，合法免除其接受第三个监护职务。

配偶或父，已担任监护职务时，不得强使其接受第二个监护职务；但对于其自己子女的监护，不在此限。

第 436 条　有五个婚生子女之人，除对于其自己子女的监护外，免除一切监护职务。

在国王军队服役中死亡的子女，在决定前项免除时，得经常计算在内。

其他已死亡的子女，仅于其自己遗有子女现尚生存的情形，始得计算在内。

第 437 条　监护人于监护中出生子女时，不得以此辞去监护。

第 438 条　被选任的监护人，如在决议选任其为监护人时曾经到场，应当场立即提出免除监护职务的理由，否则以后的请求即不予受理；亲属会议就免除监护职务的理由进行表决。

第 439 条　被选任的监护人未出席选任会议时，得请求召开亲属会议讨论其免除监护职务的理由。

为此目的应进行的手续，应自接到选任通知起三日内为之；此项期间得按监护开始地与监护人住所地的距离每三十公里增加一日，超过此项期间，免除监护职务的请求即不予接受。

第 440 条　免除监护职务的请求被否决时，监护人得请求法院决定之；但在诉讼进行中，监护人仍负临时管理之责。

第 441 条　如监护人达到免除监护职务的目的时，对免除监护职务的请求予以否决之人得被判令负担诉讼费用。

如监护人的请求被驳回时，诉讼费用由其自行负担。

第七目　无监护能力、排斥监护及免职

第 442 条　下列各人，不得为监护人，亦不得为亲属会议的成员：

一、未成年人，但父或母不在此限；

二、禁治产人；

三、妇女及女性直系尊血亲，但母不在此限；

四、凡自己或其父母正与需要监护的未成年人进行有关该未成年人身份、财产或其重要部分财产的诉讼者。

第 443 条　受身体刑或名誉刑的宣告者，依法当然排斥监护的职务。如在此等刑宣告以前已开始担任监护职务时，当然予以免职。

第 444 条　下列各人，同样排斥监护职务；如其正行使监护时，得予以免职：

一、公认为行为不检之人；

二、其管理已证明为无能力或不忠实之人。

第 445 条　所有排斥监护职务或免职之人，不得为亲属会议的成员。

第 446 条　如有将监护人免职的必要时，依监护监督人的声请，或依治安审判员的职权召开亲属会议宣告之。

如经未成年人的嫡堂或亲表兄弟或较嫡堂或亲表兄弟更近亲等的血亲或姻亲一人或数人正式请求时，治安审判员不得拒绝召开亲属会议。

第 447 条　亲属会议所有宣告排斥监护职务或免职的决议，应阐明理由，且非经传唤并听取监护人意见，不得作出决议。

第 448 条　如监护人同意决议，应记明其事由，同时，新监护人立即执行职务。

如提出异议时，监护监督人得诉请第一审法院认可决议，对此项判决得提起上诉。在此情形，被排斥或免职的监护人，得声请传唤监护监督人，以期取得维持其监护职务的宣告。

第 449 条　请求召开亲属会议的血亲或姻亲得参加该诉讼，此项诉讼作为紧急事件进行审理与判决。

第八目　监护人的管理

第 450 条　监护人应照顾未成年人的身体，并代理其一切民事行为。

管理财产应尽善良管理人的注意，并对于管理失当所生的损害负赔偿的责任。

监护人不得买入未成年人的财产，除监护监督人依亲属会议的授权，将未成年人的财产租赁于监护人外，不得租赁未成年人的财产，亦不得从被监护人接受权利或债权的让与。

第 451 条　自正式知悉选任之日起十日以内，如财产上盖有封印时，监护人应声请解除封印，且立即在监护监督人的监视下，进行做成未成年人财产目录的手续。

如未成年人对监护人负有债务时，监护人应于财产目录中为此项事实的声明，否则即丧失其权利；同时，做成财产目录的公务员负责要求监护人作上述声明，并记载其要求于笔录。

第 452 条　在财产目录做成后的一个月内，未成年人的一切动产，除亲属会议指定保存原物的动产以外，应经揭示或公告并以笔录载明曾经揭示或公告的事实后，由监护人在监护监督人的监视下，交由公务员主持的拍卖出卖之。

第 453 条　对未成年人的财产享有法定用益权的父母，如宁愿保存动产以便返还原物时，免除出卖动产的义务。

在此情形，父母应以自己的费用，请由监护监督人选任并在治安审判员前宣誓的鉴定人，对其所保存的动产，评定适当的价额。如将来不能将原物返还时，即由父母按动产的评定价额偿还其价额。

第 454 条　在监护开始时，除父母担任监护外，亲属会议，应根据估计和斟酌所管理的财产的数量，规定每年度未成年人的费用及财产管理费用的总额。

在上述决议中，得决定是否许可监护人邀请特别并有给的管理人一人或数人，在监护人负责的条件下，协助其进行管理行为。

第 455 条　亲属会议应明确规定收入在支付费用后剩余达一定数额时，监护人负有利用的义务：此项利用须于六个月内为之，超过此项期间时，监护人因未予利用负赔偿利息的责任。

第 456 条　如监护人未请求亲属会议确定利用开始额时，逾越前条所定利用期间后，不问数额如何微小，监护人对未利用数额的利息，均负赔偿的责任。

第 457 条　监护人未得亲属会议的同意时，不得为未成年人借入款项或出卖、抵押不动产。监护人纵使为未成年人的父母时亦同。

前项同意，仅于有绝对必要的原因或显明的利益时，始得给予。

在前项第一种情形，亲属会议，依监护人提出的概算，证明未成年人的现款、动产及收入不足后，始得给予同意。

在一切情形，亲属会议应指示应予尽先出售的不动产，及其认为有益的一切条件。

第 458 条　亲属会议关于此项问题的讨论，仅于监护人向第一审法院请求并取得认许后，始得举行之。第一审法院由不公开合议庭听取王国初级检察官的意见后判决此项请求。

第 459 条　出卖由第一审法院人员或受委托的公证人主持，且于当地通行地区连续三个星期日揭示三次后，在监护监督人监视下，公开进行之。

每个揭示由揭示地区的行政首长检查并证明之。

第 460 条　第 457 条、第 458 条所定出售未成年人财产的方式，对于依共有人之一的请求判令拍卖共有物的情形，不适用之。

但在此情形，拍卖亦仅得依前条规定的方式进行之；其他人的进入拍卖场所必须予以准许。

第 461 条　监护人如未经亲属会议事先的同意，不得承认或拒绝归属于未成年人的遗产继承。承认遗产继承，仅得在限定继承的条件下为之。

第 462 条　曾经以未成年人名义拒绝的遗产继承并无他人承认时，监护人基于亲属会议新决议所为的同意，或未成年人于到达成年后，得回复继承。但应依回复当时的现状进行回复，且不得取消无人继承时期所为的合法出售或其他行为。

第 463 条　他人对未成年人所为的赠与，监护人非得亲属会议的同意，不得予以承认。

对于未成年人所为的赠与，发生与对于成年人所为的赠与同等的效果。

第 464 条　任何监护人未得亲属会议的同意，不得提起有关未成年人不动产物权的诉讼，亦不得对于他人就此种权利所为的请求径予认诺。

第465条　监护人主张分割财产，同样须得上述的同意；但虽无上述同意，亦得承认第三人对于未成年人所为分割财产的请求。

第466条　分割财产应经继承开始地第一审法院选任的鉴定人评价，并依裁判上的方式进行，始能对于未成年人产生成年人间分割财产应有的效果。

鉴定人在上述法院院长或其委任的审判员前，进行忠实并竭力完成其任务的宣誓后，分割继承财产并组织抽签。抽签在法院人员或其所委托的公证人前进行，并由其分发抽得份额。

一切其他的分割，一律视为临时而非确定的。

第467条　监护人取得亲属会议的同意，及征求第一审法院王国初级检察官所指定司法人员三人的意见后，得以未成年人名义进行和解。

和解经第一审法院听取王国初级检察官意见而予以认许后，始生效力。

第468条　监护人对未成年人的行为有重大不满的事由时，得向亲属会议提起控诉，如取得会议的同意，并得依亲权章关于此问题的规定，请求拘留未成年人。

第九目　监护的计算

第469条　一切监护人在其监护终了时，均应为管理的计算。

第470条　父母以外的一切监护人，虽在监护关系继续中，负责于亲属会议认为适当的期间，向监护监督人提出管理状态报告书。但亲属会议不得强使监护人每年作一次以上的报告。

管理状态报告，做成于不须加贴印纸的纸上，无须任何费用，亦无须经任何裁判上的方式，其提出亦同。

第 471 条　监护的确定计算，在未成年人到达成年，或解除亲权时，得以未成年人的费用为之。监护人应预支此项费用。

监护人所支出的一切有益费用，经充分证明后，应承认之。

第 472 条　监护人与到达成年的未成年人间所为的一切约定，非经事先做成详细的计算书并交付证明文件，均属无效；上述各项，应至少于约定前十日，以计算书审核员的收据证明之。

第 473 条　如计算发生争执时，此项争执的审理与判决，和其他民事争执的审理与判决同。

第 474 条　监护人所欠的余额，自计算终了日起，无须请求，应即加算利息。

未成年人对监护人所欠款项，仅自计算终了后催告支付之日起，加算利息。

第 475 条　未成年人对监护人关于监护行为的一切诉权，自其到达成年后，经过十年时效期间而消灭。

第三节　解除亲权

第 476 条　未成年人依法当然因结婚而解除亲权。

第 477 条　未成年人虽未结婚，年龄满十五岁后，得由其父，无父时，得由其母，宣布亲权的解除。

此种亲权的解除，经治安审判员，由书记员协助，接受父或母所为的声明而生效力。

第 478 条　无父母的未成年人年龄满十八岁后，如亲属会议认为其已具有能力，亦得宣布亲权的解除。

在此情形，解除亲权，经亲属会议决议，并经作为亲属会议主席的治安审判员在该证书中宣告“该未成年人已宣布解除亲权”而生效力。

第 479 条 关于前条规定未成年人的解除亲权，如监护人未作声请，而未成年人的嫡堂或亲表兄弟姊妹或亲等较近的血亲或姻亲一人或数人认为未成年人具有解除亲权的能力时，此等亲属得请求治安审判员召开亲属会议，以便对此问题进行讨论。

治安审判员依此请求，应召开亲属会议。

第 480 条 监护计算书，应提交于经解除亲权的未成年人，该未成年人并由亲属会议所选任的男或女财产管理辅助人协助之。

如女财产管理辅助人已结婚时，该财产管理辅助人须得其夫的许可。

第 481 条 解除亲权的未成年人得缔结不超过九年的租赁契约；得受领其收益并交付受领凭证及进行一切纯管理性质的行为；关于此等行为，在成年人不得请求回复原状的一切情形，未成年人亦不得请求回复原状。

第 482 条 解除亲权的未成年人，未经财产管理辅助人的协助，不得提起有关不动产的诉讼，亦不得对此种诉讼进行防御，且不得受领动产原本及给予受领凭证；在后一情形，财产管理辅助人应监视受领原本的利用。

第 483 条 解除亲权的未成年人，除根据第一审法院于听取王国初级检察官意见后所认许的亲属会议决议外，不得以任何借口借入金钱。

第 484 条　解除亲权的未成年人,不遵守对于未经解除亲权的未成年人所规定的方式,不得出卖或转让其不动产,亦不得为纯管理行为以外的其他行为。

解除亲权的未成年人依买卖或其他方法订立契约所生的债务,如有过重的情形,得减轻之:关于此问题,法院应斟酌未成年人的资力,契约相对人的善意或恶意,其所出代价有无使用价值。

第 485 条　解除亲权的未成年人,其债务依前条减轻时,其解除亲权的利益得予取消;取消解除亲权的方式与准许解除亲权的方式相同。

第 486 条　自取消解除亲权之日起,未成年人再次交付监护,直至成年时为止。

第 487 条　解除亲权的未成年人经营商业者,关于商业的行为视为已达成年。

第一一章　成年、禁治产及裁判上的辅助人

第一节　成年

第 488 条　满二十一岁为成年;到达此年龄后,除结婚章规定的例外外,有能力为一切民事生活上的行为。

第二节　禁治产

第 489 条　成年人经常处于痴愚、心神丧失或疯癫的状态者,即使

此种状态有时间歇，应禁止其处理自己的财产。

第490条　一切血亲有权请求宣告其血亲的禁治产；夫妻一方对于他方亦同。

第491条　在疯癫的情形，如配偶与血亲均未请求宣告禁治产，王国初级检察官应请求之，在痴愚或心神丧失的情形，如无配偶亦不知其有血亲时，检察官亦得请求之。

第492条　所有请求宣告禁治产之诉，应向第一审法院提起之。

第493条　痴愚、心神丧失或疯癫的事实以书面列举之。诉请宣告禁治产之人，应提出证人与证物。

第494条　法院命令依未成年、监护及亲权解除章第二节第四目规定方法组成的亲属会议，就被请求宣告禁治产人的状态，提供意见。

第495条　请求宣告禁治产人不得为亲属会议的成员：但被请求宣告禁治产人的配偶及子女得准许出席亲属会议而无表决权。

第496条　法院于收到亲属会议意见后，应于不公开合议庭讯问被告：如被告不能出席，受命审判员一人由书记员协助至其居住地点讯问之。在一切情形，王国初级检察官应出席参与讯问。

第497条　经最初讯问后，如有必要，法院得任命一临时管理人，以便照顾被告身体与其财产。

第498条　关于请求禁治产的判决，须经听取当事人的陈述或传唤当事人后，于公开庭宣告之。

第499条　在驳回禁治产的请求时，如情况需要，法院得命令被告今后非得依该判决指定的辅助人的协助，不得为诉讼、和解、借款、受领动产原本并交付受领凭证、让与及就财产订定抵押权的行为。

第 500 条　对第一审法院判决经提起上诉的情形，上诉法院认为必要时，得再度讯问，或由受命审判员一人讯问被请求宣告禁治产人。

第 501 条　宣告禁治产或任命辅助人的第一审和第二审判决，基于原告的声请，应做成并送达于当事人，且在十日的期间内，揭贴于公判庭及当地公证人事务所悬挂的揭示牌。

第 502 条　禁治产的宣告与辅助人的任命，即在判决日发生效力。此后禁治产人所为的一切行为，如无辅助人的协助，依法均归无效。

第 503 条　宣告禁治产前的行为，如禁治产原因在行为当时已显著存在时，得请求取消。

第 504 条　个人死亡后，仅在其死亡前已被宣告禁治产或已被提起宣告禁治产之诉的情形，他人得以其心神丧失为理由，攻击其生前的行为；但如该被攻击的行为即可证明其心神丧失时，不在此限。

第 505 条　如未对第一审宣告禁治产的判决提起上诉，或上诉后维持原判决时，应按照未成年、监护及亲权解除章的规定为禁治产人任命监护人和监护监督人各一人。临时管理人即终止其职务，如其并不担任监护人，并应向监护人提出计算。

第 506 条　夫依法为被宣告禁治产之妻的监护人。

第 507 条　妻得被任命为夫的监护人。在此情形，亲属会议订定管理的方式与条件，但妻确信因亲属会议的决议而发生损害时，得请求法院救济。

第 508 条　除配偶、直系尊血亲和卑血亲外，任何人无义务维持对禁治产人的监护职务至十年以上。届满十年时，监护人得请求并应获准由他人更替其职务。

第 509 条　禁治产人关于其身体及财产，视同未成年人：关于未成年人监护的法律适用于禁治产的监护。

第 510 条　禁治产人的收入应主要用于缓和其生活上的痛苦并加速其痊愈。

按照禁治产人疾病的性质及其资力，亲属会议得决定禁治产人留居家中疗养或送精神病院、医院治疗。

第 511 条　禁治产人的子女结婚时，嫁资、应继分的预付及其他夫妻财产契约的问题，由亲属会议决议，经第一审法院根据王国初级检察官的意见认许后实行之。

第 512 条　禁治产宣告，因其原因终了而终止：但禁治产宣告的取消应遵守关于禁治产宣告所规定的方式；且仅于判决取消禁治产宣告后，禁治产人始得行使其权利。

第三节　裁判上的辅助人

第 513 条　浪费人如无法院为其任命的辅助人的协助，得被禁止为诉讼、和解、借款、受领动产原本并交付受领凭证、让与和就其财产订定抵押权的行为。

第 514 条　请求禁止浪费人在无辅助人协助下为法律行为，由有权请求宣告禁治产之人为之；其请求依与请求宣告禁治产同一的方法审理并判决之。

此项禁止非遵守同一方式,不得取消。

第 515 条　任何关于宣告禁治产或任命辅助人的判决,不问为第一审或第二审,非经听取检察官的意见,不得为之。

第二编　财产及对于所有权的各种限制

第一章　财产分类

第 516 条　财产或为动产,或为不动产。

第一节　不动产

第 517 条　财产之作为不动产,或依其性质,或按其用途,或依权利的客体。

第 518 条　土地及建筑物依其性质为不动产。

第 519 条　风磨或水磨固定于柱石并作为建筑物的一部分者,依其性质为不动产。

第 520 条　尚未刈取的收获物,以及尚未摘取的树上果实,均为不动产。

已刈取的收获物与已摘取的果实,虽未移动地点,仍为动产。

如收获物仅部分刈取,则仅此部分为动产。

第 521 条　定期采伐的大小树木,陆续因树木的伐倒而成为动产。

第 522 条　土地所有人对佃农或小佃农为耕作而交予的家畜,不问其曾否评价,在依据契约此种家畜仍留置于该土地上时,视为不动产。

土地所有人贷与于佃农或小佃农以外之人的家畜为动产。

第 523 条　房屋及其他不动产所设置用以导水的小管，为不动产，并构成其所附着的不动产的一部分。

第 524 条　不动产所有人为不动产的便益及利用所设置之物，依其用途，为不动产。

因之，下列各物如所有人为不动产的便益及利用而设置时，依其用途为不动产：

耕作用家畜；

农业用具；

供给佃农或小佃农的种子；

鸽舍中的鸽；

兔园中的兔；

巢中的蜜蜂；

池沼中的鱼类；

压榨器、釜、蒸馏器、桶及大桶；

铸造场、制纸场及其他工场必须利用的器具；

稻草及肥料。

经所有人永远附着于不动产的一切动产，依其用途，亦为不动产。

第 525 条　动产如以石膏、石灰或水泥附着于不动产时，或如非破坏或毁损该动产本身或其所附着的一部分不动产，不能与之分离时，视为所有人以该动产永远附着于不动产。

房屋中的镜子，如其所附着的框子与板壁成为一体时，视为永

远的附着。

画额及其他装饰品亦同。

雕像安装于特备的墙壁之凹处，虽不破坏或毁损亦能移动者，仍为不动产。

第 526 条　下述权利，依其客体，为不动产：

不动产的使用收益权；

以土地供役使的权利；

目的在请求返还不动产的诉权。

第二节　动产

第 527 条　财产之作为动产，依其性质，或依法律的规定。

第 528 条　可以移转场所的物体，不问如动物以自力移动，或如无生物依他力变换位置，均依其性质为动产。

第 529 条　以请求偿还到期款项或动产为目的之债权及诉权，金融、商业或产业公司的股份及持份，即使隶属此等公司的企业拥有不动产，均依法律规定为动产。此种股份与持份，当公司存续中，对每一股东而言，视为动产。

对国家或个人所有永久定期金或终身定期金收受权，依法律规定亦为动产。

第 530 条　凡以不动产的买价，或作为有偿或无偿转让不动产的条件，所设定的永久定期金收受权，债务人得当然一次还清其本金而赎回之。

但债权人得规定赎回的约款与条件。

债权人并得订定经过一定期限后，始得赎回定期金收受权，但此项期限不得超过三十年：一切相反的约定无效。

第 531 条　小艇、渡舟、舰艇、船内的风车及沐浴设备以及一般不以柱定着及不构成房屋一部分的制造工具，均为动产：但由于上述物件的重要性，其扣押应依民事诉讼法规定，适用特别的方式。

第 532 条　拆卸建筑物所取得的材料，为从事新建筑而集中时，直至工人使用于建筑时为止，仍为动产。

第 533 条　法律规定中或人们行为中仅使用“动产物件”一词，而不加他词，亦无说明时，不包括现金、宝石、债权、书籍、勋章、科学及工艺器具、衬衣、马、车、兵器、谷类、酒类、干草及其他食物；同样不包括作为商业客体的货物。

第 534 条　“动产家具”一词，仅包括供房屋使用或装饰用的动产，如毛毡、床、椅、镜、钟、桌、瓷器以及其他同一性质的物件。构成房屋家具一部的图画与雕像，亦包括在“动产家具”之内；但搜集的图画贮藏于陈列室或特别室者，不在此限。

关于瓷器亦同：仅作为房屋装饰的瓷器包括于“动产家具”的名称内。

第 535 条　“动产”一词，一般指前数条规定视为动产的一切财产。

关于家具的出卖及赠与仅包括“动产家具”。

第 536 条　房屋连同屋内物件出卖或赠与时，不包括保管于屋内的现金、债权及其他权利的证券；一切其他动产包括在内。

第三节　财产与其占有人的关系

第 537 条　除法律规定的限制外，私人得自由处分属于其所有的财产。

不属于私人所有的财产，依关于该财产的特别规定与方式处分并管理之。

第 538 条　国家管理的道路、巷、市街，可以航行的河道、海岸、海滩、港口、海港、碇泊场以及一般不得私有的法国领土部分，均认为国有财产。

第 539 条　一切无主或无继承人的财产，或继承人放弃继承的财产，均归国家所有。

第 540 条　要塞和堡垒的门、壁、壕、垒，亦构成国有财产的一部分。

第 541 条　现已不作为要塞的地方所有土地、城堡和壁垒亦同：如国家并未将此项财产合法转让，或其所有权未因时效而丧失，仍归国家所有。

第 542 条　区、乡公有财产，为一个或数个区、乡居民对该财产的所有权或其出产物有既得权的财产。

第 543 条　对于财产，得取得所有权，或取得单纯的用益权，或仅取得土地供自己役使之权。

第二章　所有权

第 544 条　所有权是对于物有绝对无限制地使用、收益及处分的权利，但法令所禁止的使用不在此限。

第 545 条　任何人不得被强制出让其所有权；但因公用，且受公正并事前的补偿时，不在此限。

第 546 条　物之所有权，不问其为动产或不动产，得扩张至该物由于天然或人工而产生或附加之物。

此种权利称为添附权。

第一节　关于物所产生之物的添附权

第 547 条　以下权利依添附权归属于原物所有人：

土地产生的天然果实或人工果实；

法定果实；

家畜繁殖的小家畜。

第 548 条　物所生的果实归属于原物所有人，但所有人负责偿还第三人支出的耕作、劳动及种子的费用。

第 549 条　占有人仅于善意占有的情形，取得占有物的果实：在恶意占有的情形，占有人负责对请求返还的所有人返还占有物及其果实。

第 550 条　占有人不知所有权移转行为的瑕疵，而根据该所有权移转行为以所有人的资格占有时，为善意占有。

自占有人知悉瑕疵时起，其占有即中止为善意。

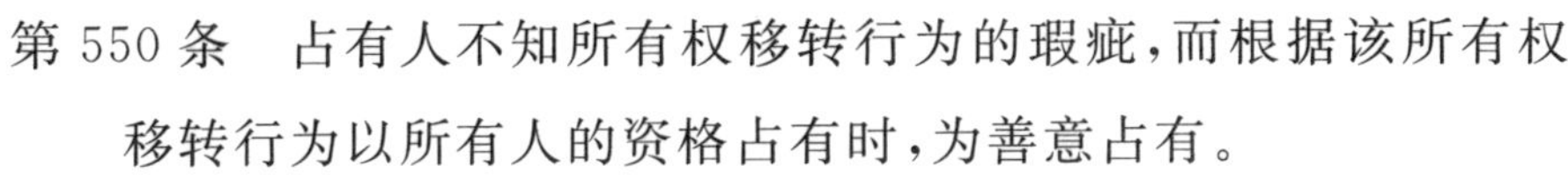

第二节　关于物的附加及组合的添附权

第 551 条　一切附加及组合于原物之物，依以下规定的原则，归属于原物所有人。

第一目　关于不动产的添附权

第 552 条　土地所有权并包含该地上空和地下的所有权。

所有人得在地上从事其认为适当的种植或建筑。但役权或地役权章规定的例外，不在此限。

所有人得在地下从事其认为适当的建筑或发掘，并采取掘获的产物，但矿山法规及警察法规所定的限制，不在此限。

第 553 条　地上或地下的一切建筑物、植物及工作物，在无相反证据前，推定土地所有人以自己费用所设置并归其所有；但第三人对于在他人建筑物的地下或任何其他部分因时效而已经或可能取得的所有权，不受影响。

第 554 条　土地所有人以不属于自己的材料从事建筑、种植及施设时，应支付其代价；如有必要，所有人并得被判令赔偿损害：但材料所有人无拆取之权。

第 555 条　如第三人以其材料种植、建筑及施设时，土地所有人有权保存此等种植物、建筑物及施设物，或要求该第三人拆除之。

土地所有人要求拆除种植物及建筑物时，拆除的费用由该第三人负担之；如有必要，该第三人并得被判令赔偿土地所有人所受的损害。

土地所有人愿保存此等种植物及建筑物时，应返还材料的价值与人工的代价，不问土地增值额的大小。但如此项种植、建筑及施设系由不判令返还果实的善意占有土地的第三人所为时，在该第三人返还土地后，土地所有人不得要求拆除此等施设物、建筑物、种植物；但所有人有权就下列两种办法选择其一：或者返还材料的价值与人工的代价，或者返还相当于土地增值的价额。

第 556 条　河川的沿岸地渐次且自然产生的冲积地及增积地称为

涨滩。

涨滩，不问河川是否有航行的便利，归沿岸地所有人；如有航行的便利时，该所有人负依照规则供步行路或牵船路用的义务。

第 557 条　流水侵蚀河岸的一方，在对岸增积而成的滩地亦同：涨滩归沿岸地所有人所有，受侵蚀而丧失土地的所有人不得请求返还其土地。

沿海涨滩不发生上述的权利。

第 558 条　涨滩不发生于湖泊及池塘；湖泊及池塘的所有人，虽在水量减低时，仍保有满水时湖泊及池塘所占的土地。

另一面，池塘所有人，在异常增水的情形，对于塘水所淹没的沿岸地不能取得任何权利。

第 559 条　不问有航行的便利与否，河川因急激水力割除沿岸地重大的且显著的一部分而移着于下流或对岸时，割除地所有人得主张其所有权；但此种请求之诉应于一年内提起之：经过此项期间，其请求即不予受理，但割除地所附着土地的所有人尚未占有割除地时，不在此限。

第 560 条　有航行便利的河床中所形成的岛或洲，归国家所有，但有依相反的权利根源或时效主张权利时，不在此限。

第 561 条　不便航行的河川中形成的岛或洲，归属于该岛近旁的沿岸地所有人；如该岛并不偏于两岸的任何一岸，以河中央画线为标准，分属于两岸沿岸地所有人。

第 562 条　河川发生新分流，割除沿岸地所有人的土地并围绕该土地而形成岛屿时，该沿岸地所有人保有该土地的所有权，即使岛屿形成于有航行便利的河川中亦同。

第563条　河川不问通航与否，如放弃旧河床，改取新水道时，被新水道割除土地的所有人，以补偿的名义，各按被割除土地的比率，取得旧河床的土地。

第564条　鸽、兔、鱼移居他人的鸽舍、兔园或池塘时，除以诡计诱致者外，归属于移入的鸽舍、兔园或池塘的所有人。

第二目　关于动产的添附权

第565条　关于分属于不同所有人的两个动产的添附权，应完全依照自然平衡原则处理之。

以下规定，供审判员作为在法律无规定时按照特殊情况作出判决的范例。

第566条　分属于不同所有人的两个物体附合而构成一个整体时，如该两个物体尚能分离，即其中任何一个物体脱离另一个物体尚能独立存在，则该整个合成物归属于构成其主要部分的物体的所有人，但该所有人应对他方负担偿还后者原有物体的价值。

第567条　乙物仅为甲物的使用、装饰或补成而附合于甲物时，甲物视为主要部分。

第568条　但如附合物的价值远高出主要物的价值，且该物被用作附合物时，附合物所有人并未知悉，该所有人得请求分离附合物，并予归还，即使主物可能因分离而受损害时亦同。

第569条　二物附合成为一体，不能区别其主从时，价值较大之物视为主物，如价值相等时，容量较大之物视为主物。

第 570 条　手工工人或其他人以不属于自己所有的材料制成新的物体时，不问能否回复材料的原状，材料所有人偿还工作的代价，即有权请求取得制成的新物。

第 571 条　但如工作的重要性远超过使用材料的价值时，加工应视为主要部分，因此，加工人偿还材料的代价，即有权保有其加工物。

第 572 条　如某人使用属于自己所有一部分材料及属于他人所有一部分材料以制成新的物体，虽两部分材料均未完全丧失其原形，但非忍受损失不能分离时，加工物归两位所有人所共有，其应有部分：一方应为其所有材料的价值，他方应为其所有材料的价值及加工的代价。

第 573 条　属于不同所有人的几种材料混合而制成一新物体，其中各种材料均不能视为主要材料的情形，如各种材料可能分离时，不知自己材料与他人材料混合的所有人得请求分离。如各种材料不能无障碍地分离时，各所有人按各自所有材料的分量、性质及价值的比率共有该合成物。

第 574 条　属于所有人中一人的材料，如其分量及价值远超过其他所有人的材料时，材料价值高昂的所有人，得偿还其他所有人材料的价值，而取得该合成物。

第 575 条　如合成物属于构成该物的几种材料的所有人数人所共有时，该合成物应为共同利益拍卖之。

第 576 条　一人使用他人材料以制成新的物体，为材料所有人所不知，因此该材料所有人得主张该新物的所有权时，并有权选择要求返还与自己材料同种、同量、同重、同长及同质的材料或其价值。

第577条 任何人使用他人所有的材料而为他人所不知时，并得被判令赔偿损害；如有必要，亦不妨碍依非常程序进行刑事追诉。

第三章 用益权、使用权及居住权

第一节 用益权

第578条 用益权为对他人所有物，如同自己所有，享受其使用和收益之权，但用益权人负有保存该物本体的义务。

第579条 用益权依法律规定或人的意思而设定。

第580条 用益权的设定，得为无条件的、附期限的或附条件的。

第581条 用益权得就各种动产或不动产设定之。

第一目 用益权人的权利

第582条 用益权人就用益权的客体所产生的一切果实，不问为天然的、人工的、法定的，均有享受的权利。

第583条 自然果实为土地自然产生之物。动物的产物及其所繁殖的小动物亦为自然果实。土地的人工果实为由耕种而取得的果实。

第584条 法定果实为房屋的租金、到期原本的利息、分期支付的定期金。

土地租赁的地租亦列入法定果实的范围。

第585条 用益权发生时，附着于枝或根的自然及人工果实，归属于用益权人。

用益权消灭时，附着于枝或根的自然及人工果实，归属于所有权人，不问用益权人或所有权人均无须偿还人工与种子，但用益权发生或消灭时，有应取得一部分果实的佃农存在时，不妨碍该佃农的取得其部分果实。

第 586 条　法定果实视为逐日取得，按用益权存续期的比率，归属于用益权人。此项规定，对于土地租赁的地租、房屋租赁的房租，以及其他法定果实适用之。

第 587 条　如用益权包括非予消费不能使用的物体，例如金钱、谷类、饮料，用益权人有权使用之，但应返还同量、同质及同值之物，或在用益权消灭时，按评定价值偿还之。

第 588 条　终身定期金的用益权人，在用益权存续期中，有权按期受领定期金，不负返还的义务。

第 589 条　如用益权包括虽不立即消费但使用中逐渐耗损的物体，例如衬衣、动产家具，用益权人有按其用法使用的权利，在用益权消灭时，用益权人仅负按现状返还的义务；但有恶意或过失毁损的情形时，不在此限。

第 590 条　如用益权的客体为小树林的采伐，用益权人应按照所有权人经常采用的方法与习惯，遵守采伐的顺序及分量；但在用益权存续中，用益权人未刈取小树、幼树、大树时，用益权人及其继承人并无按通常采伐受补偿的权利。

不毁损苗床即可拔取的树木，在用益权人负责按照地方习惯补充树苗的条件下，得作为用益权的一部分。

第 591 条　用益权人，对于定期采伐的大树木，不问此种采伐在一部分土地上定期采伐，或在全部土地上随意采伐一定数量的树木，如遵守旧所有权人的期限与习惯，享有收取的权利。

第 592 条　在一切其他情形，用益权人不得采伐大树木：但用益权人负有修缮的义务时，仅得使用因灾变摧折的树木，以供修缮之用；同样，为此目的，如有刈取摧折树木的必要，亦得刈取之；但在此情形，用益权人对所有权人负有证明此种必要的责任。

第 593 条　用益权人得因供葡萄架用的材料而采取树木；并得在树上收取每年或定期的产物；但一切须遵守所有权人的惯行或当地的习惯。

第 594 条　枯死的果树及因灾变摧折的果树，归属于用益权人；但用益权人负担补植此种果树的义务。

第 595 条　用益权人得由自己享受，或租赁于他人，或出卖以及无偿让与其权利。在出租其权利时，关于租赁契约的更新时期及存续时期，应适用夫妻财产契约及夫妻间的相互权利章中有关夫对于妻的财产所定的规则。

第 596 条　用益权人对于其权利客体所发生的添附权，享有用益的权利。

第 597 条　用益权人享有地役权、通行权及一般所有权人所享有的权利，且其享有的方法与所有人本人同。

第 598 条　用益权人对于用益权发生时正在采掘中的金属矿及石矿，有以与所有权人同一的方法收益的权利；但关于非经特许不得采掘的情形，用益权人于取得国王许可后，始得使用收益。

用益权人对于尚未着手采掘的金属矿及石矿，尚未开始采掘的泥炭矿，及在用益权存续期中发见的埋藏物，均无权利。

第 599 条　所有权人不得以自己的行为或任何方法，损害用益权人的权利。

在用益权人方面，虽由于其改良而增加物的价值，在用益权消灭时，亦不得请求补偿。

但用益权人及其继承人，得收回其所装置的镜、画额及其他装饰品；唯负担回复其场所原状的义务。

第二目　用益权人的义务

第 600 条　用益权人按受领时的现状收取用益物；但用益权人须经在所有权人面前，或经合法传唤所有权人后，做成作为用益权客体的动产目录及不动产现状书，始得享有其用益权。

第 601 条　用益权人应提供作为善良管理人从事用益的担保，但如依设定用益权的行为免除该项提供担保的义务时，不在此限。对于子女财产有法定用益权的父母，以及保留用益权的出卖人与赠与人，亦不负提供担保的义务。

第 602 条　如用益权人不能提供担保，应将不动产出租或寄托；

包含于用益权的金额，应为增殖利息而存储；

出卖日用品所得的代价，亦应为增殖利息而存储；

此等金额的利息及出租所得的租金，在此情形，归属于用益权人。

第 603 条　用益权人不能提供担保时，所有权人得请求将因使用而消耗的动产，比照日用品，予以出卖，而存储其价金；在此情形，在用益权存续期中，用益权人享受其利息：但用益权人得请求，同时审判员亦得按照情况命令用益权人在依单纯的宣誓提供保证，并负责于用益权消灭时返还原物的条件下，保留必要使用的一部分动产。

第 604 条　提供担保迟延时，并不影响属于用益权范围的果实；此等果实，从用益权开始时起归属于用益权人。

第 605 条　用益权人仅负担为保存用益权客体所必要的修缮的义务。

大规模修缮仍由所有人负责；但自用益权开始时起，用益权人未进行为保存所必要的修缮因而引起大规模修缮的必要时，用益权人亦负担该大规模修缮的义务。

第 606 条　大墙壁及屋顶的修缮，栋梁及全部屋盖的改造为大规模修缮。

堤坝、护墙与围墙的全部改造亦同。

一切其他修缮均系为保存所必要的修缮。

第 607 条　所有权人与用益权人均无义务重建因朽废而崩溃或因事变而破坏之物。

第 608 条　用益权人，在用益权存续期中，应负责支付一切不动产上的每年负担，如：租税及其他依习惯应以果实支付的捐税。

第 609 条　在用益权存续期中，关于所有权的负担，按下述方法由用益权人及所有权人分担之。

所有权人负责支付前项负担的费用，用益权人负责支付此项费用的利息。

如用益权人垫付此项负担的费用时，在用益权消灭时得请求返还其原本。

第 610 条　遗嘱人〔对他人〕所为终身定期金或扶养金的遗赠，由〔对遗赠人财产全部〕享有用益权的全部遗赠的受遗赠人支付其全部，或由〔对遗赠人财产的一定部分〕依包括遗赠享有用益权的受遗赠人，按其收益比率支付其一部，此项支付，不得〔向所有权人〕要求返还。

第 611 条　根据遗赠就特定不动产享有用益权之人，对于该不动产所负担的抵押债务，不负清偿之责：如用益权人被迫清偿此项债务时，得对所有权人请求偿还，但生前赠与及遗嘱章第 1020 条规定的情形，不在此限。

第 612 条　全部遗赠的用益权人或包括遗赠的用益权人与所有权人间，按下述方法分担债务的清偿。

先评定作为用益权客体的不动产的价额；然后按照评定的价额，确定分担债务的数额。如用益权人垫付该不动产应负担的金额，用益权消灭时应受原本的偿还，但不得计算利息。

如用益权人不愿垫付时，所有权人得在下列两种办法中选择其一：或清偿此项金额，在此情形，用益权人在用益权存续期中应支付〔所有权人〕此项金额的利息；或将作为用益权客体的财产中适足供清偿债务的一部分出卖之。

第 613 条　用益权人仅负担有关收益诉讼的费用，以及因此种诉讼而被判令负担的其他费用。

第 614 条　用益权存续期中，如第三人侵夺不动产，或以其他方法损害所有权人的权利，用益权人负担将此项事实通知所有权人的义务：用益权人怠于为此种通知时，对于所有权人因此所生的损害负全部的责任，与用益权人应为其自己造成的损害负责，正属相同。

第 615 条　用益权就个别家畜设定时，该家畜如非由于用益权人的过失而灭失，用益权人无须返还另一家畜，亦无须偿付其评定价额。

第 616 条　用益权就兽群设定时，该兽群如非由于用益权人的过失，而由于事变或兽疫，全部灭失，用益权人仅负责以皮革或其代价返还于所有权人。

如兽群并未全部灭失，用益权人应以该兽群繁殖的头数，补充灭失的头数。

第三目　用益权的消灭

第 617 条　用益权因下列事由而消灭：

用益权人自然死亡及民事上死亡；

约定用益权的期间终了；

用益权人与所有权人二种资格集中于一身；

经过三十年期间不行使权利；

作为用益权客体之物全部灭失。

第 618 条　用益权人毁损用益物或不修缮用益物而任其灭失，因此滥用其用益权时，用益权亦得因而消灭。

用益权人的债权人得为保全自己的权利而参加诉讼；并得修缮毁损的部分和提供此后不毁损的担保。

审判员得按照情况严重的程度，或宣告用益权绝对消灭，或命令所有权人于用益权消灭以前，在对用益权人或其继承人支付一定金额的条件下，仅恢复其对于作为用益权客体物收益的权利。

第 619 条　非授予于私人的用益权，以三十年为限。

第 620 条　用益权以第三人达一定年龄为止，为其存续期间时，虽第三人在到达此年龄前死亡，用益权仍按原定期间继续存在。

第 621 条　作为用益权客体之物出卖时，对用益权不生影响；用益权人如未明示抛弃其权利，仍继续享有用益权。

第 622 条　用益权人抛弃用益权，致损害其债权人的利益时，债权人得请求将该抛弃行为取消。

第 623 条　如作为用益权客体之物部分灭失，用益权仍就其余部分继续存在。

第 624 条　如用益权仅就建筑物设定，且此建筑物因火灾或其他灾变而毁灭，或因朽废而崩溃，用益权人对土地及材料均无使用收益的权利。

如用益权就土地和房屋包括设定，建筑物仅为用益权的一部分，用益权人对土地及材料有使用收益的权利。

第二节　使用权及居住权

第 625 条　使用权及居住权依用益权同一的方法设定与消灭。

第 626 条　使用权及居住权，与用益权的情形相同，非事先提供担保，并做成现状书及目录，不得享受其利益。

第 627 条　使用权人及居住权人应以善良管理人的注意享受其权利。

第 628 条　使用权及居住权依设定行为的规定，其范围的广狭，亦依设定行为的约款决定。

第 629 条　如设定行为未订定权利的范围，依以下各规定决定之。

第 630 条　对不动产果实有使用权之人，仅得在其自己及其家属需要的限度内，要求其果实。

使用权人并得为其在使用权设定后所生子女的需要，要求果实。

第 631 条　使用权人不得出租或出让其权利于他人。

第 632 条　对房屋有居住权之人，虽此项权利授予时尚未结婚，得偕同其家属居住于此项房屋。

第 633 条　居住权以权利取得人及其家属居住所必要为限。

第 634 条　居住权不得出让或出租。

第 635 条　如使用权人收取不动产的全部果实，或占用全部房屋，应与用益权人相同，负担耕作的费用、为保存所必要的修缮及支付租税的义务。

如使用权人仅收取果实的一部分，或仅占用房屋的一部分，应按收益的比率分担其义务。

第 636 条　森林使用权依特别法的规定。

第四章　役权或地役权

第 637 条　役权系指为供他人不动产的使用或便利而对一个不动产所加的负担。

第 638 条　役权并不为某一不动产对另一不动产建立优越的地位。

第 639 条　役权发生于地点的自然情况，或法律所定的义务，或数个所有权人间的契约。

第一节　从地点情况所发生的役权

第640条　低地对高地须接受从高地不假人力、自然流下之水。

低地所有人不得建立妨碍流水的堤坝。

高地所有人不得为加重低地负担的行为。

第641条　在自己土地上拥有水源之人，得按自己的意思使用此种水源，但低地所有人依法律行为或时效曾取得权利者，不在此限。

第642条　在前条情形，自低地所有人在自己土地上做成用以便利水降落或流行于其土地上的显著工事时起，经过三十年期间的不断享用，始完成因时效而取得权利。

第643条　如水供给区乡、村落居民的需要时，水源地所有人不得变更其水道；但如居民未经依法律行为或时效取得用水权，所有权人得请求用水的偿金，其数额由鉴定人定之。

第644条　不动产坐落流水旁侧的所有权人，如该流水依财产分类章第538条规定不属于国有财产，得利用流过之水，作为灌溉自己土地之用。

不动产所有人，对于经过其不动产的水流，亦得于水流经过的处所使用之；但应负责于水流的出口处，回复其通常的水流。

第645条　如利用水的数个所有权人间发生争议时，法院于判决时应就对于农业利益的照顾与对于所有权的尊重互为调和；同时，在一切情形，有关水的流行与使用的地方特别规则均应予以遵守。

第 646 条　任何所有权人得要求其邻人于双方所有邻接土地建立界石。建立界石的费用由双方共同负担。

第 647 条　任何所有权人得在其不动产的四周建筑围墙，但第 682 条规定的例外，不在此限。

第 648 条　在土地四周设围的所有权人，按照其收去土地的比率，丧失其在共同土地上通行与放牧之权。

第二节　法律规定的役权

第 649 条　法律规定的役权，得为公共的或地方的便宜，亦得为私人的便宜而设立。

第 650 条　为公共的或地方的便宜而设立的役权，得以沿通航河川的通道，公共或地方道路的建筑或修缮，以及公共或地方其他工事的建筑或修缮为客体。

一切有关此种役权的事项，由特别法令规定之。

第 651 条　法律规定数个所有权人相互间不同的义务，无须任何契约。

第 652 条　此种义务的一部由乡村警察法规规定之。

其他义务为：有关共有分界墙与分界沟的义务，有关设置副壁的义务，有关容许邻人眺望的义务，有关檐滴的义务，有关他人通行权的义务。

第一目　共有分界墙及分界沟

第 653 条　在城市及乡村，两个建筑物间作为分隔用的墙壁〔如两个建筑物的高度不同时，该墙仅分隔该两建筑物的部分称为共有分界墙，该墙自低建筑物顶点的高度起至墙顶止的部分并非共有分界墙。〕或庭院与花园间以及田野中的围场间作为分隔用的墙壁，如无相反的证件或标志，视为共有分界墙。

第 654 条　如墙顶与墙的一面成垂直形，同时与他面成倾斜形时，即为非共有分界墙的标志。

又当筑墙时，仅墙的一面设置有墙檐，石嵌线和托石者亦同。

在此等情形，墙视为专属于设置有檐沟或托石和石嵌线一面的所有人。

第 655 条　共有分界墙的修缮与重建由一切有权利之人负担，且按各人权利的大小定其比率。

第 656 条　但共有分界墙的共有人抛弃其对于共有分界墙的权利时，得免除分担修缮与建筑，但以共有分界墙不支持其所有的建筑物为限。

第 657 条　一切共有人得依靠共有分界墙进行建筑，且就共有分界墙全部厚度，唯除去五十四公厘（两英寸）以外架设梁椽，但如邻人意欲在同一位置架设梁椽或设置壁炉时，得将已架设的梁椽削短至墙厚之二分之一。

第 658 条　一切共有人得加高共有分界墙；但应独立负担加高工程的费用及共有分界墙原有高度以上的保存修缮，此外并对于因加高而增加的负担，按其价值，负赔偿的责任。

第 659 条　如共有分界墙无力支持加高时，企图加高之人，应以自己的费用全部重建，且所需增加的厚度应占用自己方面的土地。

第 660 条　未分担加高费用的邻人，得于支付加高费用的半数，及因增加墙的厚度而可能占用的土地价值的半数后，取得分界墙的共有权。

第 661 条　与一个墙壁相邻接的财产的所有人，于偿还墙所有人该墙价值的半数，或其希望成为共有分界墙部分的价值的半数，及筑墙所用土地的价值的半数后，有同样权利使该墙全部或一部分成为共有分界墙。

第 662 条　相邻人的一方，如未经他方同意，或经他方拒绝后未经请鉴定人规定必要方法使新工作物不损害他方的权利，不得在共有分界墙上挖凿洞穴，亦不得将工作物附着或支持在墙上。

第 663 条　在城市与市郊，相邻人的一方均得强制他方分担分隔双方所有坐落于上述城市与市郊的房屋、庭院及花园的围墙的建筑及修缮；围墙的高度依特别法规或经常且公认的习惯的规定；如缺乏此种法规与习惯时，一切尚待建筑的分隔墙，在五万人及五万人以上的城市，包括墙顶在内，至少应高三十二公寸（十英尺），在其他城市，至少应高二十六公寸（八英尺）。

第 664 条　一座房屋的数层楼分属于数个所有人时，如所有权契据中未规定修缮或重建的办法，修缮或重建应依下列规定办理：

大墙及屋顶，由全体所有权人，各按照其所有某层楼价值的比率，分担费用。

每层楼的所有人各负责修建其在上面步行的地板。

一层楼的所有人负责修建上升至一层楼的楼梯；二层楼的所有人，负责修建从一层楼上升至二层楼的楼梯，并依此类推。

第 665 条　如房屋或共有分界墙重建时，积极与消极役权对于新墙或新屋继续存在，但不得加重，且以在时效完成前进行重建者为限。

第 666 条　两个不动产中间之沟，如无相反的权利根源或标志时，视为共有分界沟。

第 667 条　如土堤或土堆仅存在于沟的一方时，即为非共有分界沟的标志。

第 668 条　沟视为专属于土堆所在的一方。

第 669 条　共有分界沟的保存，应由共同费用担负之。

第 670 条　一切分隔不动产之篱，视为共有分界篱；但仅一方的不动产设置围篱时，或有充分或相反的权利根源或占有时，不在此限。

第 671 条　高树仅准许按照现行特别规则或经常且公认的习惯所规定的距离种植；缺乏规则与习惯时，高树仅准许于距离两个不动产分界线两公尺以外种植，其他的树及活树编成的篱仅准许于距离分界线半公尺以外种植。

第 672 条　邻人对于种植于较短距离内的树木及篱，得要求拔除之。

邻人的树枝越界伸至本人不动产上时，得强制邻人刈除其树枝。

如邻人的树根，越界展延至本人的地下时，本人有权自行刈除之。

第 673 条　间杂于分界篱中的树木，与篱相同，视为共有，且各该所有人均有权要求采伐。

第二目　某种工程所需的距离与中间工作物

第 674 条　下列之人应按照关于各该客体的特别规则和习惯的规定保留一定的距离，或按照同一规则和习惯的规定设置一定的工作物，以免加害邻人：

在接近墙——不问其是否共有分界墙——的地点，挖掘井或粪沟者；

在接近墙壁处，建造烟囱或壁炉、灶或熔炉者；

倚靠墙壁，建造家畜棚者；

或在墙壁旁建立盐栈或腐蚀性原料的堆栈者。

第三目　对于邻人所有不动产的眺望

第 675 条　相邻人的一方，未经他方的同意，不得在共有分界墙上装置窗户，不问其用何种方法，即使装置不开启的玻璃窗亦同。

第 676 条　紧接他人不动产的非共有分界墙的所有人，得在该墙上装置有铁格和不开启的玻璃窗。

此种窗户所装铁栏的每个格子至多一公寸宽，并装配玻璃和不开启的框子。

第 677 条　此种窗户的装置，在地面层，应在企图取得光线的室内距土地或地板二十六公寸(八英尺)以上，在以上各层楼，应在距地板十九公寸(六英尺)以上。

第 678 条　对邻人的不动产，不问该不动产是否设有围墙，不得直线眺望，亦不得有眺望的窗户、晒台或其他类似的外凸工作物；但设置有上述工作物的墙与邻人不动产间的距离达十九公寸（六英尺）者，不在此限。

第 679 条　对上述邻人的不动产，不得有横视或斜视的窗户，但距离达六公寸（二英尺）者，不在此限。

第 680 条　前两条规定的距离，自开辟窗户之墙的表层起算，如为晒台或其他外凸工作物时，自其外线算至两不动产的分界线。

第四目　檐滴

第 681 条　一切所有人应设置屋檐，使雨水流注于自己土地或公共道路；所有人不得使雨水倾注于邻人的土地。

第五目　通行权

第 682 条　自己的土地被他人的土地围绕，且并无通道通至公路时，土地所有人得为自己不动产的便利，要求在邻人土地上取得通行权，但负担与通行所造成损害相当的赔偿。

第 683 条　通道一般应在被围绕的土地与公路间距离最短的线上开辟。

第 684 条　但路线应选定对授予通行权的土地损害最少的处所。

第 685 条　第 682 条规定的损害赔偿诉权，得因时效而消灭；但即使损害赔偿之诉已不能提起，通道仍应继续存在。

第三节　由人的行为设定的役权

第一目　得在财产上设定的各种役权

第 686 条　所有人得在其所有权上或为其所有权的利益设定其认

为适当的役权，但此种役权既不得加义务于个人，亦不得为个人的利益，仅得加限制于土地且为土地的利益，且此种役权决不许违反公共秩序。

依上述方法设定的役权的使用与范围，以设定行为规定之；无设定行为时，依下述的规定。

第 687 条　役权，或为建筑物的便利，或为土地的便利而设定。

前一种役权，不问取得役权利益的房屋坐落于城市或乡村，通称城市役权。

后一种役权，称为乡村役权。

第 688 条　役权得为继续的或不继续的。

继续的役权，为无须人的积极行为即可继续行使的役权，例如：水管、檐滴、眺望及其他类似的役权。

不继续的役权，为必须人的积极行为始得行使的役权，例如：通行、汲水、放牧以及其他类似的役权。

第 689 条　役权得为表现的或不表现的。

表现的役权，为有外部工作物，例如：门、窗、沟渠等向外表现的役权。

不表现的役权，为其存在并无外部标志的役权，例如：禁止在一定土地上建筑，或建筑不得超过一定的高度。

第二目　役权如何设定

第 690 条　继续的且表现的役权，依设定行为，或依三十年的占有而取得。

第 691 条　继续的但非表现的役权，以及不继续的役权——不问其是否表现的——仅得以设定行为设定之。

即使为期遥远的占有，亦不足以设定前项的役权；但在过去准许依占有取得此种役权的地区已因占有而取得此种役权时，现在不得对之提起攻击。

第 692 条　前所有人的指定〔一个不动产供另一个不动产利益之用〕，关于继续且表现的役权，视同设定行为。

第 693 条　经证明目前分离的两处土地，过去属于一人所有，且即由于此人造成产生役权的情况时，前所有人的指定，始得成立。

第 694 条　所有人有两个不动产，其间有役权的标志存在，所有人处分其中之一而未于契约中记载有关役权的约款时，役权仍消极地或积极地继续存在于出让的土地上或继续为出让土地的利益而存在。

第 695 条　关于不能依时效取得的役权，役权的设定行为，仅得以负担役权地所有人所做成的承认役权行为替代之。

第 696 条　设定一个役权时，视为授予行使该役权所必要的一切便利。

例如，从他人水源汲水的役权，当然包括通行的权利。

第三目　享有役权的土地所有人的权利

第 697 条　享有役权的土地所有人，为使用或保存此种权利，有权建造一切必要的工作物。

第 698 条　此种工作物，由享有役权的土地所有人以自己的费用，并非以负担役权的土地所有人的费用建造之，但役权设定行为有相反规定时，不在此限。

第 699 条　即使负担役权的土地所有人依设定行为应负责支付费用以建造为使用或保存役权所必要的工作物时，该所有人仍得将其负担役权的土地给予享有役权的土地所有人，而免除其义务。

第 700 条　如享有役权的土地分割时，役权仍为各该部分继续存在，但负担役权的土地的负担，不得因而加重。

例如：关于通行权，一切共有人应就同一路线行使其通行的役权。

第 701 条　负担役权的土地所有人不得为任何行为以减少役权的行使或使役权的行使较不方便。

例如：该所有人不得变更土地的状况，或移动原指定行使役权的位置。

但如此种原指定变为对负担役权的土地所有人较不便利，或妨碍其进行有利的修缮时，该所有人得向享有役权的土地所有人提供同样便于行使役权的另一地点，且后者不得加以拒绝。

第 702 条　享有役权的一方，仅得依设定行为行使其权利，不得在负担役权的土地，或享有役权的土地，进行某种加重前者负担的变更。

第四目　役权如何消灭

第 703 条　役权于情况变为不可能行使的情形，归于中止。

第 704 条　役权于情况再度成为可以行使时，即行恢复；但时间经过相当久远，依第 707 条足以推定役权已经消灭时，不在此限。

第 705 条　如负担役权的土地与享有役权的土地同归一人所有时，役权归于消灭。

第 706 条　役权因经过三十年期间不行使而消灭。

第 707 条　三十年期间的起算，因役权种类的不同而亦不同：如系不继续的役权时，自停止行使役权之日起算；如系继续的役权时，自进行与役权相反的行为之日起算。

第 708 条　行使役权的方法，与役权本身同，得同样因时效而消灭。

第 709 条　如享有役权的不动产属于数人共有时，其中一人的行使役权，对其余之人产生时效停止进行的效果。

第 710 条　如对共有人中之一人，例如因其为未成年人而时效不能进行时，其余的共有人因而均保持其权利。

第三编　取得财产的各种方法

总　　则

第 711 条　财产所有权，因继承、生前赠与、遗赠以及债的效果而取得或移转。

第 712 条　所有权亦因添附或混合以及时效而取得。

第 713 条　无主的财产，归国家所有。

第 714 条　不属于任何人的物件，其使用权属于大众。

警察法规规定此等物件使用的方式。

第 715 条　渔猎的特许亦由特别法规定之。

第 716 条　埋藏物的所有权，属于在自己土地内发现之人；如埋藏物发现于他人土地内时，其半数属于发现人，半数属于土地所有人。

一切埋藏或隐匿的物件，任何人不能证明其所有权，且其发现纯出偶然者，称为埋藏物。

第 717 条　对于海上飘浮物及飘浮至岸上之物——不问其为何种性质——的权利，及对于生长在海滨的树木和草类的权利，均由特别法规定之。

所有人不明的遗失物亦同。

第一章　继承

第一节　继承的开始和继承人的占有遗产

第 718 条　继承因自然的死亡和民事上的死亡而开始。

第 719 条　因民事上的死亡而开始的继承，依民事权利的享有及丧失章第二节第二目规定受此种死亡判处时开始。

第 720 条　有相互继承权的数人，在同一事故中死亡，而何人死亡在先无法辨明时，死亡在后的推定，依事实的情况定之；如无此种情况时，依年龄或性别的体力定之。

第 721 条　如在同一事故中死亡之人均不足十五岁时，年龄最长之人推定为后死之人。

如均在六十岁以上时，年龄最小之人推定为后死之人。

如若干人不足十五岁而若干人超过六十岁时，前一种人推定为后死之人。

第 722 条　如同时死亡的数人，年龄均在十五岁以上、六十岁以下而年龄相等或相差不超过一岁时，应推定男性为后死之人。

如同时死亡之数人为同一性别时，死亡在后的推定，应使继承能按照自然的程序开始：例如，年龄较低之人应推定为死亡于年龄较高者之后。

第 723 条　法律规定法定继承人间的继承顺序：无法定继承人时，遗产归非婚生子女，无非婚生子女时，归未死亡的配偶；如此等继承人均无时，遗产属于国家。

第 724 条　法定继承人，在负担清偿一切遗产债务的条件下，依法当然占有死亡者的遗产、权利与诉权；非婚生子女、未死亡的配偶和国家，应按规定的方式，经裁判许可，始得占有遗产。

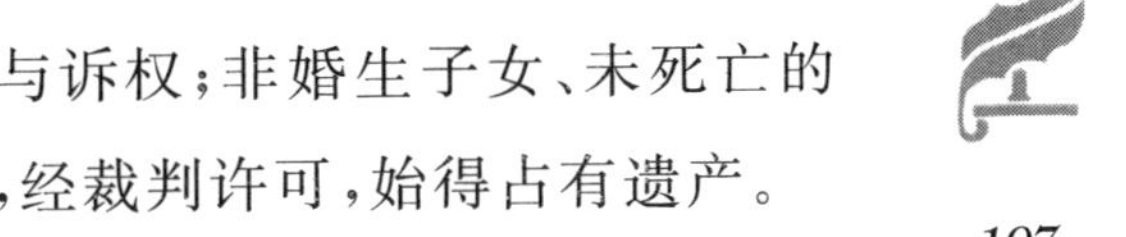

第二节　取得继承的资格

第 725 条　必须于继承开始时生存之人，始能继承。因之，下列之人不得继承：

一、尚未受胎者；

二、出生时无生活力的婴儿；

三、受民事上死亡宣告之人。

第 726 条　依民事权利的享有及丧失章第 11 条的规定，外国人继承其亲属（不问是法国人或外国人）在王国领土上的财产，仅于法国人得继承其亲属在该外国人国土上的财产的情形下，始予准许。

第 727 条　下列各人认为不适宜继承之人，因此不得继承遗产：

一、因杀害被继承人既遂或未遂而被判处罪刑者；

二、诬告被继承人以应受死刑之罪者；

三、成年的继承人，知被继承人之被故意杀害而不向司法机关告发者。

第 728 条　被故意杀害人的直系尊血亲、卑血亲、同亲等的姻亲、夫或妻、兄弟姊妹、伯叔父母、舅父母、姑母、姨母、侄子女、甥子女等，虽不告发，不得对他们主张告发的欠缺。

第 729 条　继承人由于不适宜继承的原因不得继承遗产时，应负责返还自继承开始时起所收益的果实与收入。

第 730 条　不适宜继承人的子女，不依代位继承，而以其自己的名义继承财产时，并不因其父的过失而遭摈斥，但其父无论如何不得就该子女所继承的财产主张法律所定父母对其子女财产的用益权。

第三节　继承的各种顺序

第一目　通则

第 731 条　遗产，依下列规定的顺序和规则，归属于死者的子女及其直系卑血亲、直系尊血亲及旁系血亲。

第 732 条　法律之规定财产的继承，不考虑财产的性质与来源。

第 733 条　一切归直系尊血亲或旁系血亲继承的遗产，应分作两个相等部分，一部分归父系血亲，另一部分归母系血亲。

父系血亲或母系血亲并不为兼属父母两系的血亲所排除继

承；但除第752条的规定外，此等血亲仅自其所属系统取得应继份。兼属父母两系的血亲则同时自两系统取得其应继份。

两系中的任何一系无直系尊血亲或旁系血亲时，原归该系继承的财产始移归他系继承。

第734条　继承人按父系与母系作第一次分类后，不再就不同的分支再作分类；归属于每系的半数遗产，由亲等最近的继承人一人或数人继承之，但依下述规定有代位继承的情形时，不在此限。

第735条　血亲关系的远近以代数定之，一代为一亲等。

第736条　一连串的亲等构成一个亲系。数人间的亲等互相连续，其中一人自另一人出生者为直系血亲；数人间的亲等互相连续，其中一人并非自另一人出生而该两人均自同一祖先出生者为旁系血亲。

直系血亲分直系尊血亲与直系卑血亲。

前者为联系己身所从出的血亲之亲系；后者为联系从己身所出的血亲之亲系。

第737条　直系血亲间亲等的计算，亲等数相当于代数：因之子对父言，为一亲等；孙对祖父言，为二亲等；反之，父对子言，祖父对孙言，亦同。

第738条　旁系血亲间亲等的计算，从血亲的一方按代数数至共同的祖先，再从共同的祖先按代数数至血亲的他方，以代数的总和作为亲等数。

因之，兄弟为二亲等；伯、叔、舅父与侄儿、甥儿为三亲等，从兄弟为四亲等，依次类推。

第二目　代位继承

第739条　代位继承为法律的拟制，其效果在使代位继承人取得被代位人的地位、亲等与权利。

第740条　直系卑血亲均得代位继承，并无代数的限制。

代位继承，不论被继承人的现存子女与较之被继承人先死的子女所遗下的直系卑血亲共同继承的情形，或被继承人的子女均较被继承人先死，而此等子女所遗下的直系卑血亲不问亲等是否相同，共同继承的情形，均准许之。

第741条　直系尊血亲不得代位继承；在父母两系的血亲中，亲等近者排除亲等较远之人而继承。

第742条　关于旁系亲属，被继承人的兄弟姊妹的子女及直系卑血亲，不论在与伯父、叔父、舅父、姑母共同继承的情形，或在被继承人的兄弟姊妹均已死亡时，遗产归属于该兄弟姊妹所遗下的亲等相同或不同的直系卑血亲的情形，均准许代位继承。

第743条　在一切准许代位继承的情形，遗产依房数分配之：如同一房有几个支房时，每一支房亦依该支房所有的房数再分配之；而不再分支的同一支房中的几个继承人，依人数分配之。

第744条　任何人不得替代生存之人，而取得其继承的地位，代位继承人仅得替代自然的或民事上的死亡者的地位。

某人曾抛弃其对于被继承人遗产的继承者，并不妨碍其替代该被继承人的地位。

第三目 归属于直系卑血亲的遗产

第745条 子女与其他直系卑血亲，不问性别与长幼，亦不问其是否出生于同一的婚姻，得继承其父母、祖父母或其他直系尊血亲的遗产。

如继承人均为被继承人的一亲等直系卑血亲，且以自己的名义继承时，应依人数平均继承；如继承人全部或一部代位继承时，应依房数继承。

第四目 归属于直系尊血亲的遗产

第746条 如死亡之人既未遗有直系卑血亲，亦无兄弟姊妹与后者的直系卑血亲时，遗产由父系尊血亲与母系尊血亲各分半数。

亲等最近的尊血亲，排除其他尊血亲，取得归属于该亲系的半数遗产。

同亲等的尊血亲，按人数继承。

第747条 子女或其他直系卑血亲受领直系尊血亲的赠与后死亡而未遗有后裔，且该赠与物在遗产中仍保持原状时，该直系尊血亲得排除其他亲属而继承该物。

如该赠与物已经出卖时，该直系尊血亲继承尚未收取的卖价；〔死者对第三人有回复诉权时〕并继承应属于受赠人的回复诉权。

第748条 死者未遗有后裔，而其父母尚生存，同时并遗有兄弟姊妹或后者的直系卑血亲时，遗产分为两个相等的部分，其中仅半数归属于父母，由父母平均分配之。

其他半数依本节第五目的规定，归属于兄弟姊妹或其直系卑血亲。

第 749 条　死者未遗有后裔而遗有兄弟姊妹或后者的直系卑血亲时，如死者的父母早已死亡，按前条原应归属于父母的半数，依本节第五目的规定，并入应归属于兄弟姊妹或后者的代位继承人的半数。

第五目　旁系继承

第 750 条　死者未遗有后裔，而其父母早已死亡时，死者的兄弟姊妹或其直系卑血亲，得排除直系尊血亲或其他旁系血亲而继承。

死者的兄弟姊妹或其直系卑血亲，依本节第二目的规定，或以自己的名义或替代他人的地位而继承。

第 751 条　死者未遗有后裔而其父母尚生存时，死者的兄弟姊妹或其直系卑血亲仅取得遗产的半数。如死者之父或母一人生存时，死者的兄弟姊妹或其直系卑血亲取得遗产的四分之三。

第 752 条　依前条规定归属于兄弟姊妹的半数或四分之三的遗产，如此等兄弟姊妹均出生于同父母时，平均分配之；如非出生于同父母时，死者的父系血亲与母系血亲各分得半数；其中同父母兄弟姊妹在两系均取得其应继份，同父异母或同母异父的兄弟姊妹仅自其所属亲系中取得其应继份：如仅一系有兄弟姊妹时，该系的兄弟姊妹得排除他系的其他亲属，继承全部遗产。

第 753 条　死者无兄弟姊妹或其兄弟姊妹早已死亡而无直系卑血亲，且其父母两系中有一系无直系尊血亲时，遗产半数归属于尚生存的直系尊血亲，半数归属于他系亲等最近的血亲。同亲等的旁系血亲共同继承时，遗产依人数分配之。

第 754 条　在前条的情形，生存之父或母，就死者遗产中不归其继承所有权的财产的三分之一有用益权。

第 755 条　十二亲等以外的血亲无继承权。

如一系中并无血亲属于可以继承的亲等时，他系的血亲继承全部遗产。

第四节　不正常的继承

第一目　非婚生子女对父母遗产的权利和非婚生子女死亡而无后裔时的遗产继承

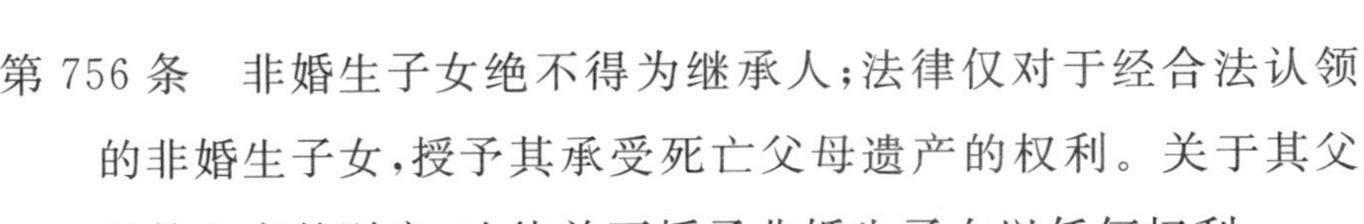

第 756 条　非婚生子女绝不得为继承人；法律仅对于经合法认领的非婚生子女，授予其承受死亡父母遗产的权利。关于其父母的血亲的财产，法律并不授予非婚生子女以任何权利。

第 757 条　非婚生子女对于死亡父母遗产的权利，依下列的规定：如父母有婚生子女时，非婚生子女的权利为婚生子女应继份的三分之一；如父母无婚生子女而有多数直系尊血亲或兄弟姊妹时，为二分之一；如父母既无直系卑血亲亦无直系尊血亲且无兄弟姊妹时，为四分之三。

第 758 条　如父母并无按亲等计算有继承权的血亲时，非婚生子女有取得遗产全部的权利。

第 759 条　非婚生子女先于父母而死亡时，非婚生子女的子女或其他直系卑血亲，得主张前数条规定的权利。

第 760 条　非婚生子女或其直系卑血亲，对于在父母生前从父母受领而于父母遗产继承开始时依本章第六节第二目的规定应扣算的财物，应从其得主张的权利中扣算之。

第 761 条　如父母生前，对非婚生子女已赠与依前数条规定非婚生子女应得部分的半数，且明白表示其意思系将该非婚生子女的应得部分减少至赠与部分时，非婚生子女不得为其他的主张。

如父母的生前赠与不足非婚生子女应得部分的半数时，非婚生子女仅得请求补足此半数为止。

第 762 条　第 757 条及第 758 条的规定不适用于奸生子女或乱伦子女。

法律仅赋予此等子女以受扶养的权利。

第 763 条　前条的扶养权利，应斟酌父或母的资力及法定继承人的人数与资格定之。

第 764 条　奸生子女或乱伦子女之父或母已使此等子女从事学习工艺，或父母的一方已使此等子女获得终身扶养费的保证时，此等子女对父母的遗产不得提出任何要求。

第 765 条　非婚生子女死亡而未遗有后裔时，其遗产归属于认领之父或母；如父母均认领时，各继承遗产的半数。

第 766 条　在非婚生子女的父母先于非婚生子女死亡的情形，非婚生子女于生前自父母处受领的财产，如在遗产中保持原状时，归属于婚生的兄弟姊妹；关于该财产，有回复诉权时，其回复诉权，或该财产已经出卖时，其尚未收取的卖价，亦归属于婚生的兄弟姊妹。一切其他财产，归属于非婚生的兄弟姊妹及其直系卑血亲。

第二目 生存的配偶及国家的权利

第 767 条 如死者未遗有按其亲等得为继承的血亲，亦未遗有非婚生子女，遗产归属于未离婚而尚生存的配偶。

第 768 条 无生存的配偶时，遗产归属于国家。

第 769 条 主张就遗产取得权利的生存配偶和国有财产管理人，应依法律所定限定承认继承的方式，负责将遗产封存并做成目录。

第 770 条 前条规定之人，应向继承开始地的第一审法院申请许可其占有遗产。法院经以通常方式进行三次公告与揭示，并听取王国初级检察官的意见后，始得为许可占有与否的决定。

第 771 条 生存的配偶，并负担运用动产的义务，或负担因确保三年内如死者的正常继承人出现时自己必将返还动产而提供充分保证的义务：三年的期间经过后，保证即行免除。

第 772 条 生存的配偶与国有财产管理人未履行其应遵守的义务时，如正常继承人出现，得被判令对该正常继承人赔偿损害。

第 773 条 第 769 条、第 770 条、第 771 条及第 772 条的规定，于死者无血亲而由非婚生子女继承的情形，对于该非婚生子女亦适用之。

第五节　继承的承认与抛弃

第一目　继承的承认

第 774 条　对于遗产继承，得为单纯的承认，亦得为限定的承认。

第 775 条　任何人对于应归其继承的遗产，不负承认的义务。

第 776 条　妻未经依结婚章第六节的规定征得其夫的同意或裁判上的同意时，对于继承，不得为有效的承认。

应归未成年人或禁治产人继承的遗产，未成年人及禁治产人，非依未成年、监护及亲权解除章的规定，亦不得为有效的承认。

第 777 条　承认的效力追溯至继承开始之日发生。

第 778 条　承认得为默示的，亦得为明示的：如继承人在公证书或私证书中用继承人的名义或资格时，即为明示的承认；如继承人从事于某一行为，而从此行为，显然得推定其有承认的意思，且此种行为，非有继承人的资格亦无权进行时，即为默示的承认。

第 779 条　单纯的保存行为、监视行为以及暂时管理行为，如未以继承人的名义或资格进行时，不能认为承认继承的行为。

第 780 条　共同继承人中的一人，以自己的继承权利赠与、出卖或移转于外人，或全体其他共同继承人，或其中数人时，就其本人而言，即为继承的承认。

有下列情形之一时，亦同：

一、共同继承人中的一人，为其他共同继承人数人或一人的利益，抛弃（不问此种抛弃有无代价）其继承时；

二、共同继承人中的一人，即使无区别地抛弃其权利于全体其他共同继承人，但收受代价时。

第 781 条　如继承人未抛弃其继承亦未为明示的或默示的承认而死亡时，该继承人的继承人得代为抛弃或承认。

第 782 条　如该继承人的继承人数人对于承认或抛弃继承未互相合意时，仅得为限定的承认。

第 783 条　成年人对于其所为明示的或默示的承认，除承认系由于其受诈欺的结果外，不得提出攻击。又成年人绝不许以有失公平为借口，对于承认主张异议；但承认承继时所不知的遗嘱以后被发现，因而遗产已无剩余或减少至半数以上时，不在此限。

第二目　继承的抛弃

第 784 条　继承的抛弃不得推定。抛弃以登记于继承开始地第一审法院书记课为此目的备置的登记簿为之。

第 785 条　抛弃继承的继承人视为自始即非继承人。

第 786 条　抛弃的应继份归属于其他共同继承人；无其他共同继承人时，归属于按亲等为第二顺序的继承人。

第 787 条　抛弃继承的继承人，其子女不得替代其地位：抛弃人按其亲等为唯一的继承人，或共同继承人全体抛弃时，其子女以自己的名义继承遗产，并按人数均分。

第 788 条　继承人的抛弃继承，有损债权人的权利时，债权人得请求法院许可其以债务人的名义承认继承，并替代其地位。

在此情形，抛弃应仅在债权额的限度内，并仅为债权人的利益，予以取消：此种取消并不因而使债务人的继承人获得利益。

第 789 条　承认或抛弃继承的权能，经过法律为不动产物权所定最长的时效期间而消灭。

第 790 条　抛弃继承的继承人，在其承认继承的权能未因时效完成而消灭以前，如该遗产的继承尚未为其他继承人承认时，仍有权承认继承；但如第三人对于遗产已因时效或因与无人承认继承的遗产的管理人成立有效行为而取得权利时，其权利不受影响。

第 791 条　虽以夫妻财产契约，亦不得预为抛弃对于现尚生存之人将来的遗产继承；更不得出让此种将来可能取得的继承权利。

第 792 条　挪用或隐匿一部分遗产的继承人，对于该遗产丧失抛弃继承的权能；此等继承人，即使为抛弃继承的表示，仍为单纯承认的继承人，但对于挪用或隐匿的物件不得再主张应继份。

第三目　限定承认、其效果以及限定承认继承人的义务

第 793 条　意图为限定承认的继承人，应向继承开始地的第一审法院提出声明。此项声明应登录于为受理抛弃继承声明书而置备的登记簿。

第 794 条　前条的声明，应在下述规定期间内依程序法所定的方式，于声明以前或以后提出忠实并正确的遗产目录，始生效

力。

第 795 条　继承人自继承开始之日起，应于三个月内做成遗产目录。

自编制遗产目录三个月期满之日起算，如遗产目录在不满三个月的期间内做成时，自做成之日起算，再给予四十日的期间，以便继承人考虑承认或抛弃其继承。

第 796 条　但如遗产中有易于败坏或需要多量费用始能保存的物品，继承人以得为继承人的资格，得请求法院许可其变卖此项物品，唯不得因此即推定其承认继承。

此项变卖，于依程序法为揭示及公告后，由公务人员为之。

第 797 条　在编制目录和考虑期间，不得强制继承人承认继承，亦不得对其为不利的判决：如继承人在上述期间内或期间届满时抛弃继承，直至抛弃时止所支出的合法费用，由遗产负担。

第 798 条　前述期间届满后，继承人在被〔他人〕提出诉讼的情形，得再要求考虑期间；对于该项要求是否准许，由受诉法院斟酌情况决定之。

第 799 条　在前条情形，继承人如能证明其不知被继承人死亡的事实，或者证明由于遗产的所在地点或由于争执发生的关系，而犹豫期间不够充分时，诉讼费用由遗产负担；继承人如不能作上述证明时，诉讼费用应由其个人负担。

第 800 条　在第 795 条规定的期间届满后，甚至在审判员依第 798 条给予的期间届满后，如继承人尚未为基于继承人资格的行为，亦未经确定判决确认其为单纯承认的继承人时，继承人仍保有做成遗产目录，且声明为限定承认的权能。

第 801 条　继承人将属于遗产的财产隐匿，或故意并恶意漏不记入遗产目录者，丧失限定承认的利益。

第 802 条　限定承认的效果为给予继承人以下列的利益：

一、仅就其所受遗产的价额限度内负清偿遗产债务的义务；并得委付全部遗产于债权人及受遗赠人而免除其清偿债务的义务；

二、不以自己个人财产和遗产相混合，且对于遗产保有请求清偿自己债权的权利。

第 803 条　限定继承人负管理遗产的义务，且对于债权人及受遗赠人应提出管理的计算。

限定继承人，仅在经对其提出计算的催告而仍未履行此项义务的情形，始负责以其个人的财产清偿遗产债务。

计算终了后，限定继承人仅就其取得剩余遗产的限度内，负责以其个人的财产清偿遗产债务。

第 804 条　限定继承人于其负责管理〔遗产〕中仅对于重大过失负赔偿损害的责任。

第 805 条　限定继承人非于拍卖场所，经公务人员根据职权并按照惯例为揭示或公告后，不得出卖属于遗产的动产。

限定继承人提出原物给付时，仅因其不注意而发生的贬值或败坏负赔偿损害的责任。

第 806 条　限定继承人非依程序法规定的方式，不得出卖属于遗产的不动产。如限定继承人经抵押债权人通知其有抵押存在时，应移交价金于抵押债权人。

第 807 条　如债权人或其他利害关系人提出要求时，限定继承人应就遗产目录中动产的价值以及不动产价金未移交于抵押债权人的部分，提供可靠且有力的保证。

限定继承人未能提出前项保证时，动产应予出卖，其卖得价金，以及不动产价金未移交于抵押债权人的部分，应一律予以寄托，以供清偿遗产负担之用。

第 808 条　如债权人声明异议时，限定继承人非依审判员规定的程序和方法，不得进行清偿。如无债权人声明异议的情形，限定继承人应债权人和受遗赠人的要求，依次清偿之。

第 809 条　债权人既未声明异议，而于计算终了并剩余遗产清偿后始主张其权利时，仅能对于受遗赠人要求返还遗赠。

在一切情形下，要求返还遗赠的权利，自计算终了并以剩余遗产清偿之日起算，经过三年的期间因时效而消灭。

第 810 条　做成遗产目录和计算的费用，如有封印时，以及封印的费用，均由遗产负担。

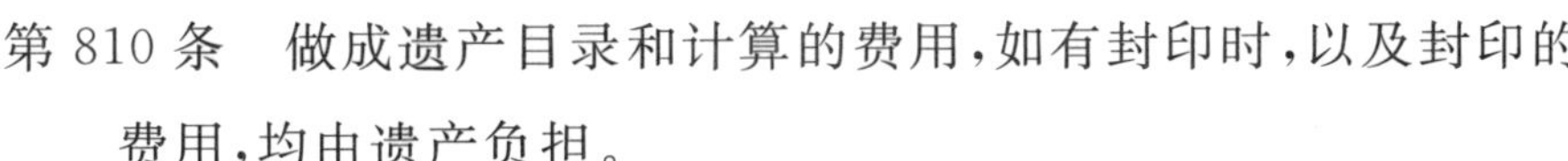

第四目　无人承认继承的遗产

第 811 条　在做成遗产目录与考虑期间届满后，无人主张继承遗产，亦无已知的继承人，或已知的继承人抛弃继承时，此项遗产认为无人承认继承的遗产。

第 812 条　继承开始地的第一审法院得依据利害关系人或王国初级检察官的请求，选任财产管理人。

第 813 条　无人承认继承的遗产的管理人，应首先做成遗产目录以确证遗产的状况。财产管理人行使属于遗产的权利并以诉讼方法主张此项权利，且答辩并防御对于遗产的请求。管理人管理遗产，并为保存权利起见，负责以遗产中的现金以及出卖动产、不动产的价金存储于国立信托局的保管人员，并负责向遗产应归属之人提出报告。

第 814 条　本节第三目关于限定继承人做成遗产目录的方式，管理遗产的方法以及计算报告的规定，对于无人承认继承的遗产的财产管理人亦适用之。

第六节　遗产的分割及返还

第一目　分割请求权及其方式

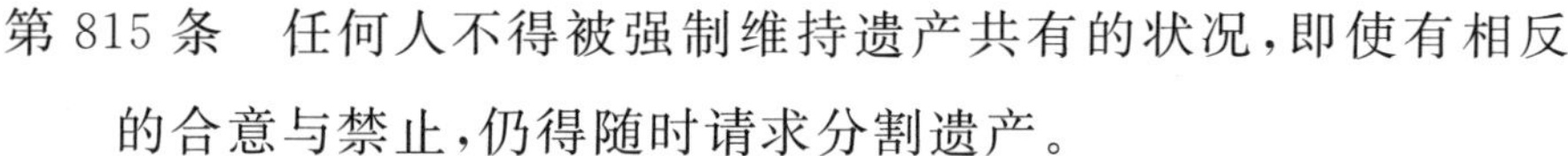

第 815 条　任何人不得被强制维持遗产共有的状况，即使有相反的合意与禁止，仍得随时请求分割遗产。

但继承人间得成立在一定期间内不分割的契约；此项期间，不得超过五年，但无妨予以更新。

第 816 条　共同继承人中的一人即使对于一部分遗产独立地享有使用收益的权利，除已有分割证书存在或经长期的占有已因时效而取得所有权的情形外，对于该项遗产仍得请求分割。

第 817 条　分割诉权，对于未成年或禁治产的共同继承人，由亲属会议特别授权的监护人行使之。

关于不在的共同继承人，诉权属于经法院许可占有不在人财产的血亲。

第 818 条　妻继承的动产及不动产，如该财产构成夫妻共有财产时，夫得不经妻的同意请求分割；如不构成夫妻共有财产时，夫非经妻的同意不得请求分割；夫如对此等财产享有用益权时，仅得请求临时的分割。

妻的共同继承人非对夫与妻同时提起诉讼，不得请求确定的分割。

第819条　共同继承人均已成年且全体到场时，属于遗产的财产无须经封印的手续，并得以关系当事人认为适当的方法与证书进行分割。

共同继承人中有人不在场，或有人尚未成年或被宣告禁治产时，因继承人的申请，或经第一审法院王国初级检察官的请求，或由继承开始地治安审判员依其职权，于最短时期内将遗产加以封印。

第820条　债权人亦得根据执行名义或审判员的许可请求将遗产加以封印。

第821条　在遗产已加封印以后，任何债权人，虽无执行名义或审判员的许可，得提出异议。撤销封印与做成遗产目录的程序，依程序法的规定。

第822条　分割之诉和分割进行中发生的争执，归继承开始地的法院管辖。共有物的拍卖，和共同分割人间有关分配部分担保的请求，以及取消分割的请求，均专归上述法院处理。

第823条　如共同继承人中的一人拒绝同意分割，或对于进行分割的方式或结束分割的方法发生争执时，法院依简易程序进行审理；如有必要，法院得指定审判员一人，进行分割，并根据其报告，作出有关争执的裁判。

第824条　不动产的评价由关系当事人选任的鉴定人为之。如关系当事人拒绝选任时，鉴定人依职权指定之。

鉴定人的笔录应记明评价的基础;指出评价客体是否便于分割;分割的方法;最后,并确定分割时应组成各分配部分的客体及其价值。

第825条　动产,如正规的遗产目录未记载评定价额时,应由具有此种知识之人,按照适当的价额且不作任何增加,进行评定。

第826条　各共同继承人,就其应继份,得要求取得属于遗产的动产或不动产的现物。但如有债权人声请扣押或提出异议,或过半数的继承人认为有出卖〔现物〕以清偿遗产债务的必要时,动产依通常方式公开出卖之。

第827条　如不动产不便进行分割时,应由法院以拍卖变卖之。但如当事人均达成年时,得协议拍卖,由共同选任的公证人进行之。

第828条　动产与不动产于评定价额并变卖后,如有必要,受命审判员通知当事人前往公证人处所。此种公证人,为双方合意选任的公证人;如双方就选任未能达成合意时,则为经法院依职权指定的公证人。

在此种公证人前,共同分割人进行其相互间的计算,组成分割财产的总体,然后组成分配份,并分别移交于每一共同分割人。

第829条　共同继承人,应依下述规定,以其自己过去所收受的赠与物和借入的款项返还于分割财产的总体。

第830条　前条共同继承人如不能以现物返还时,其他共同继承人得于遗产总体中先取相等的一部分。

先取尽可能就与不能返还物在种类、质量、完好程度上相同的物品进行之。

第 831 条　先取后，遗产总体中的剩余部分，应按共同继承人的人数或房数划作均等的分配份。

第 832 条　分配份的组成与构成，应尽可能避免不动产的细分和经营的割裂；且如有可能，在每一分配份中应划入同一数量的动产和不动产、同一性质和价额的权利或债权。

第 833 条　以现物组成的分配份不相均等时，多得者应予少得者以年金或现金，以资补偿。

第 834 条　组成分配份的任务，如共同继承人间合意选任其中一人担任，且此人接受此项任务时，即由其主持进行之；在相反的情形，分配份由受指定的审判员选任的鉴定人主持组成之。此后，各分配份分别依抽签决定应归属何人。

第 835 条　各共同分割人，于抽签之前，对分配份的组成得提出异议。

第 836 条　关于遗产总体分割的规定，对于共同分割的各支房间的再分割亦适用之。

第 837 条　在公证人前进行的手续如发生争执时，公证人就当事人的争点和各自的陈述做成笔录，并将当事人送还受指定处理分割的审判员处理；其他事项，应依程序法规定的方式处理之。

第 838 条　如共同继承人中有不出席者时，或有禁治产人或不问解除亲权与否的未成年人时，分割应依第 819 条以下至前条止的规定，于裁判上进行之。如未成年人数人在分割中有利益抵触的情形时，应为其各任命特别监护人一人。

第 839 条　在前条情形发生拍卖的必要时，必须按照出卖未成年人财产的规定程序，于裁判上进行之。局外人经常准许进入拍卖场所。

第 840 条　依上述规定，由监护人经亲属会议同意后，或由解除亲权的未成年人在财产管理人协助下所进行的分割，或以不在人或未到场人的名义所进行的分割，为确定的分割。未遵守上述规定的分割，只是临时的分割。

第 841 条　不论何人，即使是死者的血亲，其本人并无继承权而受让某一共同继承人的继承权利时，得由其他共同继承人全体或一人偿还其所支出受让的价额而排除其参与分割。

第 842 条　分割后，属于各该共同继承人的分割物的单独证书应分别移交其本人收执。

分属数人所有物的证书，由取得最大部分之人保管；有利害关系的共同分割人需用此项证书时，保管人应予以协助。

共同继承人全体共有的证书，交由全体合意选任之人保管，并由其负责就共同分割人对于该证书的一切需要，予以协助。如保管人的选任发生困难时，由审判员决定之。

第二目　返还

第 843 条　一切继承人，包括限定承认的继承人在内，承认继承时，应对其共同继承人返还死者生前直接或间接赠与的一切财产；继承人不得保持死者生前的赠与物，亦不得主张死者对其所为的遗赠；但赠与或遗赠明示地予以应继份以外的特别利益或免除返还者，不在此限。

第844条　即在赠与和遗赠予以应继份以外的特别利益或免除返还的情形，继承人参与分割时，仅得在〔死者〕有权处分部分的限度内保持其赠与或遗赠；其超过部分仍应返还。

第845条　抛弃继承的继承人，得在〔死者〕有权处分部分的限度内，保持生前的赠与，或主张对其所为的遗赠。

第846条　受赠人在受赠时并无继承人资格而于继承开始时取得此种资格时，除赠与人免除其返还外，同样应返还其赠与。

第847条　对继承开始时继承人之子所为的赠与或遗赠，视为免除返还的赠与或遗赠。

受赠人之父承认赠与人的继承时，不负返还赠与的义务。

第848条　同样，子以自己名义继承赠与人的遗产时，即使其已承认对于其父遗产的继承，亦不负返还赠与人对其父所为赠与的义务。但子如仅代位其父继承时，即使其已抛弃对于其父遗产的继承，应返还其父所受领的赠与。

第849条　对继承人的配偶所为的赠与或遗赠，视为免除返还的赠与或遗赠。

对于夫妻两人所为的赠与或遗赠，如其中一人为继承人时，应由其返还半数；对于夫妻两人中有继承权的一人所为的赠与或遗赠，应由其返还全部。

第850条　返还仅对于赠与人的遗产为之。

第851条　为共同继承人中的一人建立家业或清偿债务所付的费用，应返还之。

第852条　供养、教育、学习技艺的费用，通常服装、婚礼的费用，以及礼节上的赠送，无须返还。

第 853 条　继承人从其个人与死者生前所订立的契约中所获得的利益,如此种契约在订立当时并未予继承人以任何间接的利益,亦无须返还。

第 854 条　死者生前和继承人中的一人所为的正当合伙,如其条件以公证书订定时,亦不发生返还问题。

第 855 条　受赠的不动产因偶然事故且受赠人并无过失而灭失时,即无须返还。

第 856 条　应返还物的果实和孳息,仅从继承开始时起算,应予返还。

第 857 条　返还只是共同继承人对其他共同继承人所负的义务;对于遗产的受遗赠人或债权人,均不发生返还问题。

第 858 条　返还以现物为之,或以在应继份中扣除应返还物的价额为之。

第 859 条　关于不动产,如受赠人并未出售其受赠的不动产,且在遗产中别无性质、价额、完好程度相同的不动产足以组成作为其他共同继承人大体相等的分配份时,得要求现物返还。

第 860 条　如受赠的不动产在继承开始前已出售时,返还只得以在应继份中扣除应返还物的价额为之;受赠人应返还继承开始时不动产的价值。

第 861 条　在任何情形,均应计算受赠人改良受赠物所为的支出,计算时应斟酌受赠物因经改良而在分割时所增的价额。

第 862 条　即使受赠人未改良受赠物本身,但受赠人为保存受赠物所支出的必要费用,同样应予以计算。

第 863 条　在受赠人一方,由于其个人的行为或由于其过失和不注意以致不动产毁损和败坏因而减低的价额，应计算之。

第864条　在受赠人已出卖受赠的不动产的情形，买受人所为的改良或毁损，其计算适用前三条的规定。

第865条　在现物返还时，返还的财产归入遗产的总体，不受受赠人在此财产上所设定的任何负担的拘束；但抵押债权人得干预分割，以反对借返还以诈害其权利。

第866条　赠与于继承人中的一人并免除其返还的不动产，超过死者有权处分的部分时，此种超过部分如易于与其他部分分离，应以现物返还。

在相反情形，如超过部分多于受赠的不动产价额半数以上时，受赠人应返还不动产全部，但得在遗产总体中先取死者有权处分部分的价额；如死者有权处分部分超出受赠的不动产价额半数以上时，受赠人得保持其不动产全部，但应在其应继份中扣除超过部分的价额，或以现金或其他方法补偿其共同继承人。

第867条　以不动产现物返还的共同继承人，直至现实补偿其所支出或改良的费用时止，得保持其占有。

第868条　动产的返还只以在应继份中扣除应返还的价额为之。

返还的价额，以赠与时动产的价额为基础，按照附于证书的评价计算之；如缺乏此种评价时，按照鉴定人评定的适当且无增加的价额计算之。

第869条　受赠款项的返还以在应继份中扣除应返还的款项为之。

如在遗产中现金不足时，受赠人得按应返还款项的数额，放弃对于遗产中动产的取得，遗产中无动产时，放弃对于遗产中不动产的取得，以免除返还现金的义务。

第三目　债务的清偿

第 870 条　共同继承人各按其分得遗产的比率，分担清偿遗产的债务和负担。

第 871 条　包括遗赠的受遗赠人，按其获得利益的比率，与共同继承人分担遗产的债务和负担；但特定财产的受遗赠人，除关于受遗赠的不动产上抵押权的请求权以外，对遗产的债务和负担不负义务。

第 872 条　如遗产中的不动产负担支付年金的特别抵押时，每一共同继承人得要求于组成分配份前偿还年金并解除不动产的负担。如共同继承人在遗产原有状态下进行分割，有负担的不动产应与其他不动产依同一的标准评价后，在总价值上减去年金的原本；承受的分配份包括此项不动产的继承人，单独负担支付年金的义务，且应向其他共同继承人提出支付的保证。

第 873 条　共同继承人对于遗产的债务和负担，各按其分配份的比率，负清偿的义务，同时各自对于其分得的遗产上的抵押债务和负担，负全部清偿的义务；但清偿后得对于其他共同继承人或包括遗赠的受遗赠人，就其应分担的部分，行使求偿权。

第 874 条　特定财产的受遗赠人清偿其受遗赠的不动产所负担的债务后，得对于继承人以及包括遗赠的遗产承受人代行债权人的权利。

第875条　共同继承人或包括遗赠的遗产承受人，由于抵押权人行使抵押权的结果，清偿共同债务超过其应分担的部分时，即使在其得代行债权人权利的情形，对其他共同继承人或包括遗赠的遗产承受人，仅得就各自应分担的部分行使求偿权。但此项规定，对于共同继承人中因享有限定承认的利益，和一切其他债权人相同，得保持其求偿个人债权的权利，不生影响。

第876条　共同继承人或包括遗赠的遗产承受人中的一人无力清偿时，其应就抵押债务分担的部分，由其余各人按分配份的比率分担之。

第877条　债权人所取得对于死者的执行名义，对于继承人同样有执行力；但债权人仅得在送达此项名义于继承人本人或住所经过八日后始得对继承人实施执行。

第878条　前条的债权人，在任何情形，且对于全体其他债权人，均得请求将继承人的财产和死者的遗产分离。

第879条　如对于死者的债权，因接受继承人为债务人而发生债之更新时，债权人不得再行使前条的分离财产请求权。

第880条　关于动产，请求分离财产的权利，经过三年的期间因时效而消灭。

关于不动产，当该不动产在继承人手中的期间，均得行使请求权。

第881条　继承人的债权人，不得对遗产的债权人请求将遗产和继承人的财产分离。

第882条　共同分割人的债权人，为防止分割诈害其权利，得就不经其到场而进行的分割，提起异议：债权人有以自己的费用参与分割的权利。但除共同分割人不顾异议的提起且不经债权人的到场径自完成的分割以外，对已完成的分割不得攻击。

第四目　分割的效果和分配份的担保

第883条　每一共同继承人视为单独的并直接的承受包括于其分配份的财产，或单独的并直接的承受经裁判上拍卖而归属于自己的财产；且视为对于遗产的其他财产从未享有所有权。

第884条　共同继承人仅就分割财产基于分割前的原因所发生的纠纷和追夺，相互负担保的责任。

如被追夺的事由经分割证书以特定且明示的条款免除担保时，不发生担保责任；如共同继承人中的一人因自己的过失而被追夺时，担保即行终止。

第885条　每一共同继承人各按其分配份的比率，负责偿还其他共同继承人因被追夺所受的损害。

如共同继承人中的一人无清偿能力时，其应负担的部分由被担保人与全体有清偿能力的共同继承人分担之。

第886条　对于年金债务人清偿能力的保证，仅得于分割后五年内主张之。无清偿能力的事实仅发生于分割完成以后时，不发生对于债务人清偿能力的保证责任。

第五目　分割的取消

第887条　分割得以胁迫或诈欺的原因而取消。

如共同继承人中的一人证明其分配份较之其应得数量减少四

分之一以上时，亦得请求取消。遗产中某一物体仅被遗漏时，不发生取消请求权，仅得要求补充分割。

第 888 条　对于目的在结束共同继承人间共有状态的一切行为，即使用卖买、交换、和解或任何其他行为的名称，均得诉请取消。

但分割行为或有分割作用的行为完成后，因该行为发生实际争执，即使并未发生诉讼，而成立的和解，不得再行诉请取消。

第 889 条　共同继承人中的一人，从其他共同继承人全体或一人，买受继承的权利，由自己负担危险，且无任何诈欺情形时，对于此种买卖行为，不得行使取消诉权。

第 890 条　为确定有无显失公平的情形，按分割时的价值评定遗产的价额。

第 891 条　取消之诉的被告，或以款项或以现物，提供并交付原告作为分配份的补充后，即得停止取消之诉的进行并阻止新的分割。

第 892 条　共同继承人出让其分配份的一部或全部时，如其出让在发现诈欺或停止胁迫以后，即不得基于诈欺或胁迫诉请取消。

第二章　生前赠与及遗嘱

第一节　通则

第 893 条　无代价处分自己的财产，仅得依下述规定的生前赠与和遗嘱为之。

第 894 条　生前赠与为法律行为的一种，依此行为，赠与人为受赠人的利益，现实的且不可反悔的赠送财物于承诺赠与的受赠人。

第 895 条　遗嘱为法律行为的一种，依此行为，遗嘱人得处分其死亡后遗产的一部或全部；且此种行为，遗嘱人得取消之。

第 896 条　赠与或遗赠附有受赠人或受遗赠人死亡后，赠与物或遗赠物应归特定第三人承受的条款者禁止之。

一切约定由受赠人、指定继承人、受遗赠人负责保全其受赠财物并于其死后转归特定第三人承受的条款无效，即对于受赠人、指定继承人、受遗赠人而言亦同。

第 897 条　本章第六节准许父母和兄弟姊妹约定转归第三人承受的条款，为前条规定的例外。

第 898 条　约定如受赠人、指定继承人、受遗赠人并不接受赠与、遗产或遗赠时，由第三人受领赠与、遗产或遗赠的条款，不得认为受赠人或受遗赠人死后转归特定第三人承受的条款，此种条款应属有效。

第 899 条　生前赠与或遗嘱约定以用益权赠与于一人，而以除去用益权的所有权赠与于另一人者，亦同。

第 900 条　在生前赠与和遗嘱的所有条款中，不可能的条件、违反法律和善良风俗的条件，视为未订定。

第二节　为生前赠与和遗嘱的能力以及接受赠与和遗赠的能力

第 901 条　约定生前赠与或订立遗嘱之人必须精神健全。

第 902 条　除法律宣告为无赠与能力及受领赠与能力、遗嘱能力及受领遗赠能力之人以外，任何人均得以生前赠与或遗嘱处分其财产，亦得基于生前赠与或遗嘱而受领财产。

第 903 条　除本章第九节的规定以外，未满十六岁的未成年人不得为任何财产的处分。

第 904 条　满十六岁的未成年人仅得以遗嘱处分其财产，且其处分的限度仅为法律许可成年人处分限度的半数。

第 905 条　妻非依结婚章第 217 条和第 219 条的规定，经其夫的协助或特别同意，或经法院的许可，不得为生前的赠与。妻以遗嘱处分其财产，既无须其夫的同意，亦无须法院的许可。

第 906 条　胎儿于赠与时已存在者，有受领生前赠与的能力。

胎儿于遗嘱人死亡时已存在者，有受领遗赠的能力。

但赠与或遗赠仅对于婴儿出生时能生存者，发生效力。

第 907 条　未成年人，纵已年满十六岁，亦不得为监护人的利益，处分其财产，即使以遗嘱为处分时亦同。

已达成年的未成年人，在监护的确定计算尚未提出或终结前，不得为该监护人的利益，以生前赠与或遗嘱处分其财产。

在上述两种情形中，如监护人为未成年人的直系尊血亲时，不适用前两项规定。

第 908 条　非婚生子女，不问依生前赠与或遗嘱，不得受领超过继承章所规定的限度。

第 909 条　病人于患病过程中，为治疗其疾病的内科或外科医生、医疗或药剂人员的利益，所为的生前赠与或遗赠，如病人由于该病而死亡时，此等人员不得受领此种赠与或遗赠的利益。

有下列情形之一者，不在此限：

一、以特定财产为报酬的约定，相当于处分人所有的资力和受益人所提供的劳务者；

二、死者无直系的继承人，而上述人员为死者四亲等以内的血亲时，对此等人为包括的赠与或遗赠者；但受赠人或受遗赠人如为死者直系继承人之一时，虽死者尚有其他直系继承人，亦得受领此项赠与或遗赠。

对于宗教师，适用前两项的规定。

第 910 条　对于区、乡的救贫院或公益事业所为的生前赠与或遗赠，须经国王命令许可，始生效力。

第 911 条　对无受领赠与或遗赠能力之人所为的赠与或遗赠无效，即使利用有偿契约的形式，或假借第三人的名义亦同。

使用无受领赠与或遗赠能力人的父母、子女、直系卑血亲及配偶的名义，视为使用假借的名义。

第 912 条　法国人仅于某一外国人得为法国人的利益赠与或遗赠的情形，得为该外国人的利益赠与或遗赠。

第三节　有权处分部分和减除

第一目　有权处分部分

第 913 条　不问生前赠与或遗赠，如处分人（即赠与人或遗赠人）仅有婚生子女一人时，其赠与或遗赠不得超过其所有财产的半数；如有婚生子女二人时，不得超过三分之一；如有婚生子女三人或三人以上时，不得超过四分之一。

第 914 条　直系卑血亲不问其亲等如何，作为前条的子女计算；但作为子女计算的直系卑血亲由其代位子女继承处分人的遗产者为限；且如子女一人由直系卑血亲数人代位继承时，只以子女一人计算。

第 915 条　不问生前赠与或遗赠，如处分人并无子女，而在父系和母系各遗有直系尊血亲一人或数人时，其赠与或遗赠不得超过其所有财产的半数；如仅一系遗有直系尊血亲时，不得超过四分之三。

前项为直系尊血亲的利益保留的财产，应按法律规定继承的顺序由此等直系尊血亲受领；此等直系尊血亲，对于前项保留的财产，为唯一享有利益之人，在其和旁系血亲共同分割的任何情形，法律规定为其保留的部分不得分配于旁系血亲。

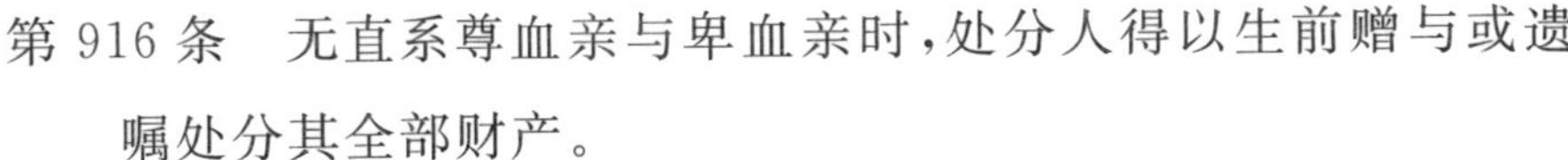

第 916 条　无直系尊血亲与卑血亲时，处分人得以生前赠与或遗嘱处分其全部财产。

第 917 条　处分人如以生前行为或遗嘱设定用益权或终身定期金，其价值超过有权处分部分时，享有法定保留利益的继承人得就下列两办法中选择其一：或者履行上述处分，或者将处分人有权处分部分的财产所有权委弃于用益权人或终身定期金权利人。

第 918 条　处分人以其财产让与于直系继承人之一，而约定由后者对前者支付终身定期金，或由前者保留用益权时，此种财产，仍应依处分人具有完全所有权时的价额，在有权处分部分中扣算之；且如此种财产的价额超过有权处分的限度时，其超过部分应返还于遗产的总体。此种扣算或返还，其他直系继承人如曾同意此项让与者，不得主张；旁系继承人在任何情形，一概不得主张。

第 919 条　处分人得以生前行为或遗嘱将其有权处分的财产全部或一部赠与于其子女或其他继承人，如处分人明白予以应继份以外的特别利益时，受赠人或受遗赠人承认继承时即无须返还。

赠与或遗赠系在应继份以外予以特别利益的声明，或当时记明于处分行为中，或事后以生前行为或遗嘱的方式补记之。

第二目　赠与和遗赠的减除

第 920 条　在生前行为或遗嘱的处分超过有权处分部分的情形，继承开始时应减除至有权处分的部分。

第 921 条　赠与或遗赠的减除，仅得由法律赋予保留遗产利益之人及其继承人请求之：死者的受赠人、受遗赠人或债权人既不得请求此种减除，亦不得享受其利益。

第 922 条　减除于总计赠与人或遗嘱人死亡时所遗全部财产后确定之。生前赠与所处分的财产，按赠与时的状态及赠与人死亡时的价额假设的加入遗产的总体。在此总体内，减去遗产的债务后，以其余额，按死者所遗各继承人的资格，计算死者有权处分部分的数额。

第 923 条　对于生前赠与的减除，须经先将遗嘱所处分的一切财产，尽量减除后，尚有减除生前赠与的必要时，始得为之；且如有减除赠与的必要，应先减除最后的赠与，依次推及较前的赠与。

第 924 条　在对继承人中的一人减除其生前赠与的情形，如赠与财产与该继承人应继财产系属同一性质时，该继承人得就赠与财产中保持其以继承人资格应归其继承部分的价值，虽死者对于该部分财产无权处分。

第 925 条　如生前赠与的价额超过或相等于有权处分部分时，一切遗嘱上的处分条款均不发生效力。

第 926 条　如遗嘱上的处分超过有权处分部分时，或减除生前赠与后超过残余的有权处分部分时，应不问全部遗产或特定财产的遗赠，比例减除之。

第 927 条　但在遗嘱人明示的声明某一遗赠应较其他遗赠优先给付的一切情形，此种优先权即行成立；且作为此种遗赠客体的财产，仅于减除其他遗赠的价值后法定保留额尚不足时，始予减除。

第 928 条　受赠人应返还超过有权处分部分的赠与财产所生的果实，此项果实，如请求减除在赠与人死亡后一年内提出时，自赠与人死亡日起算，否则自请求日起算。

第 929 条　因减除而须返还的不动产，如受赠人就此财产已设定负担或抵押权时，应将此项负担或抵押债务清偿后返还之。

第 930 条　受赠人将受赠的不动产让与于第三人时，继承人对于占有该不动产的第三人所得行使的减除或返还的诉权，依其对于受赠人本人行使减除或返还诉权的同样方式与同样次序行使之，但应首先就受赠人的财产诉请返还。〔如对数个占有人有〕此种诉权时，应按照让与日期的先后，自最近的让予开始行使之。

第四节 生前赠与

第一目 生前赠与的方式

第 931 条 一切生前赠与行为应以通常契约的方式，在公证人前做成之；且应在公证人处留存契约的原本，否则赠与契约无效。

第 932 条 生前赠与在受赠人以明白的文字表示承诺前不拘束赠与人，亦不发生任何效力。

承诺得于赠与人生前，以事后的公证书为之，并应〔在公证人处〕留存此项证书的原本；但在此情形，赠与对于赠与人仅自其接到证明承诺的证书之日起发生效力。

第 933 条 如受赠人为成年人时，承诺应亲自为之，或由经其特别授权得对于该赠与为承诺的代理人以受赠人的名义为之，或由经其一般授权得对于已发生或将发生的赠与为承诺的代理人以受赠人的名义为之。

前项委任书，应于公证人前做成之；且应以正本一份附入于赠与证书的原本，或附入独立做成的承诺证书的原本。

第 934 条 妻非依结婚章第 217 条和第 219 条的规定经其夫的同意，或夫拒绝同意时，经裁判上的许可，不得承诺赠与。

第 935 条 对未解除亲权的未成年人或禁治产人所为的赠与，应依未成年人、监护及亲权的解除章第 463 条的规定，由监护人代为承诺。

解除亲权的未成年人，得经其财产管理人的协助，承诺对其所为的赠与。

但不问未成年人已否解除亲权，其父母，或——即使其父母尚存——其他直系尊血亲，虽非未成年人的监护人或财产管理人，得为未成年人承诺赠与。

第 936 条　能书写的聋哑人，承诺得由其本人或其授权的代理人为之。

如其不能书写，承诺应由依未成年人、监护及亲权解除章的规定所任命的财产管理人为之。

第 937 条　为区、乡救贫院或公益事业的利益所为的赠与，经正常手续许可后，由区、乡或事业的行政管理人员承诺之。

第 938 条　经正式承诺的赠与依当事人间的合意而即完成；赠与物的所有权因此即移转于受赠人，无须再经现实交付的手续。

第 939 条　如赠与物为可设定抵押权的财产时，赠与和承诺的证书，或单独做成的承诺证书的通知，应登录于财产所在地的抵押权登记机关。

第 940 条　夫如赠与财产于其妻时，前项登录应依夫的请求为之；且如夫不履行此种程序时，妻得不经夫的许可径自申请登录。

如财产赠与于未成年人、禁治产人或公益事业时，登录依监护人、财产管理人或行政管理人的请求为之。

第 941 条　每一利害关系人，除负责申请登录之人或其权利继受人和赠与人外，均得主张登录的欠缺。

第 942 条　未成年人、禁治产人及妻，对于赠与的欠缺承诺或登录，不得请求回复原状，但如有必要，得请求其监护人或夫赔偿损害，唯即使其监护人或夫无清偿能力，仍不得请求回复原状。

第 943 条　生前赠与仅得包含赠与人现有的财产，如包含有将来的财产时，关于此部分的赠与无效。

第 944 条　生前赠与附有条件而该条件的履行完全以赠与人一方的意思为转移者，生前赠与无效。

第 945 条　如赠与以清偿赠与时尚未发生的债务或负担为条件，或以清偿并未记明于赠与证书或其附属文件的债务或负担为条件者，赠与同样无效。

第 946 条　赠与人就赠与财产中的某一物件或定额金钱，保留处分的自由时，如赠与人未处分而死亡，上述物件或金钱应归属于赠与人的继承人，即使有任何相反的约定和条款时亦同。

第 947 条　前四条的规定，对于本章第八节和第九节规定的赠与不适用之。

第 948 条　一切动产的赠与，仅对于经赠与人和受赠人或代受赠人承诺之人签名并附入于赠与原本的评价单上所记载的物件发生效力。

第 949 条　赠与人得为自己的利益或为第三人的利益，保留或处分所赠与的动产或不动产上的用益权。

第 950 条　对于赠与的动产如经保留用益权时，受赠人应取得的赠与物，为在用益权期满时所现存之物；如赠与物已不存在时，受赠人得以此为理由，诉请赠与人或其继承人赔偿损害，但以载明于评价单的评定价额为限。

第 951 条　赠与人得约定，在受赠人本人，或受赠人及其直系卑血亲较赠与人先死的情形，赠与人有取回赠与物的权利。

前项权利仅得为赠与人本人的利益而约定。

第 952 条　行使取回权的效果，该赠与物解除一切转让，并解除一切负担和抵押权而返还于赠与人；但如赠与人将不动产赠与于夫的一方，载明于婚姻契约，而依同一婚姻契约，妻的一方就此不动产取得关于奁产和夫妻财产契约的抵押权时，该项抵押权，如夫的财产不足清偿，不在此限。

第二目　生前赠与不得取消规定的例外

第 953 条　生前赠与仅得因不履行赠与的条件，受赠人有负义行为，以及赠与人事后生有子女而取消。

第 954 条　在以不履行条件为理由而取消赠与的情形，赠与财产应重归赠与人之手，并解除受赠人就此财产所设定的负担和抵押；同时赠与人对于占有赠与不动产的第三人具有得向受赠人主张的一切权利。

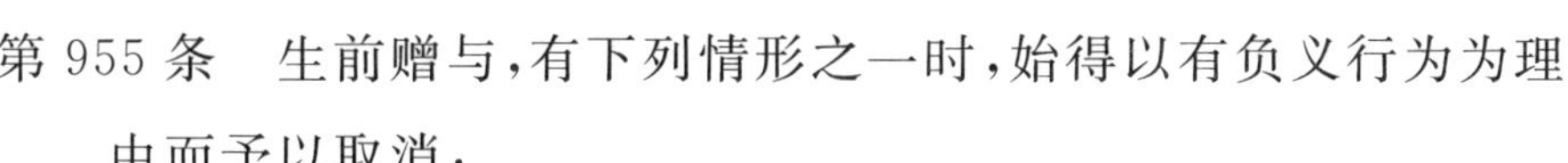

第 955 条　生前赠与，有下列情形之一时，始得以有负义行为为理由而予以取消：

一、如受赠人谋害赠与人的生命时；

二、如受赠人对赠与人成立虐待罪、轻罪或侮辱罪时；

三、如受赠人拒绝扶养赠与人时。

第 956 条　基于不履行条件或负义行为的取消赠与，不能依法当然发生。

第 957 条　因负义行为取消赠与的请求权，应于受赠人对赠与人犯罪之日或赠与人应能发现犯罪之日起一年内行使之。

赠与人不得对受赠人的继承人主张此种取消，赠与人的继承人亦不得对受赠人主张此种取消；但在后一情形，诉讼已由赠与人提起，或赠与人于受赠人犯罪后一年内死亡者，不在此限。

第 958 条　因负义行为取消赠与的请求，对于受赠人所为的出让，及其就赠与物设定的抵押权或其他物权的负担，如此等出让和设定行为早于取消请求的抄本登录于依第 939 条规定所为登录的备注栏内时，不生影响。

在赠与取消的情形，受赠人应返还出让的赠与物于请求取消赠与时所有的价值，以及从请求日起的果实。

第 959 条　因婚姻所为的赠与，不得基于负义行为而请求取消。

第 960 条　赠与时无现时生存的子女或直系卑血亲之人，所为的生前赠与，不问其赠与的价值如何，亦不问所为赠与的原因，且不问为相互的或有偿的，即使赠与是直系尊血亲以外之人因他人结婚而对于夫妻所为的赠与，或夫妻一方对于他方所为的赠与，一律因赠与人在赠与后生产婚生子女、遗腹子女或非婚生子女，但该非婚生子女因父母事后结婚而取得婚生子女的资格，而依法当然取消。

第 961 条　前条的取消，即使在赠与时男赠与人或女赠与人的子女已在母胎内的情形亦得成立。

第 962 条　赠与，即使于前条子女产生后受赠人仍占有赠与物且赠与人容许其占有时，亦同样发生取消；于此情形，受赠人无须返还其收取的任何种类的果实，但如前条子女产生的日期或非婚生子女因其父母事后结婚而取得婚生子女的资格的日期经以裁判上文件或其他正式证书通知时，自上述日期起的果实，不在此限；且即使返还赠与物的请求，于经此种通知以后始行提起时，关于果实，仍适用但书的规定。

第 963 条　包含于依法当然取消的赠与中的财物，应解除受赠人所设定的一切负担和抵押权，返还于赚与人的财产，不得供偿还受赠人之妻的奁产、妻的取偿权或其他夫妻财产契约之用，且不得作为偿还的担保品；此项规定即对于赠与是为受赠人婚姻的利益并载明于其夫妻财产契约，且赠与人负担以赠与保证夫妻财产契约的履行者，亦适用之。

第 964 条　依前数条取消的赠与，不得因赠与人子女的死亡或以任何承认证书而恢复或从新发生效力；如赠与人在因产生子女而取消赠与后，于该子女生存时或死亡后有意赠与同一财产于同一受赠人时，只得以新的处分为之。

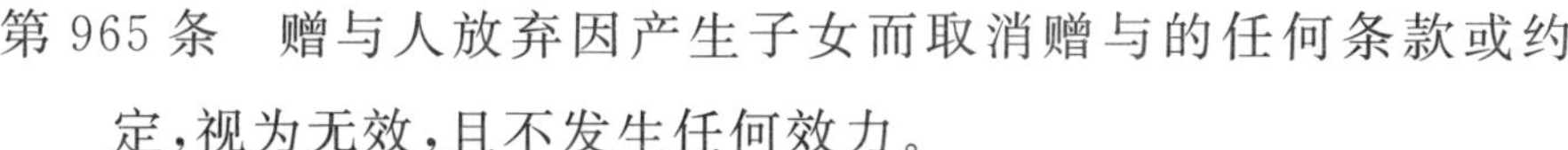

第 965 条　赠与人放弃因产生子女而取消赠与的任何条款或约定，视为无效，且不发生任何效力。

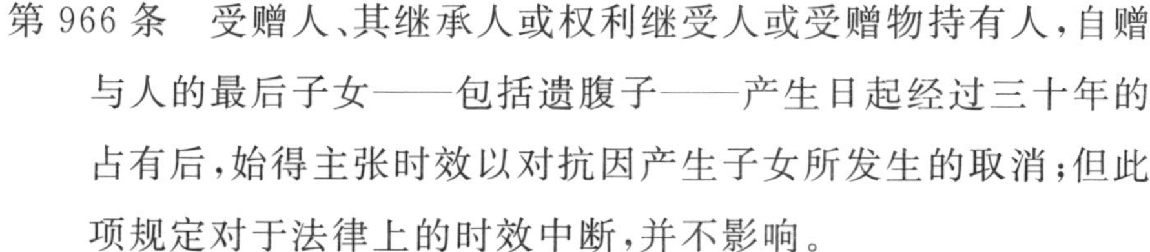

第 966 条　受赠人、其继承人或权利继受人或受赠物持有人，自赠与人的最后子女——包括遗腹子——产生日起经过三十年的占有后，始得主张时效以对抗因产生子女所发生的取消；但此项规定对于法律上的时效中断，并不影响。

第五节　遗嘱处分

第一目　关于遗嘱方式的一般规定

第 967 条　任何人均得或以指定继承人的名义，或以遗赠的名义，或以其他适于表示自己意志的名义，以遗嘱处分其遗产。

第 968 条　二人或二人以上不得以同一文件订立遗嘱，不问为第三人的利益，或为相互的遗产处分。

第 969 条　遗嘱得以亲笔的，公证的或密封的方式为之。

第 970 条　亲笔遗嘱，如其全部内容、日期与签名非由遗嘱人亲笔书写者，不发生效力；亲笔遗嘱无其他任何方式。

第 971 条　公证遗嘱，为经证人二人到场，由公证人二人做成的遗嘱，或经证人四人到场，由公证人一人做成的遗嘱。

第 972 条　遗嘱由公证人二人做成时，由遗嘱人口授遗嘱的内容，并应由公证人之一人按口授的内容记录之。

如由公证人一人做成时，遗嘱同样由遗嘱人口授，并由该公证人记录之。

在上述两种情形，遗嘱均应在证人面前，向遗嘱人宣读。

以上事项，均应明白记载。

第 973 条　公证遗嘱应由遗嘱人签名，如遗嘱人声明不会或不能签名时，应在证书内明白记载其声明以及阻碍其签名的原因。

第 974 条　遗嘱应由证人签名；但在乡村，如证书由公证人二人做成时，得仅由证人二人中之一人签名，如由公证人一人做成时，得仅由证人四人中之二人签名。

第 975 条　受遗赠人或其四亲等以内的血亲或姻亲，以及做成证书的公证人的书记，不得为公证遗嘱的证人。

第 976 条　如遗嘱人有意订立密封遗嘱时，不问其为亲笔，或他人代写，遗嘱人应签名于其遗嘱；记载遗嘱的文件或套有封皮的文件，应予密封，并加封印。遗嘱人提示密封和封印的遗嘱于公证人和至少六人的证人，或在此等人前进行密封和封印；遗嘱人声明文件内容为其亲自书写并签名的遗嘱或由他人代写经其亲自签名的遗嘱；公证人应就遗嘱做成记录证书，此项记录即书写于该文件或用作封皮的纸张上；此项证书应由遗嘱人、公证人及证人共同签名。以上一切事项应连续为之，并不间杂以其他事件；在遗嘱人于签名遗嘱后发生障碍以致不能签名于记录证书的情形，证书上应记载遗嘱人就此事实所为的声明，在此情形，无须增加证人的人数。

第 977 条　在遗嘱人原来不会签名，或于请他人代书遗嘱后自己不能签名的情形，做成记录证书时，应在前条规定证人人数以外，再邀请证人一人，此人和其他证人共同签名于证书；并应记载邀请该证人的原因。

第 978 条　凡不能诵读之人，不得以密封的方式订立遗嘱。

第 979 条　在遗嘱人不能说话只能书写的情形，此种人得订立密封遗嘱。遗嘱全文、日期和签名均应由其亲自书写后，提交于公证人和证人，并在公证人和证人前，于记录证书的开端，记明其提交的证书是其本人的遗嘱；此后，公证人做成记录证书，在证书上应记明遗嘱人已在公证人和证人前记明上述字样；除此以外，并应遵守第 976 条规定的一切事项。

第 980 条　遗嘱的证人应为男性、成年人、享有民事权利的王国臣民。

第二目　关于某些遗嘱的方式的特别规定

第 981 条　军人或军队中雇用人员的遗嘱，不问在何地区，得由其步兵大队长或骑兵大队长或其他高级官长，经证人二人到场做成之，或由军事委员二人或一人，经证人二人到场做成之。

第982条　如遗嘱人患病或受伤时，遗嘱得由医疗主任，会同负责医院治安的军官做成之。

第983条　关于前二条的规定，仅出征、驻屯或戍守于法国领土以外的军人或被敌人俘虏的人员，始得享有此便利；驻屯或戍守于国内之人不得援用，但如屯守于被围攻的地区、城堡或其他处所，其门户或交通由于战争的原因被封锁或断绝者，不在此限。

第984条　依上述方式订立的遗嘱，在遗嘱人回至得自由按照通常方式订立遗嘱的地区六个月后，丧失效力。

第985条　在一切交通因鼠疫或其他传染病而切断的地区订立遗嘱时，得在治安审判员或区、乡行政人员一人之前，经证人二人到场订立之。

第986条　前条规定对于上述疾病的患者，及居住于上述疾病侵袭地区而目前尚未传染之人，均适用之。

第987条　前二条的遗嘱，在遗嘱人居住地区的交通恢复经六个月后，或在遗嘱人迁往交通并未断绝的地区经六个月后，丧失效力。

第988条　在海上航行过程中订立的遗嘱，得由下列人员做成之：

在王家船舶上，由船舶指挥人员，无此等人员时，由按职位的顺序代理其职务之人，会同船上管理人员或代理管理人员做成之；

在商业船舶上，由船上的经理人员或执行此项职务之人，会同船长、船主或其代理人做成之；

前两项的情形，遗嘱的做成均应有证人二人到场。

第 989 条　在王家船舶上，船长或管理人员的遗嘱，在商业船舶上，船长、船主或经理人员的遗嘱，得由按职位的顺序仅次于上述人等之人员做成之，并遵守前条的规定。

第 990 条　在任何情形，前二条规定的遗嘱应做成原本二份。

第 991 条　如船舶到达驻有法国领事的港口，主持做成遗嘱的人员负责将遗嘱原本一份，密封或加印后，递送于领事之手，领事应寄呈海军部，海军部应送交遗嘱人住所地的治安司法机关书记课保存之。

第 992 条　船舶回至装置该船航行设备的法国港口或其他法国港口时，遗嘱的原本二份，同样予以密封加印，如原本一份已依前条规定在航行过程中送存，则以余留的一份密封加印，并送交海军登记处的负责人员；该负责人员应立即送交海军部；海军部依前条规定，命令予以保存。

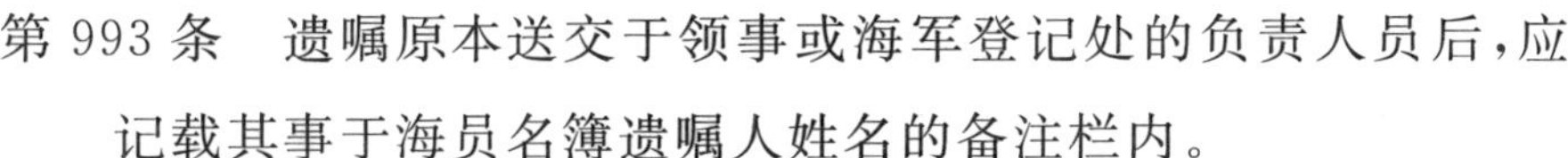

第 993 条　遗嘱原本送交于领事或海军登记处的负责人员后，应记载其事于海员名簿遗嘱人姓名的备注栏内。

第 994 条　遗嘱虽在航行过程中订立，但如订立时船舶已到达外国领土或法国属地而当地有法国官吏者，遗嘱不得认为订立于海上；在此情形，遗嘱须依法国规定的方式或当地通用的方式订立，始生效力。

第 995 条　不属于船员范围的单纯旅客所为的遗嘱，亦适用上述规定。

第 996 条　依第 988 条规定方式在海上订立的遗嘱，仅遗嘱人死于海上或在其着陆并前往得按照通常方式重订遗嘱的地区后三个月内死亡时,始生效力。

第997条　海上订立的遗嘱,除船舶官吏是遗嘱人的血亲外,不得包含为船舶官吏利益的处分。

第998条　本目前数条规定的遗嘱,应由遗嘱人及主持做成人员签名。

如遗嘱人声明不会或不能签名,应记载其声明及阻碍其签名的原因。

在必须证人二人到场的情形,遗嘱至少应由二人中之一人签名,并记载另一人不能签名的原因。

第999条　在外国的法国人,得按第970条的规定,以私证书为遗嘱的处分,或按行为地通用的方式,以公证书为遗嘱的处分。

第1000条　在外国订立的遗嘱,如遗嘱人在法国留有住所时,经向住所地登记机关登记后,如在法国未留有住所,则经向遗嘱人在法国最后住所地登记机关登记后,始对于其在法国的财产发生执行力。在遗嘱包含有处分在法国的不动产的条款时,并应向不动产所在地登记机关登记,但无须征双重的赋税。

第1001条　本目及前目规定的各种遗嘱方式,必须遵守,否则遗嘱无效。

第三目　指定继承人和一般遗赠

第1002条　遗嘱处分得为对于遗产全部的处分,或为对于遗产中一部分但不特定的财产的处分,或为对于遗产中特定财产的处分。

每一处分，不问其用指定继承人或用遗赠的名义，均依下列关于全部遗赠、部分财产的包括遗赠和特定财产的遗赠的规定发生效力。

第四目　全部遗产的遗赠

第 1003 条　全部遗产的遗赠为遗嘱人以遗嘱将其死后所遗的财产全部赠与一人或数人的处分。

第 1004 条　如遗嘱人死亡时遗有依法得保留部分遗产的继承人，此种继承人，因遗嘱人死亡，依法当然占有全部遗产；全部遗赠的受遗赠人应向此种继承人要求移交包括于遗嘱中的遗赠财产。

第 1005 条　但在上述情形，全部遗赠的受遗赠人如于遗嘱人死亡后一年内要求移交包括于遗嘱中的遗赠财产时，自遗嘱人死亡之日起，对于此项财产享有用益权；否则仅自向法院起诉之日或自继承人承诺移交之日起，始得享有用益权。

第 1006 条　如遗嘱人死亡时并无依法得保留部分遗产的继承人时，全部遗赠的受遗赠人依法当然因遗嘱人的死亡而占有遗产，无要求移交的必要。

第 1007 条　一切亲笔遗嘱，在执行前，应提交于继承开始地第一审法院院长。此项遗嘱倘经封缄，应予开启。院长应就遗嘱的提交、开启及其状态做成笔录，并命令将遗嘱保存于其所选任的公证人之手。

密封遗嘱的提交、开启、其状态的叙述及其保存，依同样方式为之；但其开启须在曾经签名于记录证书且当时在场的公证人和证人的面前为之，或经传唤此等人后为之。

第 1008 条　在第 1006 条的情形，如遗嘱为亲笔的或密封的遗嘱时，全部遗赠的受遗赠人，须经院长在和遗嘱提交证书同时提出的申请书下端签署许可的命令，始占有遗产。

第 1009 条　全部遗赠的受遗赠人和依法得保留部分遗产的继承人一人同时继承时，受遗赠人对于遗产的债务和负担，按其分配份的比率，负清偿的义务，对于受赠财产上的抵押债务和负担，并负全部清偿的义务；该受遗赠人且负责支付一切遗赠，但第 926 条和第 927 条规定减除的情形，不在此限。

第五目　一部遗产的包括遗赠

第 1010 条　包括遗赠为遗嘱人以法律许可其处分的遗产的一部分——例如：半数或三分之一、全部不动产或全部动产、不动产或动产中的一部分——赠与他人的处分。

一切其他遗赠仅构成特定财产的遗赠。

第 1011 条　包括遗赠的受遗赠人，应向依法得保留部分遗产的继承人，无此等人时，向全部遗赠的受遗赠人，无此等人时，向依继承章规定的顺序应继承之人，要求移交遗产。

第 1012 条　包括遗赠的受遗赠人，和全部遗赠的受遗赠人相同，对于遗产的债务和负担，按其个人分配份的比率，负清偿的义务，并对于受赠财产上的抵押债务和负担，负全部清偿的义务。

第 1013 条　如遗嘱人仅处分其有权处分财产的一部分，并以包括遗赠方式遗赠时，该受遗赠人应和法定继承人共同负责支付特定财产的遗赠。

第六目　特定财产的遗赠

第 1014 条　一切单纯的遗赠，为将遗赠物的权利，从遗嘱人死亡之日起，赠与于受遗赠人的处分；此项权利，受遗赠人得移转于其继承人或权利继受人。

但受遗赠人，仅从其依照第 1011 条规定的顺序请求移交遗赠物之日起，或从协议移交之日起，始得占有遗赠物或要求遗赠物的果实或孳息。

第 1015 条　有下列情形之一时，遗赠物的果实或孳息，从遗赠人死亡之日起，即归受遗赠人，且无须向法院提出请求：

一、关于此点，遗嘱人在遗嘱中有明白的声明时；

二、以扶养名义遗赠终身定期金或扶助金时。

第 1016 条　请求移交遗产的诉讼费用，由遗产负担，但不得因之减损法定保留部分的财产。登记税由受遗赠人支付。

以上规定，如遗嘱有不同规定时，不适用之。

每一遗赠得分别登记，此项登记对于受遗赠人或其权利继受人以外之他人，不发生任何利益。

第 1017 条　遗嘱人的继承人或遗赠的其他债务人，各按其承受遗产的比率，负责支付遗赠。前项继承人等，就其所持有遗产中的不动产的价值限度内，视为对于遗赠负有抵押债务，应全部支付之。

第 1018 条　遗赠物应按遗赠人死亡日的原状并连同必要附属物交付之。

第 1019 条　凡以不动产所有权遗赠之人，事后因遗嘱人又有取得而该不动产有所增益时，即使此种取得邻接该不动产，如无新的处分，不得视为遗赠的一部分。

但遗嘱人在遗赠的土地上进行改良或新的建筑，或扩大其遗赠的设围地者，不在此限。

第 1020 条　在订立遗嘱以前或以后，遗赠的不动产如为遗产的债务或第三人的债务设定抵押权或用益权时，支付遗赠之人，除遗嘱人明白加以解除此等负担的义务者外，不负解除此等负担的义务。

第 1021 条　遗嘱人以他人的物件遗赠时，不问其是否知悉不属于自己所有，遗赠均属无效。

第 1022 条　如遗赠物为不特定的物件时，继承人无须支付质量最高的物件，但亦不得支付质量最低的物件。

第 1023 条　对债权人所为的遗赠，不得认为抵偿其债权；同样，对佣仆所为的遗赠，不得认为抵偿其报酬。

第 1024 条　特定财产的受遗赠人无须清偿遗产的债务，但关于上述遗赠的减除和抵押债权人的请求权，不在此限。

第七目　遗嘱执行人

第 1025 条　遗嘱人得选任遗嘱执行人一人或数人。

第 1026 条　遗嘱人得授权遗嘱执行人占有其遗产中动产的全部或部分；但此项占有自遗嘱人死亡日起不得超过一年又一日。

如遗嘱人未授权遗嘱执行人占有时，遗嘱执行人不得要求占有。

第 1027 条　继承人得提供足够支付动产遗赠的数量于遗嘱执行人或证明其业已支付而要求终止占有。

第 1028 条　不能负担债务之人不得为遗嘱执行人。

第 1029 条　妻非取得其夫的同意，不得接受执行遗嘱任务。

妻和夫分别财产时，不问此种分别由于夫妻财产契约或由于判决，妻经其夫的同意，如夫拒绝同意时，依结婚章第 217 条和第 219 条的规定经法院的许可，得为遗嘱执行人。

第 1030 条　未成年人，即使经其监护人或财产管理人的许可，亦不得为遗嘱执行人。

第 1031 条　如继承人中有未成年人、禁治产人或不在人时，遗嘱执行人应将遗产加以封印。遗嘱执行人，应经假定的继承人到场或经对其为合法的传唤后，做成遗产目录。如无足够现金以支付遗赠时，遗嘱执行人应出卖动产。

遗嘱执行人应监督遗嘱的执行；且在执行有争执的情形，得参与诉讼，以支持遗嘱的效力。

遗嘱执行人，于遗嘱人死亡届满一年后，应提出其执行的计算。

第 1032 条　遗嘱执行人的权力不得移转于其继承人。

第 1033 条　遗嘱执行人如有数人且均已承诺担任时，每一遗嘱执行人得独立执行其职务；且此等遗嘱执行人，就受委托动产的计算，负连带的责任。但遗嘱人划分各人的职务，且各人的实际执行限于其自己的职务时，不在此限。

第 1034 条　遗嘱执行人所为的封印、财产目录、计算以及其他有关其职务的费用，应由遗产负担。

第八目 遗嘱的取消及失效

第 1035 条 遗嘱,仅得以日后重订的遗嘱或在公证人前做成证书,记载变更意志的声明,取消其全部或部分。

第 1036 条 日后重订的遗嘱未明白取消以前的遗嘱时,以前的遗嘱仅关于和新遗嘱不相容或抵触的条款无效。

第 1037 条 日后重订的遗嘱对以前的遗嘱所为的取消,虽新遗嘱由于指定的继承人或受遗赠人无受领能力或此等人拒绝受领而未能执行,仍发生全部效力。

第 1038 条 遗嘱人就遗赠物全部或部分所为的一切出让,即使是约定买回或交换的出让,即使该出让行为无效且出让客体重返遗嘱人之手,均对出让部分,构成遗赠的取消。

第 1039 条 如遗嘱处分的受益人于遗嘱人死亡日已不生存时,全部遗嘱处分失其效力。

第 1040 条 凡遗嘱处分以不确定的事件为条件,依遗嘱人的意思,仅于该事件发生或不发生时,该遗嘱处分始应予以执行者,如指定的继承人或受遗赠人死亡于条件完成之前,遗嘱处分失其效力。

第 1041 条 凡条件,依遗嘱人的意思,仅暂缓遗嘱的执行者,并不阻碍指定继承人或受遗赠人取得可以移转于自己的继承人的权利。

第 1042 条 如遗赠物在遗嘱人生前全部灭失时,遗赠失其效力。如遗赠物非由于继承人的行为或过失,而在遗嘱人死后灭失,即使继承人负迟延移交该遗赠物的责任,但在受遗赠人手中该物亦无法避免灭失时，遗赠失其效力。

第 1043 条　如指定的继承人或受遗赠人拒绝受领遗赠，或处于无受领能力的情形时，遗嘱处分失其效力。

第 1044 条　前条情形，如遗赠为对于数人的联合遗赠，共同受遗赠人中一人所未受领的部分应由他人分受之。

遗嘱人在同一处分中对于数人为遗嘱而未就遗赠物指定各共同受遗赠人的受益部分时，遗赠应认为联合的遗赠。

第 1045 条　以同一遗嘱，将非毁损不能分割的物件遗赠于数人，即使分别指定各该人所应得的部分时，亦认为联合的遗赠。

第 1046 条　第 954 条和第 955 条前两款关于许可请求取消生前赠与的原因，亦为许可请求取消遗嘱处分的原因。

第 1047 条　如此种取消遗嘱处分的请求基于重大毁损遗嘱人身后声誉的原因时，应自行为日起一年内提出之。

第六节　赠与人或遗赠人为其孙子女或为其兄弟姊妹的子女的利益所得为的处分

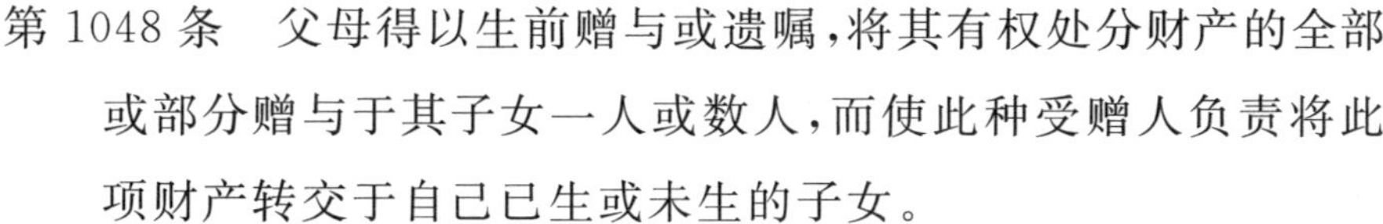

第 1048 条　父母得以生前赠与或遗嘱，将其有权处分财产的全部或部分赠与于其子女一人或数人，而使此种受赠人负责将此项财产转交于自己已生或未生的子女。

第 1049 条　在死亡而未遗有子女的情形，死者如以生前赠与或遗嘱，将不属于法律保留遗产的全部或部分，赠与或遗赠于其兄弟姊妹一人或数人，而使此种受赠人——兄弟姊妹——负责将此项财产转交于自己已生或未生的子女时，此项赠与或遗赠应认为有效。

第 1050 条　前两条规定的处分，只在订定受赠人应转交财产于其全体已生和未生的子女，而并不订定年龄或性别的例外或优先时，始为有效。

第 1051 条　在上述情形，如负责转交财产于其子女之人死亡，而其子女有生存者，亦有死亡在前而遗有直系卑血亲时，此种直系卑血亲代位死亡在前的子女而受领后者的应得分。

第 1052 条　子女或兄弟姊妹已接受不负转交义务的生前赠与后，又接受新的生前赠与或遗赠，而该新的生前赠与或遗赠以负责转交前次赠与的财产为条件时，此等受赠人不得再区分为其利益所为的两次处分，而企图保持第一次赠与，抛弃第二次赠与，即使此等受赠人愿转交第二次受赠的财产时亦同。

第 1053 条　负有转交义务的子女或兄弟姊妹所享有的用益权终止时，不问其终止的原因如何，应受转交人的权利应即开始；上述子女或兄弟姊妹如为应受转交人的利益先期抛弃其用益权时，不得损害先期抛弃以前自己的债权人已取得的利益。

第 1054 条　负责转交人之妻，在其夫财产不足清偿奁产的情形，仅就其奁产的原本，并在遗嘱人明白许可的条件下，对于应转交的财产，有补充的求偿权。

第 1055 条　依前数条规定为处分之人，得以同一证书或日后以公证证书选任监护人一人，负责执行此项处分；此种监护人仅得根据未成年人、监护及亲权解除章第二节第六目规定的原因免除其职务。

第 1056 条　此种监护人未经选任时，应基于负责转交人的请求，如此人为未成年人时，基于其监护人的请求，选任监护人一人；此种请求，应自赠与人或遗嘱人死亡之日起，或于其死亡后记载此种处分的证书发现之日起一个月以内为之。

第 1057 条　负责转交人未履行前条规定时，应丧失赠与或遗嘱处分的利益；同时，在此情形，应受转交人为成年人时，其权利得基于其本人的请求而宣告开始，如其为未成年人或禁治产人时，得基于其监护人或财产管理人的请求而宣告开始；且不论应受转交人为成年人、未成年人或禁治产人，其权利亦得基于其任何血亲的请求，宣告开始，或基于继承开始地第一审法院检察官的请求，依职权宣告开始。

第 1058 条　处分人将其财产为附有转交义务的处分后死亡时，其全部遗产应依通常方式做成目录；但关于特定财产的遗赠不在此限。此种遗产目录应记载对于一切财产所评定的正确价额。

第 1059 条　前条目录，基于负责转交人的请求，于继承章所规定的期限内，在选任执行的监护人面前做成之。做成目录的费用由处分的财产中支付之。

第 1060 条　如目录未在上述期限内基于负责转交人的请求做成时，应于次月内，基于选任执行的监护人的请求，经负责转交人或其监护人到场而做成之。

第 1061 条　如未依前两条办理时，应基于第 1057 条列举之人的请求，传唤负责转交人或其监护人以及选任执行的监护人，做成上述目录。

第 1062 条　负责转交人应以揭示和拍卖的方式，出卖包括于处分内的全部动产，但以下两条规定的动产不在此限。

第1063条　包括于处分内的动产家具和其他动产，附有保存现物的明示条件时，应按转交时的现状移交之。

第1064条　供土地耕作用的家畜及工具，应认为赠与或遗赠土地的一部分；负责转交人仅负责评定其价额，以便转交时返还相等的价值。

第1065条　自遗产目录做成日起六个月内，负责转交人应将现金、出卖动产和证券所得的现金和其所收受的资产运用之。前项期限，如有必要，得予延长。

第1066条　负责转交人并应运用从收取的债权和赎回的年金项下所得的现金；且此种运用应于收得现金后三个月内为之。

第1067条　此种运用，如赠与人或遗嘱人曾指定应购入财产的种类时，应依照其指示为之；否则，只能用于购入不动产或在不动产上有优先权的权利。

第1068条　前数条规定的运用，应基于选任执行监护人的请求并经其到场，始得为之。

第1069条　附有转交义务的生前赠与或遗嘱处分，应基于负责转交人或选任执行监护人的请求，公开之；例如：关于不动产，登录其证书于不动产所在地抵押权登记机关的登录簿；关于现金购入在不动产上有优先权的权利，登录于附有优先权的不动产。

第1070条　包括于生前赠与或遗嘱处分中的财产未经登录时，债权人和取得该财产的第三人，即使对于未成年人或禁治产人亦得主张其权利；但未成年人、禁治产人及其他被转交人得向负责转交人及执行监护人行使求偿权；即使负责转交人及执行监护人处于无清偿力的状况，该未成年人等对于登录的欠缺，亦不得要求回复原状。

第 1071 条 登录的欠缺，不得因债权人或取得财产的第三人得通过登录以外的方法获悉赠与或遗嘱处分的内容，而认为获得补正或挽救。

第 1072 条 受赠人、受遗赠人和处分人的法定继承人，以及此等人的受赠人、受遗赠人或继承人，在任何情形，不得对被转交人主张登录的欠缺。

第 1073 条 选任执行监护人，如对于财产的确定、动产的出卖、现金的运用、不动产的登录，未能完全遵照上述规定，以及一般地说，如未能尽一切必要的注意使转交义务得以完善并忠实地履行者，应由其个人负责。

第 1074 条 如负责转交人为未成年人，即使其监护人处于无力清偿的状况，亦不得以其未履行本节各条的规定而请求回复原状。

第七节 父母或其他直系尊血亲就自己财产为其直系卑血亲进行的分割

第 1075 条 父母和其他直系尊血亲，得将自己的财产，为其子女和直系卑血亲进行分配和分割。

第 1076 条 此种分割，得按照生前赠与和遗嘱所定的方式、条件和原则，以生前赠与行为或遗嘱为之。

以生前赠与行为所为的分割，以现有财产为限。

第 1077 条 如直系尊血亲死亡日所遗的财产并未全部包括于上

述分割中时，不包括于上述分割中的财产应依法分割之。

第1078条　如直系尊血亲死亡时，其子女和死亡在前的子女有未参与上述分割者，分割全部无效。不问未收受何种分配的子女或直系卑血亲，或曾经参与分割的子女和直系卑血亲，均得要求依法定方式进行新的分割。

第1079条　对于直系尊血亲所为的分割，得因有失公平致共同分割人中的一人遭受损失超过四分之一而提出反对：直系尊血亲所为分割或予以特益处分的结果使共同分割人中的一人获得法律许可以外的利益时亦同。

第1080条　子女根据前条规定的原因之一，反对直系尊血亲所为分割时，应预付估价的费用；如反对不能成立时，该子女应最后负担此项费用与有关诉讼的费用。

第八节　以夫妻财产契约对夫妻和婚后新生子女所为的赠与

第1081条　一切现有财产的生前赠与，即使以夫妻财产契约赠与于夫妻或其中一人，应遵从本章关于赠与的一般规定。

为未生子女利益的赠与，如不属本章第六节规定的情形，不得成立。

第1082条　夫妻的父母、其他直系尊血亲、旁系血亲或无亲属关系之人，得以夫妻财产契约，为夫妻的利益，如上述人等后于夫妻死亡时，则为该夫妻婚后所生子女的利益，处分其死后所遗财产的全部或部分。

前项赠与，虽当时仅约定为夫妻或其中一人的利益，在赠与人后于夫妻死亡的情形，经常推定其为该夫妻婚后所生子女或直系卑血亲的利益。

第 1083 条　依前条规定的方式所为的赠与不得取消，此处不得取消的意义仅指：赠与人除得以有偿或其他原因处分微小的数目外，不得以无偿名义再度处分包括于上述赠与中的财产。

第 1084 条　以夫妻财产契约所为的赠与包括现有的和将来的财产全部或部分时，应开列赠与日赠与人现有的债务和负担清单附入于证书；在此情形，赠与人死亡时，受赠人得保留赠与人赠与时原有的财产，而抛弃赠与人赠与后取得的财产。

第 1085 条　如赠与证书载明赠与包括现有的和将来的财产而未附入前条规定的清单时，对于此项赠与，受赠人只得全部接受或全部抛弃。在接受的情形，受赠人仅取得赠与人死亡日所有的财产，并应清偿遗产的全部债务和负担。

第 1086 条　为夫妻和其婚后所生子女的利益以夫妻财产契约所为的赠与，不问赠与人为何人，得附以受赠人须无区别的清偿遗产的全部债务和负担的条件，或附以履行赠与须完成以赠与人意志为转移的其他条件：如受赠人不放弃此种赠与时，应完成所附的条件；赠与人在夫妻财产契约中就包括于现有财产的赠与中的某一物件或就该财产中的一定金额保留自由处分的权利时，如赠与人未作处分而死亡，该物件和金额视为包括于赠与财产中，属于受赠人或其继承人所有。

第 1087 条　对于以夫妻财产契约所为的赠与，不得借口未经接受而提出反对或宣告无效。

第 1088 条　一切为婚姻利益所为的赠与，如婚姻未成立，即失其效力。

第 1089 条　依第 1082 条、第 1084 条和第 1086 条对夫妻一人所为的赠与，如受赠人及其直系卑血亲先于赠与人死亡时，失其效力。

第 1090 条　一切以夫妻财产契约对夫妻所为的赠与，于赠与人的遗产继承开始时，应减除至法律许可其处分的限度。

第九节　夫妻间以夫妻财产契约或在婚姻关系存续中的赠与

第 1091 条　夫妻得以夫妻财产契约，相互的或一方对于地方，依下述规定的限制，约定其认为适当的赠与。

第 1092 条　夫妻间以夫妻财产契约就现有财产所为的生前赠与，如未经明白记载以受赠人后于赠与人死亡为条件者，不得认为附有此种条件；并应遵从上述关于此类赠与的一切规则和方式。

第 1093 条　夫妻间单纯的或相互的以夫妻财产契约约定将来财产的赠与或现有财产并将来财产的赠与者，适用前节关于第三人对夫妻所为同类赠与的规定；但赠与财产，在受赠人先于赠与人死亡时，不得移转于婚姻中所生的子女。

第 1094 条　在未遗有子女或直系卑血亲的情形，夫妻一方得以夫妻财产契约，或得在婚姻关系存续中，就其有权为无亲属关系人的利益而处分的财产的全部所有权，以及就其依法为保护继承人利益而无权为所有权处分的财产的全部用益权，为他方的利益处分之。

在遗有子女或直系卑血亲的情形，夫妻一方得以其财产中的四分之一的所有权和另一四分之一的用益权，或其全部财产之半的用益权赠与于他方。

第 1095 条　未成年人仅于取得对其个人婚姻有同意权之人的同意和协助，始得以夫妻财产契约对配偶为单纯的或相互的赠与；且一经取得此种同意，凡成年人得赠与于其配偶者，未成年人亦得赠与。

第 1096 条　婚姻关系存续中，夫妻间所为的一切赠与，即使是生前赠与，得予取消。

妻得取消赠与，无须其夫或法院的许可。

此种赠与不因赠与后生产子女而取消。

第 1097 条　婚姻关系存续中，夫妻不得以生前赠与或遗嘱，在同一证书中约定任何相互的赠与。

第 1098 条　夫或妻在前婚中生有子女而再婚时，仅得以相当于婚生子女中应得财产最少者所得的分量赠与于其新配偶，且在任何情形，此种赠与不得超过其财产的四分之一。

第 1099 条　夫妻不得以间接的方法，超过上述规定许可赠与的范围，而为赠与。

一切伪装的或假借他人名义的赠与均无效。

第 1100 条　夫妻一方，对于他方前婚的子女数人或一人所为的赠与，以及对于他方的血亲所为的赠与，如赠与时该他方为该血亲的假定继承人者，此种赠与均视为假借他人名义而为的赠与；在后一情形，即使该他方先于受赠人——即该他方的血亲——死亡者亦同。

第三章　契约或合意之债的一般规定

第一节　通则

第1101条　契约为一种合意,依此合意,一人或数人对于其他一人或数人负担给付、作为或不作为的债务。

第1102条　如契约当事人相互负担债务时,此种契约为双务契约。

第1103条　如一人或数人对于其他一人或数人负担债务,而后者不受约束时,此种契约为单务契约。

第1104条　如当事人双方互相负担大体相等的给付或作为债务时,此种契约为等价契约。如契约以当事人各方依据不确定的事实而获得利益或遭受损失的偶然性作为代价,此种契约为赌博性契约。

第1105条　当事人的一方无代价给予他方以利益时,此种契约为恩惠契约。

第1106条　当事人双方相互负担给付或作为的债务时,此种契约为有偿契约。

第1107条　契约不问有名契约或无名契约,均适用本章所定一般的规定。

某些契约的特别规定包含于有关各该契约的各章中;至有关商事交易的特别规定则包含于商事法规中。

第二节 契约有效成立的要件

第1108条 下列四条件为契约有效成立的必要条件：

负担债务当事人的同意；

订立契约的能力；

构成约束客体的确定标的；

债的合法原因。

第一目 同意

第1109条 如同意由于错误、胁迫或诈欺的结果，不得认为同意已有效成立。

第1110条 错误仅于涉及契约标的物的本质时，始构成无效的原因。

如错误涉及当事人一方愿与之订约的他方当事人个人时，错误不成为无效的原因，但他方当事人个人被认为契约的主要原因时，不在此限。

第1111条 对债务人行使胁迫为无效的原因，纵使胁迫的行使出于取得合意利益人以外的第三人者亦同。

第1112条 凡行为的性质足使正常之人产生印象，并使其发生自己身体或财产面临重大且迫切危害的恐惧者，成立胁迫。

关于此问题，应考虑受胁迫人的性别、年龄及个人的情况。

第1113条 胁迫为契约无效的原因；不仅对于缔约人行使胁迫，即对于缔约人的配偶、直系卑血亲或尊血亲行使胁迫时亦同。

第1114条 对父母或其他直系尊血亲仅心怀敬畏，而未受胁迫时，不得主张契约的无效。

第1115条　如胁迫停止后，契约经明示或默示的承认，或在法定要求取消的期限内未采取行动时，对契约不得再以胁迫的原因提出攻击。

第1116条　如当事人一方不实施诈欺，他方当事人绝不缔结契约者，此种诈欺构成契约无效的原因。

诈欺不得推定，应证明之。

第1117条　因错误、胁迫、诈欺而缔结的契约并非依法当然无效，仅依本章第五节第七目规定的情形和方式，发生请求宣告契约无效或取消契约的诉权。

第1118条　当事人双方债务有失公平因此一方遭受损失的事实，依本章第五节第七目规定，仅关于一定的契约和对于一定的当事人，得构成取消契约的原因。

第1119条　任何人，在原则上，仅得为自己接受约束并以自己名义订立契约。

第1120条　但一人得接受使第三人为一定行为的约束；如第三人拒绝履行此种行为时，约定使第三人为一定行为之人，或约定使第三人接受此项义务之人，应负赔偿损害的责任。

第1121条　一人为自己与他人订立契约时，或对他人赠与财产时，亦得订定为第三人利益的约款，作为该契约或赠与的条件。如第三人声明有意享受此约款的利益时，为第三人订立契约之人即不得予以取消。

第1122条　订立契约之人，应认为为自己并为其继承人或权利继受人而订立契约；但契约有相反的记载，或契约的性质显示相反的意义者，不在此限。

第二目　契约当事人的能力

第1123条　凡未被法律宣告为无能力之人均得订立契约。

第1124条　无订立契约能力人为：

未成年人，

禁治产人，

在法律规定一定情形下的已婚妇女，

以及法律一般地禁止其订立某些契约之人。

第1125条　未成年人、禁治产人以及已婚妇女对于其自己以契约订定的约束，仅于法律规定的情形下，得以无订立契约能力的理由提出攻击。

与未成年人、禁治产人、已婚妇女订立契约的有订立契约能力人，不得以其相对人无订立契约能力而主张契约无效。

第三目　契约之标的与客体

第1126条　一切契约以当事人担负给付、作为或不作为为标的。

第1127条　关于某一物件的单纯使用或占有，和物体本身一样，得成为契约之标的。

第1128条　得为契约标的之物件以许可交易者为限。

第1129条　债之标的物至少应为种类上特定的物件。

物件数量，如有确定的方法时，得为不特定的数量。

第1130条　未来的物件得为债之标的物。

但人们不得放弃尚未开始的继承，或就尚未开始的继承订立任何契约,即使取得被继承人同意时亦同。

第四目 原因

第 1131 条 无原因的债、基于错误原因或不法原因的债,不发生任何效力。

第 1132 条 原因即使未经载明,合意仍不能认为无效。

第 1133 条 如原因为法律所禁止,或原因违反善良风俗或公共秩序时,此种原因为不法的原因。

第三节 债的效果

第一目 通则

第 1134 条 依法成立的契约,在缔结契约的当事人间有相当于法律的效力。

前项契约,仅得依当事人相互的同意或法律规定的原因取消之。

前项契约应以善意履行之。

第 1135 条 契约不仅依其明示发生义务,并按照契约的性质,发生公平原则、习惯或法律所赋予的义务。

第二目 给付的债务

第 1136 条 给付的债务为交付某一物件并于交付前加以妥善保存的债务,如不履行此债务,对债权人负赔偿损害的责任。

第 1137 条 负担注意保存物件的债务之人,不问契约的内容仅为当事人一方的利益或为双方共同的利益，应为善良管理人的一切注意。

前项债务的范围，因契约种类的不同而有某些差别，其效果于有关各章中规定之。

第 1138 条　交付标的物的债务依缔约当事人单纯同意的事实而完成。

交付标的物债务的成立从标的物应交付之时起，即使尚未现实移交，使债权人成为标的物所有人，并负担标的物的危险，但在债务人迟延交付（现实移交）的情形，危险由债务人负担之。

第 1139 条　债务人的迟延责任，经接到催告或其他类似证书而成立，如契约载明无须上述证书，仅有到期不履行的事实，债务人即成立迟延责任时，则依契约定之。

第 1140 条　给付或交付不动产债务的效果于卖买章与优先权和抵押权章规定之。

第 1141 条　如对于二人负担先后给付或交付同一动产物件的债务时，二人中已得该物交付之人，虽其取得权利在后，但如其占有为善意的占有时，应认其权利优先于另一人的权利，并应认其为该物的所有人。

第三目　作为及不作为的债务

第 1142 条　作为或不作为的债务，在债务人不履行的情形，转变为赔偿损害的责任。

第 1143 条　但债权人有权要求债务人废除违约而进行的工作，并得请求许可其以债务人的费用废除之;如有必要,债权人仍得请求损害赔偿。

第 1144 条　在债务人不履行的情形,债权人亦得请求许可其以债务人的费用,自行完成契约所订定的债务。

第 1145 条　如债务为不作为的债务时,违反义务之人因单纯违反义务的事实负赔偿损害的责任。

第四目　因不履行债务而发生的损害赔偿

第 1146 条　损害赔偿仅于债务人经催告履行债务时发生;但债务人所负担的给付或作为仅能在一定时期内履行而债务人未在该时期内履行者,不在此限。

第 1147 条　凡债务人不能证明其不履行债务系由于不应归其个人负责的外来原因时,即使在其个人方面并无恶意,债务人对于其不履行或迟延履行债务,如有必要,应支付损害的赔偿。

第 1148 条　如债务人系由于不可抗力或事变而不履行其给付或作为的债务,或违反约定从事禁止的行为时,不发生损害赔偿责任。

第 1149 条　对债权人的损害赔偿,除下述例外和限制外,一般应包括债权人所受现实的损害和所失可获得的利益。

第 1150 条　如债务的不履行并非由于债务人的诈欺时,债务人仅就订立契约时所预见或可预见的损害和利益负赔偿的责任。

第 1151 条　不履行债务即使由于债务人的诈欺,关于债权人因不履行而遭受现实的损害和丧失可获得的利益所受的赔偿,应以不履行契约直接发生者为限。

第 1152 条　如契约载明债务人不履行债务，应支付一定数额的损害赔偿时，他方当事人即不应取得较大于规定数额或较小于规定数额的赔偿。

第 1153 条　关于支付一定金额的债务，基于迟延所生的损害赔偿，除有关交易和保证的特别规定外，仅得判令支付法定利息。

前项损害赔偿的成立，无须债权人证明其曾受损害。

第一项的利息仅自催告清偿之日起算，但法律规定依法当然进行计算利息的情形，不在此限。

第 1154 条　原本所生利息到期未付时，得依裁判上的请求或特别的约定而产生复利；但在任何情形，此项产生复利的利息以满足一年者为限。

第 1155 条　但到期未付款项，如地租、房租、永久或终身定期金的各期应付金额，自请求或约定之日起产生利息。

前项规定并适用于返还果实及第三人代债务人向债权人清偿利息的情形。

第五目　契约的解释

第 1156 条　解释契约时，应寻求缔约当事人的共同意思，而不拘泥于文字。

第 1157 条　如一个条款可能作两种解释时，宁舍弃使该条款不能产生任何效果的解释，而采取使之可能产生某些效果的解释。

第 1158 条　文字可能作两种解释时，应采取最适合于契约目的的解释。

第 1159 条　有歧义的文字依契约订立地的习惯解释之。

第 1160 条　习惯上的条款，虽未载明于契约，解释时应用以补充之。

第 1161 条　契约的全部条款得相互解释之，以确定每一条款从整个行为所获得的意义。

第 1162 条　契约有疑义时，应作不利于债权人而有利于债务人的解释。

第 1163 条　契约所用文字不问如何广泛，契约之标的应仅限于可推知当事人有意订定的事项。

第 1164 条　如契约中记载一种情形以说明债之标的时，不得以此认为当事人意在限制该项债务的范围，该项债务应包括而未列举的各种情形仍应包括在内。

第六目　契约对于第三人的效果

第 1165 条　契约仅于缔约当事人间发生效力；双方的契约不得使第三人遭受损害，且只在第 1121 条规定的情形下，始得使第三人享受利益。

第 1166 条　但债权人得行使其债务人的一切权利和诉权，唯权利和诉权专属于债务人个人者，不在此限。

第 1167 条　债权人并得以自己的名义攻击债务人所为诈害其权利的行为。

但关于继承章与夫妻财产契约及夫妻间的相互权利章所规定的权利，债权人应遵从各该章规定的规则。

第四节　债的种类

第一目　附条件的债

第一分目　条件通则及条件的种类

第 1168 条　债务的履行系于将来不定的事件:或者于事件发生时始履行债务,或者于事件发生或不发生时解除债务者,为附条件的债。

第 1169 条　偶然条件为系于偶然事故,而非债权人或债务人之力所能支配的条件。

第 1170 条　任意条件为使契约的履行系于当事人一方或他方有权使其发生或不发生的事件的条件。

第 1171 条　混合条件为同时系于当事人的意志又系于第三人的意志的条件。

第 1172 条　以不可能发生的事件为条件,或者以违背善良风俗或以法律所禁止的事件为条件者,无效;以此种条件为基础的契约亦同。

第 1173 条　以不为不可能的事件为条件之债,并不因此条件而归无效。

第 1174 条　凡附有债务人的任意条件之债,一律无效。

第 1175 条　条件的成就,应依可以推知为当事人所意欲并希望的方法为之。

第 1176 条　以在一定期间发生一定事件为债的条件时,如此事件于该期间内不发生,其条件认为不成就。如未指定一定的期间，条件应认为可于任何时候成就：在此情形，非事件已确定不发生时，不得视为其条件不成就。

第 1177 条　以在一定期间不发生一定事件为债的条件时，如此事件于该期间内不发生，其条件认为已成就。如于该期间终了前确知此事件将不发生者，其条件亦为已成就。如未指定一定的期间者，须确知此事件将不发生时，条件始为已成就。

第 1178 条　附条件之债的债务人阻止该条件的成就者，视为条件已成就。

第 1179 条　条件成就时，其效力溯至契约订立之日发生。如债权人于条件成就前死亡者，其权利由其继承人继承。

第 1180 条　债权人得于条件成就之前为保全其权利的一切处置。

第二分目　停止条件

第 1181 条　附停止条件之债，或者以将来未定的事件为条件，或者以实际上虽已发生但尚未为当事人所知的事件为条件。

在第一种情形，债务非于事件发生后，不得履行之。

在第二种情形，债务自契约订立之日起发生拘束力。

第 1182 条　当事人订立附停止条件之债时，契约标的物由债务人负危险责任，债务人仅于条件成就时始负交付其物的义务。

如非由于债务人的过失而其物全部灭失时，债的关系随之消灭。

如非由于债务人的过失而其物遭受损害时，债权人有选择之权：或者解除债的关系，或者要求交付已受损害之物，而不减低价金。

如因债务人的过失而其物受损害时，债权人除得解除债的关系，或者请求交付已受损害之物外，并得请求赔偿损害。

第三分目　解除条件

第 1183 条　解除条件为于条件成就时使债的关系归于消灭，并使事物回复至订立契约以前状态的条件。

解除条件并不停止债务的履行；该条件仅使债权人于条件所预定的事件发生时有返还其所已收受之物的义务。

第 1184 条　双务契约当事人的一方不履行其所订定的债务时，应视为有解除条件的约定。

前项情形，契约并不当然解除。债权人有选择之权：或者如给付可能时，请求他方当事人履行契约，或者解除契约而请求赔偿损害。

债权人的解除契约，必须向法院提起之。法院依情形对于被告得许以犹豫期间。

第二目　附期限的债

第 1185 条　期限不同于条件，并不停止债的效力，而只延迟债的履行期。

第 1186 条　定期的债，于期限届至前，不得请求履行，但于期限前已为的清偿不得请求返还。

第 1187 条　债的期限推定为债务人的利益而订定，但依契约或依当时情形可知双方曾同意亦为债权人的利益而订定者，不在此限。

第 1188 条　债务人破产时，或债务人依契约给予债权人的保证因其行为而减少时，不得主张其期限的利益。

第三目　选择的债

第 1189 条　选择之债的债务人，于交付契约中所定二物之一后，解除其义务。

第 1190 条　选择之权属于债务人，但契约明定属于债权人者，不在此限。

第 1191 条　债务人得交付契约中所定二物之一，而解除其义务，但债务人不得以一物的一部分与另一物的一部分强迫债权人受领。

第 1192 条　任何债虽以选择的方式订定，但如契约中所定二物之一不能成为债之标的物时，仍为通常的债。

第 1193 条　选择的债如所约定的二物之一灭失而不能交付时，即使其灭失由于债务人的过失，亦变为通常的债。于此情形，债务人不得交付灭失物的价金以代该债的履行。

如所约定的二物均已灭失，其中一物是由于债务人的过失而毁灭时，债务人应交付灭失在后之物的价金。

第 1194 条　前条情形，债权人依契约有选择之权时：

在二物中只有一物灭失的情形，如债务人无过失者，债权人应受领未灭失的一物；如债务人有过失者，债权人得请求给付余存之物，或灭失之物的价金。

在二物均已灭失的情形，如债务人对于二物的灭失均有过失者，或即使仅对其中一物的灭失有过失者，债权人得选择其中一物而请求给付其价金。

第 1195 条　如二物均非因债务人的过失而灭失，且均在债务人未迟延给付时灭失者，依第 1302 条的规定，债的关系认为消灭。

第 1196 条　选择的债包含两个以上之物者，亦适用以上各条的原则。

第四目　连带的债

第一分目　债权人间的连带关系

第 1197 条　几个债权人，如依文书的明文规定，就同一债权各得向债务人为全部清偿的请求，而其中一人受领清偿后债务人的债务即消灭者，即使债权利益须由各债权人分受，该债权在多数债权人间为连带债权。

第 1198 条　连带债权的债务人，在未经债权人中一人起诉以前，得随意向任何一个债权人为清偿。

但连带债权人中的一人对债务人免除债务时，只免除该债权人应分受的部分。

第 1199 条　连带债权人中的一人有使时效停止进行的行为时，对于其他债权人有同一的效力。

第二分目　债务人间的连带关系

第 1200 条　几个债务人就同一债务对于债权人各负全部清偿的责任，而其中一人为清偿后，其他数人亦免除其责任者，该债务在多数债务人间为连带债务。

第 1201 条 多数债务人所负的同一债务,虽然其中一人的清偿方法与他人不同,仍得为连带债务,例如其中一人的债务附有条件而他人的债务为通常债务,又如其中一人的债务附有期限而他人的债务无期限者,仍得为连带债务。

第 1202 条 连带责任必须明白约定,不得推定之。

前项规则于依法律规定当然成立连带责任的情形,不适用之。

第 1203 条 约定为连带债务的债权人,得依其选择而向债务人中的一人为清偿的请求,债务人不得提出与其他债务人分担债务的抗辩。

第 1204 条 债权人对于连带债务人中的一人提起诉讼时,并不妨碍其对于其他债务人提起同样的诉讼。

第 1205 条 如应交付之物因连带债务人中一人或数人的过失而灭失,或于连带债务人中一人或数人迟延给付后灭失者,其他债务人不得免除给付其物价金的义务,但不负赔偿损害的责任。

债权人仅得向债务人中因有过失而致该物灭失者,及迟延给付者,请求赔偿损害。

第 1206 条 对于连带债务人中的一人提起诉讼时,停止时效进行的效力及于全体债务人。

第 1207 条 对于连带债务人中的一人为给付利息的请求时,全体债务人均负给付利息的义务。

第 1208 条 连带债务人中一人在债权人提起的诉讼中,得提出本于债务性质的抗辩,亦得提出专属于自己以及共同于全体连带债务人的抗辩。

前项债务人不得提出专属于其他连带债务人的抗辩。

第1209条　债务人中的一人成为债权人的唯一继承人时，或债权人成为债务人中一人的唯一继承人时，混同所消灭的连带债权只以有关该债务人或债权人的部分为限。

第1210条　债权人同意连带债务人中的一人分割债务时，仍保有使其他债务人连带负责的诉权，但经其免除连带责任的债务人的分担部分应自连带债务中扣除。

第1211条　债权人单独受领债务人中一人应分担的部分，而未于其受领证书中保留连带责任或自己的一般权利时，只免除该债务人的连带责任。

债权人向债务人受领等于该债务人应分担部分的金钱时，如受领证书上未表明该债务人应分担的部分已经如数清偿，不得认为债权人免除该债务人的连带责任。债权人对连带债务人中一人就该债务人应分担的部分起诉时，如该债务人不认诺其债务，或法院尚未对其为不利的判决，前项规定亦适用之。

第1212条　债权人并无保留而分别受领连带债务人中一人所付自己应负担的一部分年金或利息者，只丧失使该债务人就已到期的年金或利息连带负责的权利，而不丧失使该债务人就未到期的年金或利息或就本金连带负责的权利，但债权人在不间断的十年期间连续受领分别的清偿者，不在此限。

第1213条　几个债务人依约定对于一个债权人连带负责的债务，由该几个债务人分担之，债务人相互间各就其分担额或部分负责。

第 1214 条 连带债务人中的一人清偿连带债务的全部时，只得向其他债务人请求偿还各自的分担额或部分。

如其他债务人中的一人不能偿还其分担额或部分时，因其不能偿还所生的损害由其他有偿还能力的债务人及为清偿的债务人按照比例分担之。

第 1215 条 在债权人对债务人中的一人放弃其连带的诉权的情形，如其他债务人中的一人或数人成为无清偿能力时，其不能偿还的分担额或部分，由所有债务人，包括债权人原先已解除连带责任的债务人在内，按照比例分担之。

第 1216 条 发生连带债务的事件只与连带债务人中的一人有关时，该债务人对于其他债务人应负全部债务的责任；其他债务人，对于该债务人而言，应仅认为该债务人的保证人。

第五目 可分的债与不可分的债

第 1217 条 可分的债与不可分的债，依作为其标的之物件在交付时，或作为其标的之行为在履行时，是否可以在物质上或想象上分割而定之。

第 1218 条 作为债之标的之物件或行为，依其性质虽可分割，但如依债务的本旨不能分割履行者，仍为不可分的债务。

第 1219 条 约定成立连带之债时，并不使该债取得不可分的性质。

第一分目 可分之债的效果

第 1220 条 可分之债，在债权人与债务人间，应视同不可分之债而履行之。可分性只在债权人或债务人的继承人不止一人时，对于各该继承人有其效力，各该继承人代替债权人或债务人的地位，只能就其有权利请求的部分为清偿的请求，或只须就其有义务清偿的部分清偿之。

第 1221 条　有下列情形之一时，前条原则的规定对于债务人的继承人不适用之：

一、其债务系有抵押担保者；

二、其债务系关于特定之物者；

三、在债权人有权选择二物之一的选择之债，其中一物为不可分割者；

四、依照文书，仅债务人的继承人中的一人负履行债务的义务者；

五、依约定的性质，依债务的标的物，或依契约的目的，可知当事人的意思认为该债务不能分成几部分清偿者。

在前三款情形，债权人对于占有应给付之物或占有供债务抵押之物的继承人，得就此等物诉请清偿全部债务，但继承人对其他共同继承人有求偿之权。在第四款情形，对于独负清偿债务的继承人，在第五款情形，对于各继承人，均得诉请清偿全部债务，但继承人对其他共同继承人亦有求偿之权。

第二分目　不可分之债的效果

第 1222 条　数人共同订立不可分的债务者，虽非连带的债务，各就债务的全部负责。

第 1223 条　一人订立前条的债务，其继承人有数人者，对于继承人亦适用前条的规则。

第 1224 条　债权人的继承人有数人时，各继承人均得请求不可分债务的全部履行。

各继承人不得单独免除全部债务，亦不得单独受领价金以代原物。如继承人中的一人已单独免除债务或受领原物的价金时，其共同继承人只得于扣除曾经免除债务或受领价金的继承人所应得的部分后，请求为不可分之物的给付。

第 1225 条　债务人的继承人之一被诉请清偿全部债务时，得请求给予期限使其共同继承人参与诉讼，但依债务的性质，只能由被诉的继承人清偿者，不在此限。于此情形，法院得判令该继承人单独清偿全部债务，唯该继承人对其他共同继承人有求偿之权。

第六目　附违约金条款之债

第 1226 条　违约金条款为契约的一方当事人为担保契约的履行，而承诺于不履行契约时支付违约金的条款。

第 1227 条　主债务无效时，违约金条款亦无效。

违约金条款无效时，主债务并不因而无效。

第 1228 条　债务人负履行迟延的责任时，债权人得不请求给付约定的违约金，而提起请求履行主债务之诉。

第 1229 条　违约金为债权人因主债务不履行所受损害的赔偿。

债权人不得同时为给付主债务与违约金的请求，但违约金系纯为履行迟延而约定者，不在此限。

第 1230 条　无论主债务的履行附有期限与否，须交付或受领一定之物或为一定行为的债务人，负履行迟延的责任时，始应支付违约金。

第 1231 条　主债务已经部分履行者，审判员得酌量减少违约金。

第 1232 条　附有违约金条款的主债务以不可分之物为标的物时，如债务人的继承人中的任何一人违反约定，即应支付违约金；债权人得请求该继承人给付全部违约金，或请求各共同继承人给付其分担额或部分，或就抵押的财产请求给付全部违约金，但未违反约定的继承人对违反约定的继承人有求偿之权。

第 1233 条　附有违约金条款的主债务可分时，在债务人的继承人中，仅不履行债务者应负担违约金，并仅就其在主债务中应分担的部分负责；债权人对于其他已履行债务的继承人不得请求给付违约金。

但违约金条款的订定如以防止给付的部分履行为目的，而共同继承人中的一人阻止债权的全部履行时，不适用前项的规定。于此情形，债权人对该继承人得请求为全部违约金的给付，对其他继承人仅得就其分担部分为给付的请求，但其他继承人对该继承人有求偿权。

第五节　债的消灭

第 1234 条　债因有下列情形之一而消灭：

清偿，

更新，

自愿免除，

抵消，

混同，

标的物灭失，

取消，

解除条件成就，此项情形已于前节规定，

时效完成，此项情形规定于第二〇章。

第一目　清偿

第一分目　通则

第 1235 条　清偿以有债务为前提；无债务而为清偿者，得请求返还。

对于自然债务自愿为清偿者，不得请求返还。

第 1236 条　债务的清偿得由有利害关系的任何人为之，例如共同债务人或保证人。

债务亦得由无利害关系的第三人清偿之，但以该第三人以债务人的名义并以消灭债务人的债务为目的而为之者为限，或者，如该第三人以自己的名义为清偿时，以其非为代位行使债权人的权利者为限。

第 1237 条　以债务人的一定行为为内容的债务，如债权人认为以由债务人亲自履行为宜时，不得违反债权人的意思而由第三人履行之。

第 1238 条　为使清偿有效，清偿人必须为给付物的所有人，并有让与该物的能力。

给付物为金钱或其他消费物，且给付后已为善意的债权人所消费时，虽清偿人并非其所有人或无让与的能力，不得请求返还。

第 1239 条　清偿须向债权人或其委任之人，或经法院授权或依法律有权代其受领之人为之。向无权代债权人受领之人为清偿时，如经债权人承认，或债权人受到利益者，亦为有效。

第 1240 条　善意向占有债权之人为清偿者，即使占有人的占有嗣后被他人追夺，清偿亦为有效。

第 1241 条　向债权人为清偿，而债权人不能受领清偿时，其清偿无效。但债务人能证明债权人已受领清偿物的利益者，不在此限。

第 1242 条　甲的债权人乙曾经诉请法院扣押甲对于债务人丙的债权后，或曾经向债务人丙表示反对其对于该甲为清偿后，如债务人丙仍置之不顾，而对于该甲为清偿时，此项清偿对于诉请扣押或提出反对的债权人乙不发生清偿的效力，该债权人乙得根据其权利强迫债务人丙为第二次的清偿，但于此情形，债务人丙对甲有求偿之权。

第 1243 条　债务人不得给付约定以外的其他物品，而强迫债权人受领，虽该他物的价值等于或大于约定之物时亦同。

第 1244 条　债务人不得强迫债权人受领债的部分清偿，虽该债系可分时亦同。

审判员斟酌债务人的境况后，得许其于适当期限内暂缓清偿，并暂停诉讼程序的进行，一切仍维持原状。但审判员行使此项权限时须尽力审慎。

第 1245 条　应给付特定之物的债务人按该物于交付时所有的状

况交付后，其债务消灭，但以该物所已受的损害非由于其自己的行为或过失所致，亦非由于应归其负责之他人的行为或过失所致，且在损害发生之前债务人未负履行迟延责任为限。

第 1246 条　如债务的标的物仅以种类指示者，债务人为消灭债务，并无给付最上等品质之物的义务，但亦不得给付最劣等品质之物。

第 1247 条　债务的清偿必须于契约中指定的地点为之。契约中未指定地点时，如给付物为特定之物，清偿须于契约订立时债务标的物的所在地为之。

除前项所定的两种情形外，清偿于债务人的住所地为之。

第 1248 条　与清偿有关的费用由债务人负担之。

第二分目　代位清偿

第 1249 条　第三人向债权人为清偿后，得代位行使债权人权利的情形，以契约有订定或法律有规定者为限。

第 1250 条　下列两种情形为契约上的代位清偿：

一、债权人受领第三人的清偿时，即以其权利、诉权、特权或抵押权使第三人代位对债务人行使者：于此情形，代位必须以明示并于清偿的同时为之；

二、债务人向第三人借款，以清偿其债务，并使该第三人代位行使债权人的权利者。为使此种代位有效，借贷证书及受领证书必须于公证人前为之；借贷证书中应说明借款系供清偿债务之用，而在受领证书中应说明债务的清偿系以新债权人所供给的金钱为之。此种代位的成立，无须债权人的同意。

第 1251 条　有下列情形之一者，第三人为清偿后，依法当然有代位权：

一、自己为债权人之人，对于因享有特权或抵押权而权利优先于自己的其他债权人为清偿者；

二、购买债务人的不动产之人，以价金向在不动产上享有抵押权的债权人为清偿者；

三、有义务与他人共同清偿债务之人或有义务为他人清偿债务之人，对于清偿有利害关系并已向债权人为清偿者；

四、限定以继承所得的遗产清偿债务的继承人以自己的金钱清偿遗产的债务者。

第 1252 条　依前两条第三人对于债务人行使的代位权，对于保证人亦得同样行使；但债权人仅受部分的清偿时，代位不得损害债权人的利益。于此情形，债权人就其未受清偿的部分不得优先于其所自受领部分清偿之人而行使其权利。

第三分目　清偿的指定

第 1253 条　负有数宗债务的债务人，于清偿时有权指定其欲清偿的债务。

第 1254 条　债务负担利息或年金时，债务人如未得债权人的同意，不得指定以其给付先偿本金，后偿利息或年金；对本金与利息为偿还而不足清偿全部时，应尽先清偿利息。

第 1255 条　负有数宗债务的债务人为部分清偿时，如债权人于受领证书中记明其所受领的给付系充作其中一宗债务的清偿，该证书并经债务人收受者，债务人不得更行指定其给付系充作另一债务的清偿，但债权人有诈欺或胁迫情形时，不在此限。

第 1256 条　如债权人的受领证书未记明其所受领的给付系充作何宗债务的清偿者，该项给付应先清偿当时已届清偿期的数宗债务中债务人因清偿而获最大利益的债务，其次清偿已届清偿期的债务，虽该债务较之未届清偿期的债务对债务人负担为轻时亦同。

如数宗债务性质相同时，应先清偿其中最先届清偿期的债务；如各种情况均相同时，各债务按比例偿还其一部分。

第四分目　提出清偿与提存

第 1257 条　债权人拒绝受领清偿时，债务人得提出现实的清偿；债权人仍拒绝受领时，债务人得将提出的金钱或物提存之。

债务人提出现实的清偿后又提存者，其债务消灭；合法的现实清偿的提出与提存对于债务人有清偿的效力。提存物的危险责任由债权人负担之。

第 1258 条　提出现实的清偿须依下列各规定，始有效力：

一、提出现实的清偿须向有受领能力的债权人为之，或向有代理债权人受领权限之人为之；

二、提出现实的清偿须由有为清偿能力之人为之；

三、提出现实的清偿须为对于已届清偿期的全部债务的清偿，连同已届清偿期的利息、收益及已经清算的费用，清算未毕时，其估计的费用数额，估计不足时，以后补足之；

四、如为债权人的利益而订有清偿期者，须清偿期已届至；

五、如债务附有条件者，须条件已成就；

六、提出现实的清偿须于约定的清偿地为之，如关于清偿地无特别的约定者，须向债权人本人或于其住所或经选定履行契约的住所为之；

七、提出现实的清偿系由具有做成此种证书资格的公务员为之。

第1259条　提存，不必经审判员允许，只须依照下列各规定，即为有效：

一、提存的日期、时间及地点应记载于书状，先期通知债权人；

二、债务人应将清偿之物，连同算至提存日止的利息，交存于依法律接受提存的处所；

三、公务员应将提出之物的性质、债权人拒绝受领提出之物或债权人不到场以及将物提存的事由做成笔录；

四、在债权人不到场的情形，应将提存笔录连同通知其领取提存物的书状送达于债权人。

第1260条　提出现实的清偿以及提存，如依法律为有效者，其费用由债权人负担之。

第1261条　债务人于债权人未领取提存物以前，得将提存撤回之。债务人撤回提存时，其共同债务人或保证人的债务不消灭。

第1262条　债务人本人如诉经法院确定判决认其提出清偿与提存为有效时，不得损害其共同债务人或保证人的利益而撤回其提存，虽经债权人同意撤回时亦同。

第 1263 条　债务人所为的提存经确定判决认为有效后，债权人如同意其撤回时，不得为求清偿其债权而就该已撤回的提存物行使其原有的特权或抵押权。但债权人于同意债务人撤回其提存的证书上附记设定抵押权并完成必要的方式者，自完成必要的方式之时起，得享有抵押权。

第 1264 条　如已届清偿期之物为特定物而须于其所在地交付者，债务人应以书状送达于债权人本人或债权人的住所或选定为履行契约的住所，通知债权人搬走。书状送达后，如债权人不将物搬走，而债务人需用存放此物的地点时，得声请法院准许将物存放于其他地点。

第五分目　全部财产的让与

第 1265 条　全部财产的让与指债务人于不能清偿债务时，以其全部财产委弃于债权人的行为。

第 1266 条　全部财产的让与得自愿为之，亦得依裁判为之。

第 1267 条　自愿的全部财产让与为各债权人自愿接受的让与，除发生各债权人与债务人间所订契约本身的效力以外，不发生其他效力。

第 1268 条　裁判上的全部财产让与为法律对不幸而且善意的债务人所给予的利益。不问有如何相反的契约，为保障债务人的身体自由，法院得以判决准许其将全部财产委弃于债权人。

第 1269 条　债权人并不因裁判的让与而取得财产的所有权，唯取得为自己的利益而出卖财产并收取至出卖时止从财产所生的一切收益的权利。

第 1270 条　债权人非于法律有除外规定的情形，不得拒绝裁判上的让与。

债务人为全部财产的让与后，应免受民事拘留。

除前项规定外，债务人为财产的让与后，其债务于委弃的财产的范围内归于消灭；委弃的财产不足清偿债务时，债务人以后取得其他财产时，亦应委弃，直至全部清偿为止。

第二目　债的更新

第 1271 条　债的更新限于下列三种情形：

一、债务人与其债权人缔结新债务以代替旧债务，因而旧债务消灭者；

二、债权人解除旧债务人的债务而由新债务人代替之者；

三、由于订立新契约，新债权人代替旧债权人而取得债权，债务人对于旧债权人的债务因而消灭者。

第 1272 条　债的更新只于有订立契约能力之人的相互间有效。

第 1273 条　债的更新不得推定之。为债务更新的意思，在证书中必须有明白的表示。

第 1274 条　未得旧债务人的同意而由新债务人代替之者，亦发生债的更新的效力。

第 1275 条　债务人使他人对债权人承担其债务者，非经债权人明示解除债务人的债务，不发生债的更新的效力。

第 1276 条　债权人对债务人表示解除其债务后，如债务承担人无清偿能力时，对债务人无求偿权。但契约有明白的保留者，或承担人于承担时已公开破产或已处于无支付能力的状态者，不在此限。

第 1277 条　债务人单纯表示由他人代其清偿者，不发生债的更新的效力。

债权人单纯表示由他人代其受领清偿者，亦适用前项的规定。

第 1278 条　新债权代替旧债权时，属于旧债权的特权及抵押权并不移转，但债权人明示保留者，不在此限。

第 1279 条　因新债务人代替旧债务人而发生债的更新时，属于债权的原有特权与抵押权不适用于新债务人的财产。

第 1280 条　债权人与连带债务人中的一人发生债的更新时，属于旧债权的特权与抵押权只得保留适用于归属新债务之人的财产。

第 1281 条　债权人与连带债务人中的一人发生债的更新时，其他连带债务人的债务均因而消灭。

对主债务人发生债之更新时，保证人的债务随之消灭。

但在第一项情形，债权人要求其他连带债务人均承诺债的更新时，或在第二项情形，债权人要求保证人承诺债的更新时，如其他连带债务人或保证人拒绝承诺者，原有债权仍应继续存在。

第三目　债务的免除

第 1282 条　债权人自愿以私人署名的证书原本交还于债务人者，为免除债务的证明。

第 1283 条　债权人自愿以具有执行力的债务证书公证大字抄本交付于债务人者，推定为债务已清偿或已免除，但有相反的证明者，不在此限。

第1284条 债权人自愿以私证书原本或具有执行力的债务证书公证大字抄本交付于连带债务人中的一人者，为其他连带债务人的利益亦有同一的效力。

第1285条 债权人为连带债务人中一人的利益而以契约免除或解除其债务时，其他连带债务人的债务亦归消灭，但债权人明示保留其对于其他连带债务人的权利者，不在此限。

前项的后一情形，债权人所能请求清偿的债权，仅为减去其已免除债务之人原应负担的部分后的债权。

第1286条 退还已设定质押之物不足以推定为免除债务。

第1287条 债权人以契约免除或解除其债务人的债务者，保证人的债务亦归消灭。

如对保证人以契约免除或解除其债务者，主债务人的债务不消灭。

如对保证人中的一人以契约免除或解除其债务者，其他保证人的债务不消灭。

第1288条 保证人为解除其债务而提出的给付，经债权人受领时，其给付应充当债务的清偿，并于清偿限度内解除主债务人及其他保证人的债务。

第四目 抵消

第1289条 二人互负债务者，依后列各条的规定，各得以其债务互相抵消。

第1290条 债务人双方虽均无所知，依法律的效力仍可发生抵消；两个债务自其同时存在之时起，于同等数额的范围内互相消灭。

第 1291 条　抵消只于两个债务的标的物同为一定数额的金钱或为同种类的消费物，而且均已确定并已届清偿期者，始得为之。

应付之物为谷物或食品，如双方均无争执，而且其价额可依时价确定时，得与已届清偿期并已确定的一定数额的金钱抵消之。

第 1292 条　履行债务的犹豫期间不妨碍债务的抵消。

第 1293 条　两个债务不问其缘由如何，均得互相抵消，但下列三种情形不在此限：

一、物的所有人因物被不法侵夺而提起返还之诉者；

二、请求返还寄托之物或返还使用借贷之物者；

三、一方抚养他方的债务依规定不得扣押者。

第 1294 条　主债务人对于债权人有债权者，保证人得主张抵消。

但保证人对债权人有债权者，主债务人不得主张抵消。

连带债务人中的一人对于债权人有债权者，其他连带债务人不得主张抵消。

第 1295 条　债务人无保留同意债权人以债权让与第三人者，其同意前对让与人所得主张的抵消不得对受让人再行主张。

债务人曾收到债权让与的通知但未表示同意者，于通知后债务人对让与人所发生的债权不得主张与其债务抵消。

第 1296 条　两个债务的清偿地不同者，一方须将运送的费用补偿他方，始得主张抵消。

第1297条 一方负担数宗债务而各该债务均可与其对于债权人的债权抵消时，适用第1256条关于清偿的指定的规则以决定应抵消的债务。

第1298条 抵消如有害第三人的既得权时，不得为之，例如，债权人对债务人的债权，经第三人对债务人为扣押后，债务人始对债权人取得债权者，债务人不得损害该第三人即扣押债权人的利益而主张抵消。

第1299条 债务人对债权人有债权，该债权依法本可与债务人对债权人所负的债务互相抵消，但债务人不为抵消而清偿其对债权人所负的债务者，债务人不得损害第三人的利益而再行使该未曾用以抵消的债权所附有的特权或抵押权，但如债务人不知其有可以抵消债务的债权存在，且其不知具有正当理由者，不在此限。

第五目 混同

第1300条 同一人就同一个债兼有债权人与债务人的资格时，依法律发生混同，债权债务均归消灭。

第1301条 主债务人与债权人混同时，解除保证人的债务。

保证人与债权人混同时，主债务不因而消灭。

债权人与连带债务人中的一人混同时，只于其一人应负担部分的范围内，解除其他连带债务人的债务。

第六目 标的物灭失

第1302条 为债务标的之特定物毁坏或不能再作交易之用，或遗失后不知其是否存在时,如此物并非因债务人的过失而毁坏或遗失,而且其毁坏或遗失发生在债务人负履行迟延的责任以前者,债的关系消灭。

债务人虽已负履行迟延的责任但并未约定负意外事故的责任时,如此物即使已交付债权人而归其所有,亦仍不免毁坏者,债务亦消灭。

债务人对其所主张的意外事故应负举证的责任。

窃取之物,不问其如何毁坏或遗失,窃者并不因而免除偿还其价值的义务。

第 1303 条　非因债务人的过失而物遭毁坏,或不能再作交易之用,或遗失时,如债务人就此物对于他人有损害赔偿请求权或诉权者,应将其权利让与其债权人。

第七目　请求宣告契约无效或取消契约之诉

第 1304 条　请求宣告契约无效或取消契约之诉,应于十年内提起之,但特别法律有较短期限的规定者,从其规定。

在有胁迫的情形,十年期间自胁迫终止之日起算;在有诈欺或错误的情形,自发现诈欺或错误之日起算;关于已婚妇女未经许可的行为,自解除婚姻之日起算。关于禁治产人订立的契约,自禁治产的宣告取消之日起算;关于未成年人订立的契约,自未成年人成年之日起算。

第 1305 条　未解除亲权的未成年人因订立的任何一种契约有失公平而受损失者,得取消之;又解除亲权的未成年人因订立第一编第一〇章所规定逾越其能力的契约而受损失者,亦得取消之。

第 1306 条　未成年人因订立的契约有失公平所受的损失，如系由于偶然及不能预见的事故所致者，不得取消其契约。

第 1307 条　未成年人于订立契约时自述其已成年者，不妨碍其取消契约。

第 1308 条　未成年人为商人、银行家或工人者，因其业务或因其工作而订立的契约，不得取消。

第 1309 条　未成年人经获得依法对其婚姻有同意权之人的同意和协助而订定于其夫妻财产契约中的条款，不得取消。

第 1310 条　未成年人因其侵权行为或准侵权行为所发生的损害赔偿债务不得取消。

第 1311 条　于未成年时期所订立的契约，不问其因不合方式而无效或只得取消，如于成年后已予承认时，不得再予取消。

第 1312 条　未成年人、禁治产人或已婚妇女依前述各条取消其所订立的契约时，在其未成年期间，禁治产期间或婚姻期间内，他方当事人依契约对其所为的给付不得请求返还，但能证明未成年人、禁治产人或已婚妇女从此项给付受有利益者，不在此限。

第 1313 条　成年人因订立的契约有失公平而受损失，合于本法特别规定的情形及条件者，始得请求取消其契约。

第 1314 条　关于不动产的移转，或遗产的分割，未成年人或禁治产人如已完成法律为其所定的方式时，此种行为，视为与未成年人于已成年后或禁治产人于受禁治产宣告前所为者同。

第六节　债务及清偿的证明

第 1315 条　凡请求履行债务者，应证明该债务的存在。

凡主张债务已消灭者，应证明已清偿或使债务消灭的事实。

第 1316 条　关于书证、人证、推定、当事人的自认及宣誓，于下述各目规定之。

第一目　书证

第一分目　公证书

第 1317 条　公证书为有权制作证书的公务员于其制作证书的场所并按照规定的方式所做成的证书。

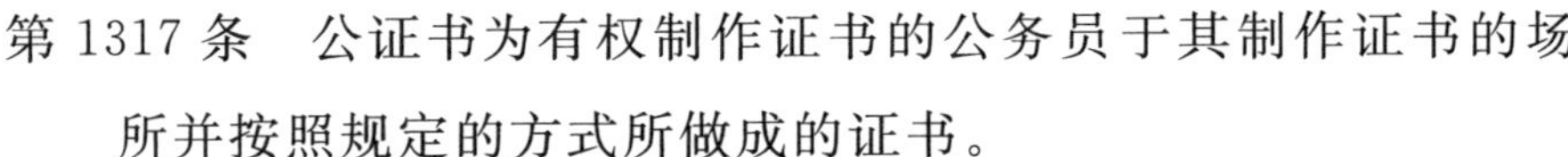

第 1318 条　公务员制作的证书，如因该公务员欠缺资格，或因证书方式不合规定，而不能认为公证书时，当事人双方如已签名于该证书者，仍有私证书的效力。

第 1319 条　公证书于契约当事人双方及其继承人或权利继受人之间，应作为其中所记明的约定事项的确证。

但遇有以伪造证书为主诉而起诉的情形，应停止该证书的执行；遇有以伪造证书为附带之诉而起诉的情形，法院得根据情形暂停该证书的执行。

第 1320 条　不问为公证书或私证书，即使其记载仅为解说的性质，只须与约定直接有关者，于当事人间有证据力。如其记载与约定无关者，只得作为证明的端绪。

第 1321 条　订有变更或废除契约的秘密附约者，只于当事人间有效，对于第三人不发生效力。

第二分目　私证书

第1322条　某一私证书对某人不利，而该人已承认其为真正，或法律视为该人已承认其为真正者，该私证书对于曾经签名其上之人及后者的继承人和权利继受人有与公证书相同的证据力。

第1323条　当事人一方经他方提出私证书作为对其进行攻击或防御的方法时，对于该私证书究竟是否系其手写或是否经其签名的事实问题，该方必须或者正式承认，或者正式否认。

该方的继承人或权利继受人得仅作不知本人的笔迹或签名的声明。

第1324条　如当事人一方否认其笔迹或签名，而且其继承人或权利继受人声明不知其笔迹或签名者，法院应命令鉴定之。

第1325条　私证书载有双务契约时，以按照具有不同利益的当事人的人数，每人制作原本一份者为限，始为有效。

具有相同利益的数人合有一原本，即已足够。

每一原本应记载同时制作原本的份数。

但原本未记载制作同式的份数者，已履行该证书中所载契约之人不得据以取消其证书。

第1326条　一方以私人签名的期票或约据订定由自己向他人给付一定数额的金钱或能定价的物件者，其期票或约据全部应由签名之人书写，或除签名外至少应由其亲自书写“有效”或“同意”字样，并于其下记明金额或物的数量。

前项情形，如证书为商人、工人、农业劳动者、葡萄园丁、按日的雇工及仆人所制作者，不在此限。

第 1327 条　证书中所记载的数字与加注“有效”两字之后所记载的数字不一致时，即使证书与“有效”等字均系债务人本人所写，推定以较小的数额为债务额，但能证明错误究在何方时，不在此限。

第 1328 条　私证书应以登记于政府机关之日、签名人死亡之日，或其内容记于公务员制作的文书（如关于加盖封印或编制财产目录的官方记录）之日为可以对于第三人主张的日期。

第 1329 条　商人账册所载供给商品的账目，除后述关于宣誓的规定外，对于非商人不得为不利的证明。

第 1330 条　商人账册得用作不利于其本人的证明，但希望账册为有利于自己的证明者，不得分割账册的记载而将不利于自己权利的记载除外。

第 1331 条　家庭簿册或私人文书不得作为制作人享有某一权利的证明。但在下列两种情形，此种簿册或文书应为不利于制作人的证明：一、于簿册或文书中正式记载曾自他人收受某项给付者；二、于簿册或文书中记明自己对某人负有某项债务，而此记载即作为该某人对自己享有债权的证据，别无其他证据者。

第 1332 条　债权人于其经常持有的证书的末尾、边缘或背后记明债务人的债务已消灭者，虽该项记载并未经其签名或附注日期，应认为债务消灭的证明。

债权人于证书的复本或受领证书的复本的末尾、边缘或背后有前项的记载时，以该复本系在债务人持有中者为限，亦适用前项的规定。

第三分目　符合物

第 1333 条　符合物的两部分互相符合者，于惯常以符合物计算零星买卖之人相互间即为证据。

第四分目　证书的抄本

第 1334 条　原本存在时，抄本为原本所含内容的证明，但得随时要求提出原本。

第 1335 条　原本不复存在时，抄本有下列情形之一者为原本的证明：

一、经公证的最初大字抄本或最初抄本与原本有同一的证据力；依审判员的命令，有当事人在场或曾依法传唤当事人而制作的抄本，或在当事人面前而且得双方同意而制作的抄本，亦有同一的证据力。

二、接受原本的公证人，或继任其职务之人中的一人，或有保管原本职务的公务员，于交付经公证的最初大字抄本或最初抄本后，未得审判员的命令亦未经当事人的同意而根据原本所作的抄本，已经陈旧者，则原本遗失时亦有与原本同一的证据力。

抄本历时已有三十年以上者，应以陈旧视之。

抄本历时不足三十年者，只得作为书证的端绪。

三、根据存于公证人处的原本所作的抄本，非由收受原本的公

证人或继任其职务之人或有保管原本职务的公务员所做成者，不问历时若干年，只得作为书证的端绪。

四、根据抄本做成的抄本，得依情形，认为只提供消息。

第1336条　证书登录于政府机关的登记册时，登记册的记载只得作为书证的端绪，但仍须合于下列两条件：

一、经证明所有与该证书同年做成并由该公证人登录的证书原本均已遗失者，或经证明该证书的原本因意外事故而灭失者；

二、公证人依式编订的证书登录目录记载该证书做成的日期与本人所述的日期相符者。

具备前列条件而得以证人证明时，如证书做成时的证人犹生存者，必须传询之。

第五分目　承认或确认义务的证书

第1337条　虽有承认义务的证书，仍应提出证书的原本，但承认证书已明白记载原本的内容者，不在此限。

承认证书的记载为原本所无或与原本所载不一致者，无效。

但如承认证书有数份，均相符合，并由债权人经常持有，而且其中有一份已逾三十年以上者，债权人提出证书原本的义务得免除之。

第1338条　对于依法律得提起请求宣告无效或取消之诉的债务，以证书确认或追认之者，须其证书重述债务的要旨，取消之诉的理由，以及将形成此种理由的缺点予以补正的意思者，其证书始为有效。

虽无确认或追认的证书，但自依法律得为确认或追认之时起，自愿为债务的履行者，亦与确认或追认其债务同。

依法律所定的方式与期限而确认、追认或自愿履行债务时，应视为抛弃对于此种证书原可提出的一切攻击和抗辩，但不得损害第三人的权利。

第 1339 条　赠与人所为赠与因违背方式而归无效时，不得以确认行为补正之；赠与人应重行完成法律的方式。

第 1340 条　赠与人的继承人或权利继受人于赠与人死亡后确认或追认赠与，或自愿履行赠与者，应视为抛弃因违背方式或其他事由而得提出的一切攻击和抗辩。

第二目　人证

第 1341 条　一切物件的金额或价额超过一百五十法郎者，即使为自愿的寄托，均须于公证人前做成证书，或双方签名做成私证书。证书做成后，当事人不得更行主张与证书内容不同或超出证书所载以外的事项而以证人证之，亦不得主张于证书做成之时或以前或以后有所声明的事项而以证人证之，虽争执的金额或价额不及一百五十法郎者，亦同。

前项规定不妨碍商法所定规则的适用。

第 1342 条　提出请求本金与利息的诉讼时，本金与利息合计超过一百五十法郎者，亦适用前条的规定。

第 1343 条　提出请求超过一百五十法郎的诉讼者，以后虽减少其数额，亦不得以证人为证。

第 1344 条　即使诉讼所请求的数额在一百五十法郎以下，如其数额为并无证书证明的一宗较大数额的余欠或一部分者，不得以证人证之。

第1345条　如一方当事人在同一诉讼中请求数宗债权，其合计的数额超过一百五十法郎，而且并无证书为凭者，不得以证人证之，即使当事人主张其数宗债权的缘由不同，而且成立的时间有先后者，亦同；但其权利系因继承、赠与或其他行为而自不同之人所获得者，不在此限。

第1346条　数个请求，不问基于何种原由，如并非完全以证书证明，应在同一诉讼中提起之，以后不准再提起无证书证明的请求。

第1347条　有书证的端绪时，不适用前数条的规定。

诉讼被告或其所代表之人所立的证书，倾向于证实原告所主张的事实者，称为书证的端绪。

第1348条　债权人不可能取得债权的书面证明时，亦不适用前数条的规定。

前项例外于下列情形适用之：

一、因准契约、侵权行为或准侵权行为而发生债权者；

二、于火灾、崩溃、骚乱或破船的情形而仓促成立寄托，或旅客留宿旅馆时成立寄托者，但应依有关各人的地位与当时情况认定之；

三、于有不能预见的意外事故的情形成立债务而不能制作证书者；

四、债权人本有证书为凭，但因不可抗力所生的意外事故而灭失者。

第三目　推定

第 1349 条　推定为法律或审判员依已知的事实推论未知的事实所得的结果。

第一分目　法律上的推定

第 1350 条　法律上的推定，为特别法所加于一定的行为或一定的事实的推定。下列情形为法律上的推定：

一、法律根据某种行为的性质，推定其有违法律的规定而认为无效；

二、法律规定在某种特定情况发生时成立所有权或解除债务；

三、法律对于确定的裁判所规定的效力；

四、法律对于一方当事人的自认或宣誓所规定的效力。

第 1351 条　确定裁判的效力只及于曾经判决的事件。〔前后两件诉讼，必须合于下列条件，后诉始因前诉的确定裁判而不得提起：〕起诉请求之物必须为同一之物；诉讼必须基于同一的缘由，当事人须为同一的当事人，而且须由同一的原告向同一的被告以同一资格提起之。

第 1352 条　有法律上的推定者，受其利益的当事人一方免除举证的责任。

依法律上的推定，一定的行为应视为无效，或应视为不发生诉权者，不得提出证明以推翻之，但法律许可提出反证者，不在此限。又后述关于宣誓及裁判上自认的规定，亦为例外。

第二分目　非法律上的推定

第 1353 条　非法律上的推定由审判员根据学识与智虑定之，但审判员只得为真诚、正确而且前后一致的推定，并且只于法律许可用人证的情形始得为之，但在以诈欺为原因而提起取消证书之诉的情形，不在此限。

第四目　当事人自认

第 1354 条　对于当事人一方不利的自认，得于裁判上或裁判外为之。

第 1355 条　当事人一方于不许可用人证的诉讼中，主张他方在裁判外曾仅以言词为自认者，其主张无效。

第 1356 条　裁判上的自认为当事人或经当事人特别委任的代理人于法院所为自认的表示。

对于为自认之人，裁判上的自认有充分的证据力。

对于为自认之人，裁判上的自认不得分割。

裁判上的自认非经证明系因事实错误而为之者，不得撤回。裁判上的自认亦不得以法律错误为理由而予撤回。

第五目　宣誓

第 1357 条　裁判上的宣誓为下列两类：

一、当事人一方对他方要求宣誓，据此即可以定双方诉讼的判决。此种宣誓称为结局宣誓。

二、审判员依职权命当事人一方宣誓。

第一分目　结局宣誓

第 1358 条　不问何种争讼，均得为结局宣誓的要求。

第 1359 条　只以有关对方本人的事实为限，始得向对方为宣誓的要求。

第 1360 条　不问诉讼至何程度，而且即使请求或抗辩并无证据的端绪，亦得就该请求或抗辩向对方为宣誓的要求。

第 1361 条　受应为宣誓的要求而拒绝宣誓，或不同意由原要求宣誓之人为宣誓者，或原要求宣誓之人被对方反要求宣誓而拒绝宣誓者，其请求应予驳回，其抗辩不予采取。

第 1362 条　如与宣誓有关的事实并非与双方当事人有关，而纯与受应为宣誓的要求之一方有关者，不得反为宣誓的要求。

第 1363 条　一方因受他方应为宣誓的要求或反要求而既为之者，他方不得提出证明谓其宣誓为虚假。

第 1364 条　一方要求或反要求他方宣誓者，于他方表示准备宣誓后，不得反悔。

第 1365 条　宣誓仅对于要求宣誓之人及其继承人或权利继受人为有利益或不利益的证明。

但债务人因连带债权人中一人的要求而宣誓者，只消灭该债权人对其所享债权的部分。

主债务人因债权人的要求而为宣誓者，保证人的债务亦消灭。

连带债务人中一人因债权人的要求而为宣誓者，其他连带债务人亦同受利益。

保证人因债权人的要求而为宣誓者，主债务人亦同受利益。

前两项情形，如所要求的宣誓系关于债务，而非关于连带责任或保证的事实者，连带债务人或保证人的宣誓始对于其他连带债务人或主债务人发生利益。

第二分目　法院依职权处理的宣誓

第 1366 条　审判员为判决诉讼案件，或为确定判决中的数额，得依职权命当事人的一方宣誓。

第 1367 条　审判员对于诉讼请求或抗辩，非合于下列条件，不得依其职权命为宣誓：

一、请求或抗辩尚不能认为已完全证明者；

二、请求或抗辩并非全无证明者。

不合于前列条件者，审判员应径直照准或驳回原告的请求。

第 1368 条　审判员依职权命当事人一方宣誓时，受命宣誓的一方不得反要求他方宣誓。

第 1369 条　关于诉讼请求之物的价值，如不能依其他方法确定时，审判员始得命原告宣誓。

即使在前项情形，审判员亦应自定一数额范围，如原告的宣誓在此范围之内，始得采信。

第四章　非因合意而发生的债

第 1370 条　有些义务或债务，无论在义务人或债务人一方或在权利人或债权人一方，并非因合意而发生。

前项义务或债务中，有些由于法律的规定而发生，有些则由于义务人或债务人的行为而发生。

因法律规定而发生的义务为非由己意而发生的义务，例如相邻土地所有人间的义务，监护人或其他管理人不得不担任法律所定职务的义务。

由于债务人的行为而发生的债务，为由准契约、侵权行为或准侵权行为所发生的债务。本章所规定者，即为此种债务。

第一节　准契约

第 1371 条　准契约为因个人自愿的行为而对第三人发生的债务，有时于双方之间发生相互的债务。

第 1372 条　自愿管理他人的事务者，不问所有人知悉其管理之事与否，管理人应视为订有默认的债务，约定继续管理该事务，直至所有人能自行管理之时为止。管理人对于与管理有关的一切事务亦应管理之。

管理人应负担的债务与受所有人明示委任时所应负担者同。

第 1373 条　管理人有继续管理的义务，即使所有人于事务结束之前死亡，亦应继续管理至继承人能承担管理其事务之时为止。

第 1374 条　管理人应以善良管理人的注意管理事务。

但管理人对于因过失或懈怠所生损害的赔偿，审判员得根据其开始管理事务时的情况而减轻之。

第 1375 条　所有人的事务经适当管理者，管理人以所有人名义所订立的契约，所有人应履行之。所有人并应补偿管理人因管理而负担的一切个人债务，对于管理人所支出的有益或必要费用亦应偿还之。

第 1376 条　因错误或故意而受领不当受领之物者，对给付人负返还其物的义务。

第1377条　因误认自己对他人负有债务，而清偿之者，对债权人有请求返还的权利。

前项情形，如债权人受清偿后将其书证销毁者，清偿之人不得向其请求返还，但对于真实的债务人有求偿权。

第1378条　如受领清偿之人有恶意者，应返还原本及自受领清偿之日起的利息或果实。

第1379条　在不当受领之物为不动产或有形动产的情形，如原物尚存在时，受领人应返还原物，如原物因其过失而已毁灭或损坏者，应返还价金。恶意受领人对于因意外事故致原物灭失的情事亦应负责。

第1380条　如善意受领人已将受领之物出卖者，只须返还出卖所得的价金。

第1381条　收受返还之物者，对于占有人为保存返还物所支出的有益并必要费用应偿还之，即使对于恶意占有人亦同。

第二节　侵权行为与准侵权行为

第1382条　任何行为使他人受损害时，因自己的过失而致行为发生之人对该他人负赔偿的责任。

第1383条　任何人不仅对其行为所致的损害，而且对其过失或懈怠所致的损害，负赔偿的责任。

第1384条　任何人不仅对其自己行为所致的损害，而且对应由其负责的他人的行为或在其管理之下的物件所致的损害，均应负赔偿的责任。

父，或父死后，母，对与其共同生活的未成年子女所致的损害应负赔偿的责任。

主人与雇佣人对仆人与受雇人因执行受雇的职务所致的损害，应负赔偿的责任。

学校教师与工艺师对学生与学徒在其监督期间所致的损害，应负赔偿的责任。

前述的责任，如父、母、学校教师或工艺师证明其不能防止发生损害的行为者，免除之。

第 1385 条　动物的所有人，或使用人在其使用动物的期间，对动物所致的损害，不问是否系动物在管束之时或在迷失及逃逸之时所发生，均应负赔偿的责任。

第 1386 条　建筑物的所有人对建筑物因保管或建筑不善而损毁时所致的损害，应负赔偿的责任。

第五章　夫妻财产契约及夫妻间的相互权利

第一节　通则

第 1387 条　夫妻间的财产关系，仅在无特别约定时，始适用法律的规定；夫与妻只须不违背善良风俗，并依后述各条规定的限制，得随意订立契约。

第 1388 条　关于夫对于妻和子女人身的权利，夫作为家长所专有的权利，依亲权章与未成年、监护及亲权解除章的规定属于夫妻中生存一方的权利以及本法典的禁止规定，夫与妻不得以契约变更之。

第 1389 条 法律所定的继承顺序，不问是关于夫与妻对子女或直系卑血亲的遗产继承或关于子女相互间的遗产继承，夫与妻不得以契约变更或抛弃之；但本规定不妨碍依本法典所定方式及条件所成立的赠与或遗赠。

第 1390 条 夫与妻不得再以契约笼统规定其财产关系应依照过去在法国某些部分曾经有效，但已经本法典废止的习惯、法令或地方法规的规定。

第 1391 条 夫与妻得笼统表示依照共同财产制或奁产制结婚。

在第一种情形的共同财产制，夫与妻及其继承人的权利依本章第二节的规定。

在第二种情形的奁产制，夫与妻及其继承人的权利依第三节的规定。

第 1392 条 仅约定妻以财产为自己设定奁产，或约定他人以财产为妻设定奁产者，尚不足以使该财产属于奁产制；但夫妻财产契约明定该财产应适用奁产制者，不在此限。夫与妻仅表示其婚姻中应无共同财产，或二人的财产应分别者，亦不得认为成立奁产制。

第 1393 条 除夫妻间有特别约定变更共同财产制以外，第二节第一部分所定的规则为法国的普通法。

第 1394 条 一切夫妻财产契约应于结婚前在公证人前以证书订立之。

第 1395 条 夫妻财产契约于结婚后不得变更。

第 1396 条 举行结婚前变更夫妻财产契约者，应将其变更记载于与夫妻财产契约用同样方式做成的证书。

任何变更或取消，非经签订夫妻财产契约的当事人全体到场并同时同意者，无效。

第 1397 条　依前条规定所为的变更或取消，如未记载于夫妻财产契约原本的末尾者，对于第三人不发生效力；而且夫妻财产契约的公证最初大字抄本或其他公证抄本，如未于末尾记明变更或取消的事由，公证人不得交付，否则，公证人对当事人应负损害赔偿的责任或依其他规定应受更重的制裁。

第 1398 条　未成年人有能力结婚者，亦有能力订立结婚所容许的一切契约；未成年人在婚姻中所订立的契约及赠与，如于订约时曾获得对其婚姻有同意权之人的协助者，亦为有效。

第二节　共同财产制

第 1399 条　不问为法定的或约定的共同财产制，均自双方在身份吏前结婚之日开始，不得约定自其他时日开始。

第一部分　法定的共同财产制

第 1400 条　仅表示依共同财产制而结婚，或未订夫妻财产契约而结婚时所成立的共同财产制，依后述六目规定的规则。

第一目　构成共同财产的资产和债务

第一分目　共同财产的资产

第 1401 条　属于共同财产的资产如下：

一、夫与妻于结婚时所有的一切动产，及结婚期间因继承或赠与所取得的一切动产，但关于赠与，如赠与人有相反的表示者，不在此限；

二、夫与妻于结婚时所有的财产及于婚姻关系存续中因任何名义归属于夫妻的财产所产生的并在婚姻关系存续中到期或收取的果实、收益、利息和欠款，不问其性质如何；

三、结婚期间所取得的一切不动产。

第 1402 条　任何不动产均为共同财产的财产，但如证明为夫妻的一方于结婚前所有或依法占有的不动产，或系结婚后夫妻的一方因继承或赠与所取得的不动产者，不在此限。

第 1403 条　森林的伐木，石矿或其他矿的产物，依用益权、使用权及居住权章规定的规则应认为收益者，均为属于共同的财产。

在共同财产期间依该章规定可以砍伐的木材未经砍伐者、夫妻的一方对于非森林所有人的他方或其继承人有补偿的义务。

如石矿或其他矿系于婚姻关系存续中开采者，其产品归入共同财产时，应由共同财产对应得产品的夫妻一方补偿之。

第 1404 条　夫妻双方于结婚时所有的不动产或于婚姻关系存续中因继承所取得的不动产，不属于共同财产。

夫妻的一方于订立共同财产制的夫妻财产契约后但在结婚前取得的不动产，应属于共同财产，但如该不动产的取得系履行夫妻财产契约的个别条款者，应依契约的规定处理之。

第 1405 条　在婚姻关系存续中对于夫妻的一方所赠与的不动产，不属于共同财产，专属于受赠人，但赠与人明示其赠与物属于共同财产者，不在此限。

第 1406 条　父、母或其他直系尊血亲以偿还其对夫妻一方所负的债务为目的，或以夫妻一方为其清偿对第三人所负的债务为条件，而委弃或让与于夫妻一方的不动产，不属于共同财产，但该方对于共同财产有补偿的义务。

第 1407 条　在婚姻关系存续中，以夫妻一方所有的不动产交换所得的不动产，不属于共同财产，而抵补因交换所失的不动产，交换的差额如以共同财产支付时，该方对共同财产有补偿的义务。

第 1408 条　在婚姻关系存续中，依拍卖或其他方法买入原为夫妻一方与他人共有的不动产的一部分，不属于共同财产，但因买入该不动产而由共同财产支出的金额，应向共同财产补偿之。如夫单独并以其自己名义买入原为妻与他人共有的不动产的部分或全部，或为最高的出价人者，妻于解散共同财产时，得就下列两种办法，选择其一：或将该不动产委弃于共同财产，于此情形，共同财产就妻对该不动产应有的部分，负有债务；或取得该不动产，于此情形，妻应以夫所支出的价金偿还于共同财产。

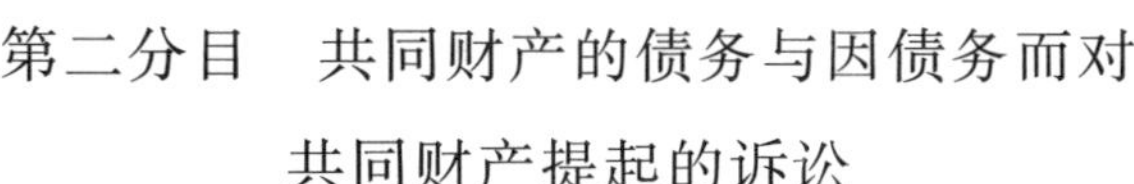

第二分目　共同财产的债务与因债务而对共同财产提起的诉讼

第 1409 条　共同财产的债务如下：

一、夫妻双方于结婚时所负的动产债务，及婚姻关系存续中因继承而负担的动产债务，但关于夫妻一方的不动产债务如有应向共同财产补偿者，应补偿之；

二、共同财产期间夫以契约所负的债务，或妻得夫同意以契约所负的债务，包括本金、利息与欠款，但有应向共同财产补偿的情形时，应补偿之；

三、属于夫妻双方一身的定期金的利息及收益；

四、因对于不包括在共同财产内的不动产享有用益权，而由共同财产负担的不动产修缮费用；

五、夫妻双方的生活费用，子女的教育及抚养费用，以及婚姻中所发生的一切其他费用。

第 1410 条　妻在结婚前所负的动产债务，如有结婚前所作的公证书为证明时，或该证书虽系私证书，但因经登记或因签名于证书上的一人或数人死亡而该证书的日期已于结婚前确定时，始由共同财产负责清偿之。

妻的债权人根据结婚前无确定日期的债务证书，只得对妻起诉，请求以属于妻本人并除去用益权的不动产供清偿。

夫主张曾为其妻清偿此种债务者，不得请求妻或其继承人补偿。

第 1411 条　夫妻双方于婚姻关系存续中因纯粹动产继承所负的债务均由共同财产清偿之。

第 1412 条　夫妻一方于婚姻关系存续中因纯粹不动产继承所负的债务不得由共同财产清偿之，但债权人得诉请以所继承的不动产清偿之。

但如夫继承不动产者，遗产的债权人得诉请夫以其全部个人财产清偿债务，或者甚至请求以共同财产清偿债务。但在后一情形，妻或其继承人有请求补偿的权利。

第1413条　如妻得夫的同意而承认纯粹不动产的继承时，遗产的债权人得诉请以妻的全部个人财产清偿债务。但如妻因夫拒绝同意，而经法院的许可，始承认该不动产继承时，在遗产的不动产不足清偿债务的情形，债权人只得诉请以妻所有除去用益权的其他个人财产清偿债务。

第1414条　夫妻一方所继承的遗产一部分为动产、一部分为不动产时，遗产的债务应根据遗产中动产价值和不动产价值的比率，以债务中应由动产负担清偿的部分为限，由共同财产清偿之。

遗产的债务中应由动产负担清偿的部分，应依遗产目录定之。遗产目录，如夫为继承人时，应由夫为其自己做成之，如妻为继承人时，应由夫作为指示及允许其妻的行为而做成之。

第1415条　如遗产目录并未做成，且因未做成而致妻遭受损害时，妻或其继承人于共同财产解散时，得诉请夫补偿之，并得以证人、家庭证书和文件，必要时亦得以人所共知的事实证明未记入遗产目录的动产的性质和价值。

夫不得为前项所述的证明。

第1416条　一部分为动产、一部分为不动产的遗产，不问系由夫继承或系由妻得夫同意而继承时，虽有第1414条的规定，遗产的债权人仍无妨诉请以共同财产清偿债权。但于此种情形，夫或妻有应补偿共同财产者，应补偿之。

如妻仅得法院的许可而承认继承时，因事前未做成遗产目录，致动产和共同财产相混者，亦适用前项的规定。

第 1417 条 妻因夫拒绝同意，仅得法院的许可而承认继承时，如有遗产目录者，遗产的债权人仅得诉请以遗产，包括动产和不动产，清偿债务，但不足清偿时，仍得请求以妻所有除去用益权的其他个人财产清偿之。

第 1418 条 第 1411 条及以下各条所定适用于因继承而负担债务的规定，于因接受赠与而负担有关赠与财产的债务者，亦适用之。

第 1419 条 妻得夫的同意以契约所负的债务，其债权人得诉请以一切共同财产以及夫或妻的财产清偿之，但妻对于共同财产或对于夫有补偿的义务。

第 1420 条 妻就一般事项或特定事项经夫委任，而以契约所负的一切债务，应由共同财产清偿之，债权人不得诉请妻清偿，亦不得诉请以妻个人的财产清偿。

第二目 共同财产的管理，及夫妻一方或他方的行为对共同财产的效果

第 1421 条 共同财产由夫一人管理之。

夫得不经妻的同意而出卖或让与共同财产，或以之抵押。

第 1422 条 夫不得于生前无偿处分共同财产中的不动产，或动产的部分或全部，但为双方的共同子女拨赠成家立业的资金者，不在此限。

但夫得以共同财产的动产中的个别物品无偿赠与任何他人，唯以夫不为其自己保留对该赠与物的用益权者为限。

第 1423 条　夫所为的遗赠不得超过共同财产中夫应得的部分。

如夫以共同财产中的物件为遗赠者，只于该遗赠物因共同财产分割而属于夫的继承人应得的部分时，受遗赠人始得请求给付现物，如遗赠物不属于夫的继承人应得的部分时，受遗赠人得请求就共同财产中夫的继承人应得的部分及夫的个人财产，受取遗赠物的全部价金。

第 1424 条　夫因犯未至于引起宣告民事上死亡之罪而被判处的罚金，得就共同财产追缴之，但妻对于夫有请求补偿的权利；妻被判处的罚金，在共同财产期间，应就妻所有除去用益权的个人财产追缴之。

第 1425 条　夫妻一方因犯引起宣告民事上死亡之罪而被判处的罚金，仅得就其在共同财产中应得的部分及其个人财产追缴之。

第 1426 条　妻未得夫的同意所为的一切行为，即使曾经法院许可，并不影响共同财产，但妻作为商人并为其商业目的的所为的行为，不在此限。

第 1427 条　妻即使营救其夫出狱，或于夫不在时为其子女拨赠成家立业的资金，如未经法院的许可，亦不得为使自己负债务或使共同财产负债务的行为。

第 1428 条　妻的一切个人财产由夫管理之。

属于妻的一切动产诉讼及占有诉讼，夫得单独提起之。

夫未经妻的同意，不得以其妻的个人不动产出让他人。

夫因不为适当的保存行为致其妻的个人财产受损害者，应负赔偿责任。

第 1429 条　夫单独以妻的财产出租他人，订立期限九年以上的租赁契约者，于共同财产解散时，不问该契约系在第一个九年的期间内，或第一个九年已过，而在第二个九年的期间内等等，均只就共同财产解散当时该约的某一个九年期间中的残余期间对于妻或其继承人有拘束力，因此承租人亦仅能就此残余期间，继续享有租赁权利。

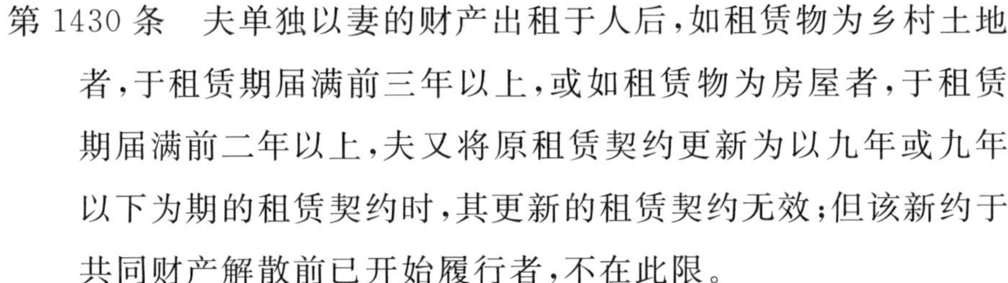

第 1430 条　夫单独以妻的财产出租于人后，如租赁物为乡村土地者，于租赁期届满前三年以上，或如租赁物为房屋者，于租赁期届满前二年以上，夫又将原租赁契约更新为以九年或九年以下为期的租赁契约时，其更新的租赁契约无效；但该新约于共同财产解散前已开始履行者，不在此限。

第 1431 条　妻就共同财产的事务或就有关夫的事务，使自己与夫负连带债务者，就其与夫的关系言，应推定其仅负保证人的债务，但妻因负担该项债务而受的损害有受补偿的权利。

第 1432 条　妻以其个人所有的不动产出卖，而由夫负连带保证债务或负其他保证债务者，如债权人对夫起诉时，夫亦得就妻在共同财产中应得的部分或就妻的个人财产行使求偿权。

第 1433 条　如夫妻一方因将其不动产出卖而得的价金，或夫妻一方因其所继承的遗产上享有的地役权经义务人赎取而得的价金，已加于共同财产中而未以其任何部分运用者，原有上述不动产或地役权的夫妻一方有自共同财产取回其价金的权利。

第 1434 条　夫于买入财产时，表示系以出卖其个人所有的不动产所得的金钱支付买价，且该财产的买入系为其自己利益的运用者，应认该财产的买入系为夫的利益的运用。

第 1435 条　夫表示财产的买入系以妻出卖不动产所得的金钱为妻的利益所为的运用者，非经妻正式承诺后，不得认为妻的运用。如妻不承诺者，在共同财产解散时，妻只有请求补偿其不动产的卖价的权利。

第 1436 条　属于夫的不动产的价金，应只以共同财产中的资产补偿之；属于妻的不动产的价金，如共同财产不足时，应以夫的个人财产补偿之。上述两种情形，不问夫或妻对其不动产的价值有如何主张，补偿的数目应以该不动产的卖价为根据。

第 1437 条　凡以共同财产清偿夫妻一方的个人债务时，例如，支付属于其个人的不动产的部分或全部价金，或赎取地役权的价金，或因有关夫妻一方个人财产的回复、保全或改良而支出费用等，或者夫妻一方一般地自共同财产有所得益时，夫或妻有补偿的义务。

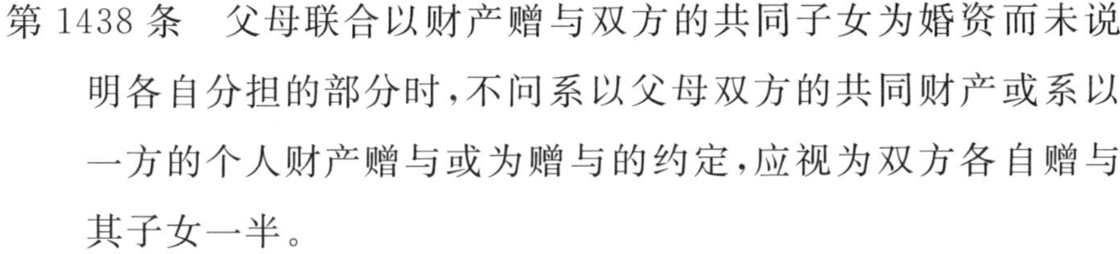

第 1438 条　父母联合以财产赠与双方的共同子女为婚资而未说明各自分担的部分时，不问系以父母双方的共同财产或系以一方的个人财产赠与或为赠与的约定，应视为双方各自赠与其子女一半。

前项第二种情形，如一方个人的不动产或动产被拨作子女的婚资时，该方得诉请他方按财产赠与时的价值偿还一半。

第 1439 条　夫单独以属于共同财产的财产赠与共同的子女作为婚资者，应由共同财产负担之。如妻承认共同财产时，应由妻负担婚资的一半，但夫明示由其负担全部或一半以上者，不在此限。

第 1440 条　赠与婚资者，就该婚资有保证的义务；即使定有给予婚资的期限，如在子女结婚之日尚未给予，赠与人应自该日起负担利息，但有相反的约定者，不在此限。

第三目　共同财产的解散及其效果

第 1441 条　有下列情形之一时，共同财产解散之：

一、死亡；

二、民事上死亡；

三、离婚；

四、别居；

五、分别财产。

第 1442 条　夫妻的一方死亡或宣告民事上死亡后，虽未做成财产目录，共同财产不得继续维持。但有利害关系的第三人得就何种物件构成共同财产的问题提起诉讼，并得以证书及人所共知的事实证明之。

如有未成年的子女时，夫妻中生存的一方因未做成财产目录，丧失对子女财产的用益权。监护监督人如未催促夫妻中生存的一方做成财产目录者，就有利于未成年子女的一切判决，与夫妻中生存的一方负连带责任。

第 1443 条　分别财产的诉讼，只得于夫经营其事业甚为紊乱，有理由可认为夫的财产不足以清偿妻的权利和取回权，因此妻的奁产有受损失的危险时，由妻向法院提起之。夫妻自愿分别财产者，一律无效。

第 1444 条　法院虽已为分别财产的判决，未经实际上以夫的财产清偿妻的权利和取回权并记载于公证书者，或至少未曾于法院为判决后十五日内开始执行判决的程序而且此后并不中断执行者，判决无效。

第 1445 条　分别财产的判决应于执行以前揭贴于第一审法院的大厅内专为此目的而设的布告牌上公告之。如夫为商人或银行家时，上项布告并应揭贴于其住所地的商事法院。如未依此方法公告者，判决的执行无效。

分别财产判决的效力，回溯至开始诉讼之日起发生。

第 1446 条　妻的债权人非经妻的同意，不得诉请分别财产。

唯于夫破产或非商人破产的情形，妻的债权人得于债权数额范围内代行妻的权利。

第 1447 条　如分别财产的判决或判决的执行对债权人的权利有诈欺情事者，夫的债权人于判决时及执行时均得提起异议之诉，并得参加关于分别财产的诉讼而反对之。

第 1448 条　妻经判准与夫分别财产后，应按照其自己财产与夫的财产的比率，负担家庭费用及双方的共同子女的教育费用。

如夫全无财产，前项费用全部由妻负担之。

第 1449 条　妻与夫别居或只分别财产者，对其财产重行取得独立的管理权。

妻得处分其动产，并以之出让他人。

妻未经夫的同意，或于夫不同意时未经法院的许可，不得处分其不动产。

第 1450 条　妻与夫分别财产后，经法院的许可而以不动产出让他人所得的价金，虽未利用或运用，夫亦不负责任。但夫如曾参与于出让契约，或证明夫曾受领价金或受有利益者，不在此限。

如妻当夫之面并得夫的同意而出卖其不动产者，夫未将出卖所得的价金利用或运用时，应负责任。但夫对利用的是否适当，不负责任。

第 1451 条　共同财产因别居或分别财产而解散时，得依双方的同意而恢复。

恢复共同财产，应于公证人前做成证书原本，另以公证抄本一份依第 1445 条所定的方式揭贴之。

依前项规定恢复共同财产时，其恢复应追溯至结婚之日起发生效力；一切事物回复至恰如从未分别财产的状况，唯妻于分别财产期间依第 1449 条所订立契约的履行不受影响。

夫与妻以契约恢复共同财产时所订定的条款与以前订定共同财产的条款不同者，其契约无效。

第 1452 条　在因离婚、别居或分别财产而发生共同财产解散的情形，夫死亡时妻作为后死的一方可以享受的权利并不因而开始，但此种权利，妻仍保留于夫死亡时或宣告民事上死亡时享受之。

第四目　共同财产的承认和抛弃及其有关的条件

第 1453 条　共同财产解散后，妻或其继承人及权利继受人有承认或抛弃共同财产的权利。契约有相反的规定者无效。

第 1454 条　妻曾干预属于共同财产的财产者，不得不承认共同财产。

妻仅为管理或保全的行为者，不得认为对于共同财产的干预。

第 1455 条　成年的妻于证书中有承认共同财产的旨趣者，不得再行抛弃共同财产，亦不得取消其承认，即使妻在财产目录做成前为此项承认者，亦同；但夫的继承人有诈欺情事者，不在此限。

第 1456 条　夫死后，妻欲保有抛弃共同财产的权利者，须于夫死亡之日起的三个月内，在夫的继承人面前或经合法传唤该继承人而不出席之后，做成真实而且正确的财产目录。

财产目录完成时，妻应于制作财产目录的公务员前承认其为真实而且正确的目录。

第 1457 条　妻抛弃共同财产时，应于夫死后三个月又四十日内至夫的住所地第一审法院的书记课以证书为之。此项证书应登录于抛弃继承登记簿。

第 1458 条　前条所定得为抛弃的期间，寡妇根据情形得声请第一审法院延展之。法院于听取夫的继承人的意见或夫的继承人经合法传唤而不出席之后，认为必要时得延展之。

第 1459 条　寡妇虽未于前述期间内抛弃共同财产，但如不干预共同财产，并已做成财产目录者，仍不失其抛弃的权利。唯在寡妇抛弃之前，他人对于寡妇得假定其承认共同财产，而向法院起诉，寡妇并应负担对其所提起的诉讼的费用，直至其抛弃之时为止。

如寡妇于三个月内完成财产目录者，自财产目录完成之日起满四十日后，亦得对寡妇提起诉讼。

第 1460 条　寡妇挪移或隐匿属于共同财产的财产者，虽有抛弃的表示，亦应宣告其为承认共同财产。本条规定并应适用于寡妇的继承人。

第 1461 条　如寡妇于三个月期满之前死亡而未制作或完成财产目录者，其继承人自寡妇死亡之日起应有三个月的新期间以制作或完成财产目录，而于财产目录完成后有四十日的考虑期间。

如寡妇于完成财产目录之后死亡者，其继承人自其死亡后应有四十日的新考虑期间。

寡妇的继承人得依前述各规定的方式抛弃共同财产。第 1458 条及第 1459 条的规定应适用于寡妇的继承人。

第 1462 条　第 1456 条及以下各条的规定对于受民事上死亡宣告者之妻，自民事上死亡开始之日起，应适用之。

第 1463 条　与夫离婚或别居之妻，自离婚或别居确定判决之日起三个月及四十日内不承认共同财产者，应推定为抛弃共同财产；但于上述期限内，经夫到场，或夫经合法传唤而不出席之后，妻已由法院许可延展期限者，不在此限。

第 1464 条　妻或其继承人之抛弃共同财产有欺诈债权人、损害债权的情事者，妻的债权人得诉请将抛弃取消，并得以自己的名义，承认共同财产。

第 1465 条　寡妇不问承认或抛弃共同财产与否，于法律许其做成财产目录及考虑的三个月和四十日期限内，有自现存的饮食物内取用自己及雇工的饮食物的权利，如无现存的饮食物时，得借用相当数额的金钱以购买饮食物，其借款归共同财产负担，但寡妇行使此权利时应注意适度。

寡妇于前项所述期限内居住属于共同财产或属于夫的继承人

的房屋者，不负支付租金的义务；如共同财产解散时夫与妻居住的房屋系向他人租赁者，妻于上述期限内不负分担租金的义务，全部租金应由共同财产支付之。

第 1466 条　如因妻死亡而共同财产解散时，妻的继承人得依法律规定夫死后妻得为抛弃的期间与方式而抛弃共同财产。

第五目　承认共同财产后，共同财产的分割

第 1467 条　妻或其继承人承认共同财产后，依后述各规定分割资产与分担债务。

第一分目　资产的分割

第 1468 条　夫妻双方或其继承人依本节第一部分第二款所定的规则，须将其应向共同财产补偿的款项，返还于现存的财产总体中。

第 1469 条　夫妻一方或其继承人，因以奁产赠与前婚的子女或单独赠与双方的共同子女而由共同财产中取用的金钱或取用的财产的价值，亦应返还之。

第 1470 条　夫妻一方或其继承人得由共同财产总体中先行取回下例财产：

一、夫妻一方的个人财产未曾归于共同财产，而且存有现物者，如未存有现物时，其因运用而取得的财产；

二、共同财产期间属于夫妻一方的不动产因出让而已变价，但未运用时，其原来所得的价金；

三、共同财产对夫妻一方应为的补偿。

第 1471 条　关于先行取回财产，妻应先于夫为之。

先行取回财产时如未存有现物者，先由现金提取，其次由动产提取，再次由共同财产中的不动产提取。在最后一种情形，选择不动产的权利属于妻或其继承人。

第 1472 条　夫只能就共同财产中的动产与不动产行使其取回的权利。

如共同财产中的动产或不动产不足时，妻与其继承人得就夫的个人财产行使其取回的权利。

第 1473 条　共同财产应返还于夫或妻的运用款项和补偿款项，以及夫或妻应返还于共同财产的补偿款项，自共同财产解散之日起依法当然计算利息。

第 1474 条　夫妻双方先行取回的权利全部自共同财产总体中获得满足后，剩余的财产，夫妻双方或其代位人各得其半。

第 1475 条　如妻的继承人有数人而意见分歧，其中一人承认共同财产而另一人抛弃共同财产时，承认共同财产者只能就妻应得的财产中取得自己应继承的部分。

其余经继承人抛弃的部分属之于夫。夫对于表示抛弃共同财产的继承人，就妻如为抛弃时妻所得行使的权利，应负担义务，但其范围以表示抛弃的继承人自己应继承的部分为限。

第 1476 条　关于分割共同财产的其他方面，包括有关程序的一切事项，必要时不动产的拍卖，分割的效力，因分割而发生的担保，及差额的补偿等，应依照本编继承章中关于共同继承人间分割遗产的规定。

第 1477 条　如夫妻的一方曾有挪移或隐匿属于共同财产中的任

何物品者，应剥夺其分享此项物品的权利。

第 1478 条　分割完毕后，夫妻的一方对于他方享有个人债权时，例如因以夫妻一方的财产清偿他方的个人债务，或因其他原因一方对于他方享有债权时，享有债权的一方得诉请他方以后者在共同财产中的应得份或以个人财产清偿债务。

第 1479 条　夫妻的一方对于他方享有的个人债权，应自起诉之日起计算利息。

第 1480 条　夫妻的一方对于他方所为的赠与，应由赠与人以其在共同财产中的应得份及其个人财产给予之。

第 1481 条　妻为其故夫服丧的费用，应由其故夫的继承人支付之。

前项费用的数额，应视其故夫的家产而定之。

即使妻抛弃共同财产时，其服丧的费用亦应由其故夫的继承人偿还之。

第二分目　共同财产的债务及债务的分担

第 1482 条　共同财产的债务，夫妻一方或其继承人各分担一半。关于财产的封印、财产目录、动产的出卖、清算、不动产的拍卖以及共同财产的分割等费用为共同财产的债务的一部分。

第 1483 条　妻分担共同财产的债务，不问对于其夫或对于债权人，均以其在共同财产中的应得份为范围，但以立有真实而且正确的财产目录，并说明目录内所包含的一切财产及因分割自己所获得的财产者为限。

第 1484 条　夫应清偿自己以契约所负担的共同财产的全部债务，

但对于妻或其继承人有请求偿还此项债务一半的权利。

第 1485 条　妻的个人债务已成为共同财产的债务者，夫只负分担一半的责任。

第 1486 条　妻所负的债务已成为共同财产的债务者，债权人得诉请妻清偿债务的全部，但妻对于夫或夫的继承人有请求偿还此项债务一半的权利。

第 1487 条　属于共同财产的一个债务，即使由妻个人负责，债权人只得诉请妻清偿债务的一半，但妻对于债务应负连带责任者，不在此限。

第 1488 条　妻清偿共同财产的债务虽超过其应负担的半数，不得请求债权人返还其超过之数，但债权人的受领证书记明其所偿者为共同财产的债务中应归其负担的半数时，不在此限。

第 1489 条　夫妻的一方因分得的不动产上设有抵押权，经债权人诉请清偿共同财产的一个债务的全部者，对于他方或其继承人有请求偿还此项债务一半的权利。

第 1490 条　夫妻于分割共同财产时约定一方清偿共同财产的债务半数以上或甚至全部者，不因前述各条的规定而受妨碍。

夫妻的一方清偿共同财产的债务超过其应分担的部分时，对于他方有求偿权。

第 1491 条　以上各条关于夫或妻的规定应适用于其继承人；其继承人与夫或妻本人享有相同的权利，负担相同的诉讼。

第六目　抛弃共同财产及其效力

第 1492 条　妻抛弃共同财产者，丧失其对于共同财产中财产的一切权利，且对于其自行加入共同财产的动产，亦丧失一切权利。

妻只能取回其自己使用的衣着及麻布制品。

第 1493 条　妻抛弃共同财产者，有取回下列财产的权利：

一、属于妻的不动产，如现尚存在者，其原来的不动产，否则因运用而取得的不动产；

二、由于出让妻的不动产而收得，但并未依前述规定经妻同意而运用的价金；

三、妻应自共同财产得到的一切补偿。

第 1494 条　妻抛弃共同财产者，不问对于夫或债权人，均免除其分担共同财产的债务的责任。唯妻有应与夫连带负责的债务时，或共同财产的债务原来为妻所负时，妻对债权人仍应负责；但在此种情形，妻对于夫或其继承人有求偿权。

第 1495 条　妻抛弃共同财产者，不问对于共同财产或对于夫的个人财产，得依前数条的规定提起一切诉讼，并主张其取回的权利。

妻的继承人，除有关取回衣着和麻布制品，及有关在法律所定制作财产目录及考虑的期间内膳宿等权利均属妻一身以外，有与妻同一的权利。

第七目　夫妻的一方或双方有前婚所生的子女时，关于法定共同财产的规定

第 1496 条　夫妻的一方或双方有前婚所生的子女时，亦应依前数条所定的规则。

如因动产与债务的混同，而夫妻的一方获得的利益大于本编生前赠与和遗嘱章第1098条所定的利益者，他方前婚所生的子女得诉请获益的一方减少所获得的利益。

第二部分　约定的共同财产，及变更或排除法定共同财产的契约

第1497条　夫妻双方得以不违背第1387条至第1390条规定的契约，变更法定的共同财产。

主要的变更为以下列事项之一订为契约：

一、共同财产仅包含收益的财产；

二、现有或将来所有的动产不加入共同财产，或只一部分加入共同财产；

三、视不动产为等于动产，而将现有或将来所有的不动产全部或部分加入共同财产；

四、夫妻双方各自清偿结婚前所负担的债务；

五、妻于抛弃共同财产时，得取回其加入于共同财产的财产，免除一切负担；

六、夫妻的一方死亡时，生存的他方有先取权；

七、夫与妻有不相等的应得份；

八、夫妻间应有包括全部财产的共同财产。

第一目　只以收益的财产为限的共同财产

第1498条　夫妻双方约定只以收益的财产为共同财产者，应视为双方现有或将来的债务及现有或将来的动产均不包括在共同

财产之内。

前项情形，共同财产解散时，夫妻双方各举出适当的证明而分别取回其加入于共同财产的财产后，只分割夫妻双方因共同工作，或因双方财产上的利息或收益所形成的积蓄而于婚姻关系存续中共同或各自取得的财产。

第 1499 条　如结婚时现有的动产或结婚后取得的动产未记明于财产目录或无适当形式的证书证明时，视为收益的财产。

第二目　不以动产的全部或部分加入共同财产的条款

第 1500 条　夫妻双方得不以其现有或将来所有的动产全部加入共同财产。

夫妻双方约定互以一定数额或价值的动产加入于共同财产中者，有此事实即应视为双方分别保留其余的动产为自己所有。

第 1501 条　有前条所述的条款时，夫妻的一方有交付其允诺加入于共同财产的一定数额动产的义务，并有证明其已将动产加入于共同财产的义务。

第 1502 条　夫于夫妻财产契约中记明其动产价值若干者，为夫已以动产加入共同财产的充分证明。

妻或赠与奁产于妻之人取得夫的受领证书者，为妻已以动产加入共同财产的充分证明。

第 1503 条　夫妻一方于结婚时加入共同财产的动产价值，或结婚后夫妻一方所取得的动产价值超过约定加入共同财产的动产价值者，于共同财产解散时，有取回其超过的价值数额的权利。

第 1504 条 婚姻关系存续中夫妻一方所取得的动产，应以财产目录证明之。

如动产为夫所取得，而未做成财产目录或未做成足以证明该动产现尚存在的事实及扣除债务后的价值的证书者，夫不得行使其取回该动产的权利。

如属于妻的动产未做成财产目录者，妻或其继承人有权利以书证或人证或以人所共知的事实证明其动产的价值。

第三目 不动产视为动产的条款

第 1505 条 夫妻双方或一方约定以其现有或将来所有的不动产的全部或一部加入共同财产者，其条款称为不动产视为动产的条款。

第 1506 条 不动产视为动产的条款或为确定的，或为不确定的。

夫妻一方表示以某项不动产的全部或一定数额为范围加入共同财产者，为确定的不动产视为动产条款。

夫妻一方只表示以其不动产的一定数额为范围加入共同财产者，为不确定的不动产视为动产条款。

第 1507 条 确定的不动产视为动产条款有使其所指定的不动产与动产同样加入共同财产的效力。

妻约定以某项不动产或某数项不动产的全部视为动产时，夫得视同共同财产中的其他财产同样处分之，并出让其全部。

如视为动产的不动产仅以一定数额为范围者，夫未经妻的同意不得出让之；但夫得不经妻的同意以约定视为动产的部分设定抵押权。

第 1508 条　不确定的不动产视为动产条款无须以其所指定的不动产的所有权加入共同财产；唯承诺此项条款的夫妻之一方，于共同财产解散时，有以与其所承诺的数额相等的某数项不动产加入于共同财产的义务。

如前条的规定，夫未经妻的同意，不得将不确定的不动产视为动产条款所指定的不动产的全部或部分出让之，但得于妻所承诺的数额范围内设定抵押权。

第 1509 条　承诺以不动产视为动产的夫妻一方，于共同财产分割时，得自其应得份中扣除不动产当时的价值而保留该不动产为己有；其继承人亦有同一的权利。

第四目　分别清偿债务的条款

第 1510 条　夫妻双方有分别清偿各自债务的约定者，于共同财产解散时，如一方或他方个人所欠的债务已经共同财产代为清偿而有证明者，有互为补偿的义务。

不问有无做成财产目录，夫妻双方仍应负前条的义务。但如夫妻双方于结婚时加入共同财产的财产未经以财产目录或结婚前所做成的公证书证明者，夫妻一方或他方的债权人得不顾双方曾有分别清偿的约定，对一切未做成财产目录的动产视同共同财产中的一切其他财产，起诉请求偿还。

债权人对于夫妻双方于共同财产存续期间所取得的动产，如亦未能以财产目录或公证书证明者，亦有同一的权利。

第 1511 条　夫妻双方以一定数额的金钱或特定的物件加入共同财产时，就此项金钱或物件应认为附有不负担结婚前任何债务的默示约定。如夫妻一方因欠有债务致其承诺加入共同财产的金钱或物件价值减少时，应向他方补偿之。

第 1512 条　分别清偿债务的条款不妨碍共同财产负担结婚后到期的利息与余欠。

第 1513 条　夫妻双方曾于夫妻财产契约记明婚前全未负担债务，嗣后夫妻一方的债权人起诉请求以共同财产清偿夫或妻的债务者，他方有请求补偿之权，并应就负债一方在共同财产中的应得份或以其个人财产补偿之，如不足时，得向保证负债一方确无债务负担的父、母、直系尊血亲或监护人起诉求偿之。

如妻负债者，夫得于共同财产存续期间向妻的保证人（父、母、直系尊血亲或监护人）起诉求偿之；但于此情形，在共同财产解散后，妻或其继承人有偿还于保证人的义务。

第五目　妻不负担债务，而取回其财产的权利

第 1514 条　妻得约定在抛弃共同财产的情形取回其结婚时或以后加入于共同财产的财产的全部或一部，但此项约定不得适用于指定以外的财产，亦不得使指定以外之人享有利益。

例如妻取回其于结婚时加入共同财产的动产的权利，不适用于妻婚姻关系存续中所取得且加入共同财产的动产。

同样，妻得享有的权利，其子女不得享有之；妻与子女得享有的权利，直系尊血亲或旁系继承人亦不得享有之。

不问何种情形，妻的个人债务经共同财产代为清偿者，须扣除代其清偿的债务后始得取回其加入共同财产的动产。

第六目　先取权的约定

第 1515 条　夫妻双方约定一方死亡时，生存的他方得于分割共同财产前先取一定数额的金钱或一定数量的动产者，妻仅于其承认共同财产时，始有此项权利，但夫妻财产契约规定即使妻抛弃共同财产时仍保留此项权利者，不在此限。

除前项的但书规定以外，先取权的约定仅应就共同财产中应分割的资产上，且不应就先死亡的夫妻一方个人财产上发生效力。

第 1516 条　先取权不得视为应适用赠与方式的一种利益，但应视为夫妻财产契约中的一项约定。

第 1517 条　先取权的约定于一方自然死亡或宣告民事死亡时发生效力。

第 1518 条　因离婚或别居而共同财产解散时，有先取权的一方不得现实受取属于先取范围的利益，但获得离婚或别居胜诉的夫妻一方于他方死亡时仍保有先取权，如妻获得离婚或别居胜诉时，属于先取范围的利益通常暂存于夫处，但夫有提供保证的义务。

第 1519 条　共同财产的债权人在任何情形下就属于先取范围的财物均有强使其出卖的权利，但有先取权的一方依第 1515 条的规定对他方有请求补偿的权利。

第七目　夫与妻有不相等的应得份的条款

第 1520 条　夫妻双方得约定不依照法律所定平等分割的方法，而使双方中生存的一方或其继承人的应得份少于共同财产的半数，或给予上述生存的一方一定金额以代替其在共同财产中应得的一切权利，或约定于某种情形下将共同财产全部归于夫妻中后死的一方或夫妻中特定的一方。

第 1521 条　如约定夫妻的一方或其继承人只应得共同财产的一部分，例如三分之一或四分之一者，夫妻的一方或其继承人应按其所得财产部分的比率分担共同财产的债务。如约定使前项所述的夫妻一方或其继承人分担较多的债务，或免除其与应得的财产部分相等的债务者，无效。

第 1522 条　如约定夫妻的一方或其继承人只能请求一定金额以代替其在共同财产中应得的一切权利者，此种约定性质上相同于由买受人承当损失或盈余的买卖，因之，不问共同财产的情形是否良好，是否足以支付此项金额，他方或其继承人应依约定金额如数给付之。

第 1523 条　如前条所述的约定只约束夫妻一方的继承人者，夫妻中生存的一方于分割共同财产时应有分得一半的权利。

第 1524 条　夫或其继承人依第 1520 条的规定而保有共同财产的全部时，应清偿共同财产的一切债务。

不问何种情形，债权人不得向妻或其继承人请求清偿债务。

如夫死后，生存之妻因应向夫的继承人给付约定的金额，而始得保有共同财产全部的权利者，妻得选择：或给付上述约定的金额而负担全部债务，或抛弃共同财产而将资产与债务全部委之于夫的继承人。

第 1525 条　夫妻双方得约定以共同财产的全部归于双方中生存

的一方或特定的一方，但于此种情形，他方的继承人有取回被继承人结婚时加入共同财产中的财产和婚姻关系存续中加入于共同财产的原本的权利。

前项约定，不问关于其内容或方式，不得视为适用有关赠与规定的利益，而应视为结婚双方间有关夫妻财产契约的一项约定。

第八目　包括全部财产的共同财产

第 1526 条　夫妻双方得以夫妻财产契约约定以全部现有的或将来所有的动产与不动产全部加入共同财产，或仅以现有的动产与不动产全部加入共同财产，或仅以将来所有的动产与不动产全部加入共同财产。

适用于以前八目的规定

第 1527 条　关于共同财产制具体的条款不限于前述第一目至第八目的规定。

按第 1387 条的规定，夫妻双方得约定任何其他的条件，但应受第 1388 条至第 1390 条规定的限制。

如夫妻的一方有前婚的子女时，任何约定给予夫妻一方的财产超过本编生前赠与及遗嘱章第 1098 条规定的数额者，其超过数额的部分无效；但夫妻双方以共同劳动所得的报酬，以及双方自日用节约所得的积蓄〔即使此种节约所得并不相等〕所为的财产给予，不得视为有害于前婚子女的利益。

第 1528 条　关于并未以契约明示的或默示的表示变更法定共同

财产制的规定的一切情形，约定的共同财产制仍适用法定的共同财产制的规定。

第九目　不采用共同财产的约定

第1529条　夫妻双方未采用奁产制，又表示其结婚将不设立共同财产或将分别其财产时，此种约定的效力应依下述各条的规定处理之。

第一分目　夫妻结婚约定不设立共同财产的条款

第1530条　夫妻间结婚虽有不设立共同财产的约定，但妻并不因而取得管理其财产或收取其果实的权利；此项收益应归于夫，作为维持家庭的费用。

第1531条　夫有管理妻的动产与不动产的权利，因之，有收受妻携作奁产的动产以及妻于婚姻关系存续中所取得的动产的权利，但此项动产，夫于解除婚姻或法院判决分别财产后应返还之。

第1532条　如妻携作奁产的动产或于婚姻关系存续中所取得的动产，包括有不消费即不能使用的物品者，应添具清单及评价书附于夫妻财产契约，或附于取得上述物品时做成的财产目录，以后夫应返还评价书或财产目录所载的价金。

第1533条　夫负担关于财产用益权所生的一切义务。

第1534条　本分目规定的条款，并不妨碍妻为维持其生计及个人的需要，每年以自己的受领证书收受收益的一部分。

第1535条　于本分目所述情形作为奁产的不动产，并非不得让予。但前项不动产非经夫的同意，或于夫拒绝同意时非经法院许可，妻不得让予之。

第二分目　分别财产的条款

第1536条　夫妻双方于夫妻财产契约规定采用分别财产制者，妻有完全管理其动产与不动产及自由享用其收益的权利。

第1537条　夫妻双方均应依夫妻财产契约的订定，分担家庭的费用；如夫妻财产契约无订定时，妻应负担的家庭费用以其收益的三分之一为范围。

第1538条　不问在何种情形，亦不问依据何种约定，妻未经夫的明示同意，或于夫拒绝同意时未经法院的许可，不得出让其不动产。

夫于夫妻财产契约或以后概括地同意其妻得随意出让其不动产者，无效。

第1539条　采用分别财产制之妻以其自己财产的用益权给予其夫时，夫仅在妻向其请求的情形，或在解除婚姻的情形，有返还妻现存收益的义务，至于请求或解除婚姻以前已经消费的收益，夫不必返还之。

第三节　奁产制

第1540条　在奁产制下及在第二章规定制度下的奁产为妻携交于夫充作家庭费用的财产。

第1541条　妻自行设置的一切财产，或因夫妻财产契约给予妻的一切财产，均为奁产；但有相反的约定者，不在此限。

第一目　奁产的设立

第 1542 条　奁产的设立得包括妻现有与将来所有的财产的全部，或仅包括妻现有财产的全部，或妻现有与将来所有的财产的一部分，或甚至仅限于某项物件。

仅概括地以妻全部财产设立奁产者，不包括其将来取得的财产。

第 1543 条　在婚姻关系存续中，不得设立奁产，亦不得增加奁产。

第 1544 条　如父与母共同设立奁产而未明定各自分担的部分者，应认为双方各负担平等的部分。

如父单独以父与母的名义设立奁产者，即使母于成立契约时在场，亦不负担义务；全部奁产应由父一人负担设立。

第 1545 条　如父母中生存的一方以双方的财产为其女设立奁产而未明定其分担部分时，首先应从先死的父母一方的财产中将其女应得的部分作为奁产，其不足之数以设立奁产的一方的财产补足之。

第 1546 条　受父母赠与奁产之女，即使其有个人的财产而由其父母享有用益权时，奁产仍应由设立奁产的父母的财产中取出之；但有相反的约定者，不在此限。

第 1547 条　设立奁产者，就其给予的财产负担保的义务。

第 1548 条　承诺给予奁产之人应自结婚之日起就奁产负支付利息的义务，即使关于奁产的给付，曾经另定给付期日者，亦同；但有相反的约定者，不在此限。

第二目　夫对于奁产的权利以及奁产的不可让与性

第1549条　婚姻关系存续中，奁产由夫一人管理之。

仅夫具有对奁产的债务人及持有人提起诉讼，收取奁产的利息及收益，以及受领原本偿还的权利。

但夫妻双方得以夫妻财产契约约定，妻为维持其生计及个人的需要，每年以自己的受领证书收受其收益的一部分。

第1550条　夫于收受奁产之时并无提供保证的义务，但依夫妻财产契约夫应提供保证者，不在此限。

第1551条　如奁产的全部或部分为动产，并在夫妻财产契约中记明价值，而未表示此种评价目的不在出卖者，夫应取得上述动产的所有权而负返还其价金的义务。

第1552条　就作为奁产的不动产评定价值时，不动产的所有权并不移转于夫，但有移转其所有权于夫的明白表示者，不在此限。

第1553条　如夫妻财产契约并未规定奁产中的现金的运用条件时，以奁产中的现金买入的不动产并不成为奁产。

以金钱设立奁产，而给予不动产以代支付时，此项不动产亦不成为奁产。

第1554条　奁产为不动产时，夫妻的一方或双方不得于婚姻关系存续中出让或抵押之；但有下述各条规定的情形者，不在此限。

第1555条　妻经夫的同意，或于夫拒绝同意时经法院的许可，得以其奁产为前婚的子女拨赠成家立业的资金；但如妻只取得法院的许可时，应为夫保留此项财产的用益权。

第 1556 条　妻经夫的同意，亦得以其奁产为双方的共同子女拨赠成家立业的资金。

第 1557 条　奁产中的不动产，如夫妻财产契约规定得以出让者，得出让之。

第 1558 条　奁产中的不动产，在下列情形下亦得依法院的命令经三次布告后以拍卖出让之：

为使夫或妻脱离监狱时；

为依第一编结婚章第 203 条、第 205 条、第 206 条规定的情形，供给亲属以抚养费用时；

为清偿妻的债务，或赠与奁产之人的债务，而此种债务有确定日期发生在夫妻财产契约以前时；

为保全奁产中的不动产需进行重大的修理时；

奁产中的不动产系与他人共同所有，尚未分析，且显然认为不能分割时。

前述各种情形，拍卖不动产所得的金钱超过认可的需要额的部分应仍归于奁产，并为妻的利益而运用之。

第 1559 条　奁产中的不动产，如证明与其他不动产相交换确属有利，须经妻的同意、法院的许可，并由法院依职权指定鉴定人的评价，始得与价值相等或至少达原有不动产价值五分之四价值的另一不动产交换之。

前项情形，交换所得的不动产应属于奁产；如原有不动产的价值超过交换所得的不动产而有价金余额时，此项价金余额亦应属于奁产，并为妻的利益而运用之。

第 1560 条　除前述各种特别情形外，如夫妻的一方，或双方共同出让奁产者，于婚姻解除后，妻或其继承人得取消其出让契约，相对人不得以婚姻存续期间作为时效期间对妻或其继承人主张之。又妻在与其夫分别财产后亦有同样的权利。

夫本人得于婚姻关系存续中取消出让契约，但如未于出让契约中声明出让的不动产为妻的奁产者，对于买受人应负赔偿损害的责任。

第 1561 条　奁产中的不动产未经夫妻财产契约约定得以出让者，在婚姻关系存续中时效不得进行；但时效于结婚前已开始进行者，不在此限。又时效不问于何时开始，在夫妻分别财产后，应照常进行。

第 1562 条　夫对于奁产应负担用益权人的一切义务。

夫对于因其懈怠致使时效完成以及财产遭受损坏时，均负赔偿责任。

第 1563 条　如奁产有遭受损失的危险时，妻得依第 1443 条及以下数条的规定对夫提起分别财产的诉讼。

第三目　奁产的返还

第 1564 条　奁产为不动产，或为未于夫妻财产契约上评定价值的动产，或虽为于夫妻财产契约上评定价值的动产但载有评价并不取消妻的所有权的声明时，夫或其继承人于婚姻解除后应立即返还之。

第 1565 条　奁产为一定的金额，或为曾经夫妻财产契约评定价值的动产而未规定其评价不移转所有权于夫时，返还仅在婚姻解除一年后，始得请求之。

第1566条　如妻保留所有权的动产非因夫的过失而因使用致有所损坏者，夫只负返还现在残存的部分并按现在的状况返还的义务。

不问何种情形，妻因现实的需要得取回其衣着及麻布制品，但如衣着及麻布制品早已评定价值者，其价值应于夫返还奁产时扣除之。

第1567条　如奁产中的债券或年金设定书非因夫的过失而有灭失或减低价格的情事时，夫不负赔偿责任；夫于缴回债券或年金设定书后，其义务应即消灭。

第1568条　如奁产中有用益权时，夫或其继承人于婚姻解除后只负返还用益权的义务，婚姻关系存续中所取得的果实不必返还之。

第1569条　如约定给予奁产的期限届满以后，婚姻关系存续已经十年之久者，妻或其继承人于婚姻解除后无须提出夫曾收到奁产的证明，即得向夫请求返还奁产，但夫证明其曾采取措施以期取得奁产而无效时，不在此限。

第1570条　如因妻死亡而婚姻消灭者，为妻的继承人的利益，应返还的奁产应自婚姻消灭之日起计算利息与果实。

如因夫死亡而婚姻消灭者，妻得选择：或者请求给付其服丧的一年中的奁产利息，或者请求自其夫的遗产中取得其在此期间的生活费用；不问为何种情形，在此一年期间妻的住房费用及服丧费用应由夫的遗产支付，不得自妻应得的奁产利息中扣除之。

第 1571 条　婚姻解除时，最后一年奁产中不动产的果实应按照最后一年婚姻关系存续期间与婚姻解除期间的比率，由夫与妻或其继承人之间分割之。

一年的期间自举行结婚之日起算。

第 1572 条　妻及其继承人请求取回奁产时，对于在妻〔设立奁产〕前的抵押债权人并无优先的权利。

第 1573 条　如父以奁产赠与其女时，夫已无清偿能力亦无技艺、职业者，〔妻因继承其父遗产而发生返还赠与问题时〕妻仅负以其向夫请求返还奁产的诉权返还于其父遗产的义务。

但如夫系于结婚后始成为无清偿能力者，或夫虽无财产但有一定的营业或职业者，奁产的损失应由妻一人负担之。

第四目　奁产外的财产

第 1574 条　凡不属于奁产范围的妻的一切财产，均为奁产外的财产。

第 1575 条　如妻的财产全部为奁产外的财产，而夫妻财产契约亦未规定妻应分担家庭费用者，妻应以其收入的三分之一为范围，负担家庭的费用。

第 1576 条　妻对其奁产外的财产享有管理权及用益权。

但妻未经夫的同意，或于夫拒绝同意时未经法院的许可，不得以前项财产出让于人，亦不得为前项财产而涉讼于法院。

第 1577 条　如妻以管理其奁产外的财产的委任书授予其夫，并使其经理财产的果实者，夫对于妻应与其他一切的受任人负同一的责任。

第 1578 条　如夫未经委任而享有妻的奁产外的财产的使用收益，妻亦未表示反对者，夫于婚姻解除时，或于妻第一次请求时，仅负返还现存果实的义务，对于直至此时止已消费的利益不负返还的义务。

第 1579 条　如夫不顾其妻的明示反对而享有奁产外财产的使用收益者，夫应将现存的和已消费的一切果实返还于妻。

第 1580 条　如夫享有奁产外财产的使用收益者，应负用益权人的一切义务。

特别规定

第 1581 条　夫妻双方采用奁产制时，亦得约定就婚姻关系存续中取得的财产成立收益共同制，此种约定的效力应依第 1498 条至第 1499 条的规定。

第六章　买卖

第一节　买卖的性质及形式

第 1582 条　称买卖者，谓当事人约定一方将物交付于他方、他方支付价金的契约。

买卖得以公证书为之，亦得以私证书为之。

第 1583 条　当事人就标的物及其价金相互同意时，即使标的物尚未交付、价金尚未支付，买卖即告成立，而标的物的所有权亦于此时在法律上由出卖人移转于买受人。

第 1584 条　买卖契约，得为单纯的买卖，亦得为附停止条件或解除条件的买卖。

买卖得以两个或数个可替代之物为标的。

在所有情形，买卖的效力依契约的一般原则处理。

第 1585 条　商品不按整批而按重量、数量与度量出售时，在商品尚未称重量、计数目或量长度前，买卖并未成立，因之，标的物的危险仍由出卖人负担；但在契约不履行的情形，如有必要，买受人得请求交付标的物或赔偿损害。

第 1586 条　反之，商品如按整批出售时，即使商品尚未称重量、计数目或量长度，买卖即告成立。

第 1587 条　酒类、油类及其他物品依习惯应先经品味而后购买者，于买受人尚未品味和同意前，买卖并未成立。

第 1588 条　试验性买卖通常推定为附停止条件的买卖。

第 1589 条　双方当事人就标的物及其价金相互同意时，买卖预约即转化为买卖。

第 1590 条　如买卖的预约以定金为之者，当事人任何一方均得以下列方式解除之：

交付定金者，抛弃其定金；

收受定金者，加倍返还其所受的定金。

第 1591 条　买卖的价金应由双方当事人确定并表示之。

第 1592 条　但价金得听任第三人公断之：如该第三人不愿或不能评价时，买卖关系不成立。

第 1593 条　买卖证书及其他有关买卖的附属费用，由买受人负担之。

第二节 有买卖能力之人

第 1594 条 一切法律并未禁止其为买卖行为之人，均得买受或出卖。

第 1595 条 除下列三种情形外，夫妻间不得缔结买卖契约：

一、经裁判宣告采用分别财产制的夫妻的一方，对于他方，为履行其义务而让予财产于他方时；

二、如有正当理由，夫得对于不采分别财产制的妻，让与其财产，例如属于妻个人的不动产出卖所得的价金或〔作为奁产〕的现金，不归入共同财产，而夫有运用此项价金或现金〔以购置不动产的义务〕时；

三、在夫妻约定不采用共同财产制的情形，妻因偿付预约奁产的金额而让与其财产于夫时。

在上述三种情形，如对于缔约当事人双方的继承人有间接利害关系时，不在此限。

第 1596 条 下列各人，不得以自己的名义或假借他人的名义，对下列财产为公卖竞买人，如有违反，其竞买无效：

监护人，对于其被监护人的财产；

受任人，对于其受委托出卖的财产；

公有财产管理人，对于其管理的区、乡财产及公共团体财产；

官吏，对于职权上归其出卖的国家财产。

第 1597 条 审判员、代理审判员、行使检察职务的司法官、书记员、执达员、律师、公设辩护人及公证人在其任职法院管辖范围内不得为已发生的诉讼，或行将涉讼的权利和诉权的受让人;违反时,其受让无效,并应负担费用和损失。

第三节　得为买卖标的之物

第 1598 条　交易范围内的物品,除特别法禁止出让者外,均得为买卖的标的。

第 1599 条　就他人之物所成立的买卖,无效;在买受人不知标的物属于他人的情形,出卖人负损害赔偿之责。

第 1600 条　对于现尚生存之人的遗产,虽经其同意,亦不得买卖。

第 1601 条　如买卖标的物于买卖时全部灭失时,买卖即归无效。

如标的物仅灭失一部分时,买受人有选择权:或抛弃此项买卖,或请求依分别评价的方法确定剩余部分的价额而买受之。

第四节　出卖人的义务

第一目　通则

第 1602 条　出卖人负明白解释其所担负债务的责任。

凡买卖契约有隐晦歧义的条款,应从不利于出卖人方面解释之。

第 1603 条　出卖人的主要义务有二:其一为交付标的物于买受人的义务,其二为对其出卖物负担保责任的义务。

第二目　交付

第 1604 条　交付为移转买卖的标的物,使出卖物归买受人支配和占有。

第 1605 条　不动产交付的义务，在出卖人交付所有权证书时即认为履行；关于建筑物，则于其交付钥匙时即认为履行。

第 1606 条　动产的交付可依下列方式之一为之：

动产实物的交付；

存放动产的建筑物之钥匙的交付；

在买卖当时不能将动产移转，或买受人已由另一种名义占有此项动产的情形，仅依当事人双方的同意为之。

第 1607 条　无形权利的交付，或以所有权证书的移转为之，或由买受人基于出卖人同意直接取得权利的行使权为之。

第 1608 条　交付的费用由出卖人负担，运送的费用由买受人负担；契约中另有规定者，不在此限。

第 1609 条　交付应于买卖时标的物所在地为之；但另有协议者，不在此限。

第 1610 条　出卖人未能于双方协议之时间交付标的物时，在迟延原因单纯由出卖人造成的情形，买受人得依其选择，要求将买卖解除，或请求取得标的物的占有。

第 1611 条　在一切情形，因前条的不能按时交付，致买受人遭受损害时，出卖人应负损害赔偿的责任。

第 1612 条　在买受人未支付价金且出卖人并未同意于一定期间后支付价金的情形，出卖人不负交付标的物的义务。

第 1613 条　若买卖后，买受人陷于商事上或非商人的破产状况，以致出卖人有丧失价金之虞时，即使在出卖人曾同意于一定期间后支付价金的情形，出卖人亦不负交付标的物的义务。但买受人提供到期支付的保证者，不在此限。

第 1614 条　交付的标的物应按照买卖时的原状交付之。

自买卖之日起，标的物所产生的一切果实，均归买受人享有。

第 1615 条　交付标的物的义务，包括标的物的从物和一切经常归其使用之物在内。

第 1616 条　出卖人负有按契约记载的面积交付标的物的义务；但并不妨碍下述各条规定的限制。

第 1617 条　不动产的买卖按单位价的比率，指示面积时，出卖人依买受人的请求，负依照契约记载数量交付标的物的义务。

在不可能依照契约记载数量交付标的物或买受人未提出此项请求的情形，出卖人应按比率减少其价金。

第 1618 条　在相反的情形，标的物的面积超过契约记载面积时，买受人依其选择，提供超过单位的价金，或于超过面积达契约记载面积二十分之一时，得将契约解除之。

第 1619 条　于前二条以外的其他情形：

买卖以一个特定的、限制的物体为标的时；

或以独立的及隔离的土地为标的时；

或于买卖标的物指定前进行度量，或于买卖标的物指定后进行度量时；

此种度量的结果，如实际数量与契约记载数量有出入，而比照买卖标的物总价额相差二十分之一上下时，实际数量较高，出卖人不得请求追加价金，实际数量较低，买受人亦不得请求减少价金；但当事人有相反约定者，不在此限。

第 1620 条　在依前条规定的情形，因实际度量的数量超过契约记载的数量而有请求追加价金的必要时，买受人得依其选择，或将契约解除,或提供追加的价金,且在买受人占有不动产的情形并应支付追加价金的利息。

第 1621 条　在买受人有权解除契约的情形,出卖人除已收取的价金外,并应返还契约的费用于买受人。

第 1622 条　出卖人关于追加价金的诉权,及买受人关于减少价金或解除契约的诉权,应自契约成立之日起一年内行使之;否则,即丧失此项诉讼的权利。

第 1623 条　如依同一契约以同一价金出卖两方土地,而度量每方土地的结果,表示一方的土地面积较契约记载数量为少,另一方土地的面积较契约记载数量为多时,应于相应的限度内抵消之;关于追加价金或减少价金的诉权,仅得依前数条规定行使之。

第 1624 条　交付前买卖标的物灭失或毁损的责任应由出卖人或买受人负担的问题,依契约或合意之债的一般规定章的规定。

第三目　担保

第 1625 条　出卖人对于买受人所负的担保,其目的有二:一为保证买卖标的物的安全占有,一为保证买卖标的物并无隐蔽的瑕疵或得据以解除买卖的瑕疵。

第一分目　买卖标的物被追夺情形的担保

第 1626 条　买卖当时即无关于担保的任何约定,如买受人被追夺买卖标的物的全部或部分,或标的物尚负有买卖当时未声明的负担时，出卖人依法当然对买受人负有担保的义务。

第 1627 条　当事人得以特别约定，增加或减轻出卖人依法所负担保的义务；当事人并得以合意免除出卖人全部担保的义务。

第 1628 条　即使依特约免除出卖人全部担保的义务的情形，出卖人对于因其个人行为引起的结果仍负担保的责任；一切相反的约定无效。

第 1629 条　在依特约出卖人不负担保责任的情形，买卖标的物被追夺时，出卖人仍负返还价金的义务；但买受人于买卖当时明知标的物有被追夺的危险或约定买受人自负标的物危险的责任者，不在此限。

第 1630 条　在出卖人向买受人承当担保或契约中并无关于担保规定的情形，买卖标的物被追夺时，买受人对于出卖人有下列请求权：

一、价金的返还；

二、如买受人返还标的物所生的果实于行使追夺权的所有权人时，此项果实的返还；

三、买受人请求出卖人履行担保的诉讼费用和所有权人请求追夺的诉讼费用；

四、最后，损害赔偿以及契约的费用和正当手续的费用。

第 1631 条　在买卖标的物被追夺时，由于买受人的疏忽或不可抗力的意外致使买卖标的物价值减少或遭受重大破坏的情形，出卖人仍负担返还全部价金的义务。

第 1632 条　但如买受人由于自己行为损毁买卖标的物从而获得

利益时，出卖人有从返还价金中扣除与此项利益相等数额的权利。

第 1633 条　在买卖标的物被追夺时，标的物虽非由于买受人的行为而增加价值时，出卖人应以超过原卖价的现值价额返还于买受人。

第 1634 条　买受的土地被追夺时，出卖人负有偿还或要求〔土地所有人〕偿还买受人在土地上所作一切有益的修缮及改良的费用于买受人的义务。

第 1635 条　如出卖人恶意出卖他人的土地时，出卖人对于买受人在买受的土地上所为奢侈或安乐设备的一切费用，亦负偿还的义务。

第 1636 条　如买受人仅被追夺买卖标的物的一部分，而该部分的被追夺，对标的物整体发生严重的影响，以致买受人不可能缺乏该部分而买受此项标的物时，买受人得解除其买卖。

第 1637 条　在买受土地被追夺一部分而未解除买卖的情形，既非按照买卖总价额的比率，亦不问土地价格的涨落，出卖人均应按照被追夺时被追夺部分土地的评价返还于买受人。

第 1638 条　如出卖的土地上设有不表现的地役权而未经声明，且此种地役权的影响严重，足以推断买受人如知有此种地役权存在即不可能买受此项土地时，买受人如不以损害赔偿为满足，得请求解除契约。

第 1639 条　买受人因出卖人不履行买卖契约而发生的其他损害赔偿问题，依契约或合意之债的一般规定章的一般规定。

第 1640 条　买受人在终审判决或不得上诉的判决前，不告知出卖人要求其参加诉讼，如出卖人证明其有充分的防御方法足以挫败原告的追夺请求时，买受人基于追夺理由的担保请求权即归消灭。

第二分目　买卖标的物的瑕疵担保

第 1641 条　因买卖标的物含有隐蔽的瑕疵，致丧失其通常效用或减少通常效用，如达买受人知其情形即不愿买受或必须减少价金始愿买受的程度时，出卖人应负担保责任。

第 1642 条　出卖人对于明显的且买受人自己得以辨认的瑕疵，不负担保责任。

第 1643 条　出卖人即使不知标的物含有隐蔽的瑕疵，仍负担保责任；但在此情形，契约规定出卖人不负任何担保责任者，不在此限。

第 1644 条　在第 1641 条及第 1643 条的情形，买受人得依其选择，返还标的物并要求返还其价金，或保有标的物并依鉴定人的评价，要求返还其价金的一部分。

第 1645 条　在出卖人明知标的物有瑕疵的情形，除返还其收取的价金外，并应赔偿买受人的全部损害。

第 1646 条　在出卖人不知标的物有瑕疵的情形，除返还价金外，并应偿还买受人因买卖契约所支出的费用。

第 1647 条　含有瑕疵的标的物，因其品质恶劣而灭失时，损失由出卖人负担，出卖人应返还价金于买受人并依前二条规定偿还买受人的其他损害。

但如灭失系出于偶然的情形，损害由买受人负担。

第1648条　关于得据以解除买卖的瑕疵的诉讼，买受人应于最短期限内提起之，此项期限应依得据以解除买卖的瑕疵的性质及买卖的习惯。

第1649条　前条的诉讼，关于依审判机关的命令所为的买卖，不得提起之。

第五节　买受人的义务

第1650条　买受人的主要义务，为按照买卖契约规定的时日及场所支付价金。

第1651条　如买卖时关于前条的事项无任何规定时，买受人应于标的物交付的场所及时日支付价金。

第1652条　买受人于下列三种情形，应支付买卖价金的利息，直至价金的原本清偿之时为止：

买卖当时有此项约定者；

出卖及交付的标的物产生果实或其他收益者；

买受人受支付价金的催告者。

在最后一种情形，利息仅自催告之日起算。

第1653条　买受人因第三人基于抵押权或所有物返还请求权提起诉讼而遭受妨害，或根据正当理由有受上述诉讼妨害的可能时，得停止支付价金，直至出卖人排除此种妨害时为止；但出卖人愿提供保证，或契约规定不拘有无妨害，买受人均须支付价金者，不在此限。

第1654条　如买受人不支付价金，出卖人得请求解除买卖。

第1655条　如不动产的出卖人有丧失标的物及价金的危险时，应立即宣告买卖的解除。

如此种危险并不存在，审判员得斟酌情形给予买受人以相当的期限。

如逾此期限仍未支付时，应即宣告买卖的解除。

第 1656 条　在不动产买卖当时约定如不能于协议期限支付价金，则买卖当然解除的情形，买受人在未受支付价金的催告前，仍得于期限届满后支付；但已受此种催告后，审判员即不得再给予买受人以期限。

第 1657 条　关于商品及动产的买卖，逾协议期限买受人未受领其买受物者，为出卖人的利益，不经催告，买卖即当然解除。

第六节　买卖的取消及解除

第 1658 条　除本章规定的取消和解除买卖的原因以及契约共同适用的取消和解除原因外，买卖契约并得因买回权的行使而解除，及价金过低的原因而取消之。

第一目　买回权

第 1659 条　买回权为出卖人保留依返还价金及第 1673 条规定的各种费用的方法买回标的物的条款。

第 1660 条　买回期间的约定不得超过五年。

如约定期间较长者，应缩短至五年。

第 1661 条　买回的期间为严格的，审判员不得延长之。

第 1662 条　出卖人不于约定期间内行使买回诉权时，买受人即成为标的物的确定所有人。

第 1663 条　约定的买回期间适用于一切人，包括未成年人在内；但未成年人如因此遭受损害时，得向其法定代理人请求赔偿。

第 1664 条　转卖契约内虽无关于买回权的声明，订有买回条款的出卖人对于转买人得行使其诉权。

第 1665 条　订有买回条款的买受人得行使出卖人的全部权利，买受人得对于真正所有人以及就标的物自称有权利或抵押权之人主张时效的利益。

第 1666 条　买受人，在出卖人的债权人对于买卖标的物主张权利时，有要求先向出卖人请求追索的权利。

第 1667 条　在不可分割的不动产的共有人为进行分割向订有买回条款买受该不动产共有部分的买受人请求拍卖而此买受人成为全部不动产的拍定人的情形，如出卖人行使买回条款时，买受人得请求其买回不动产的全部。

第 1668 条　数人以同一契约共同出卖其共有的不动产时，各出卖人仅得就其个人所有部分行使买回诉权。

第 1669 条　在单独出卖不动产的出卖人有继承人数人的情形，适用前条的规定。

各共同继承人仅得就继承财产中应取得的部分行使买回诉权。

第 1670 条　但在前两条的情形，买受人得要求共同出卖人或共同继承人全体参加诉讼，以便他们之间达成买回全部不动产的协议；如不能达成此种协议时，单独请求买回之诉〔因不合程序〕，应予以驳回。

第 1671 条　属于数人的不动产如非共同并全部出卖，而由各人出

卖其所有部分时,各出卖人得就其所有部分分别行使买回诉权;

买受人不得强制依前项规定的方式行使买回诉权之人买回不动产的全部。

第 1672 条 如买受人有继承人数人时,在买卖标的物尚未分割或已经分割的情形,买回诉权仅得对各继承人就其应有部分行使之。

但如遗产已分割,而买卖标的物全部归入继承人中之一人的分配份时,得对该继承人就标的物全部行使买回诉权。

第 1673 条 出卖人行使买回条款时,除返还价金外,并应偿还契约的费用和正当手续的费用、必要的修缮费用以及以增加价值为限度的增加标的物价值的修缮费用。出卖人非于其履行上述义务后,不得受领标的物。

出卖人因行使买回条款而受领不动产时,对于买受人就此项不动产设定的一切负担及抵押权,不负责任;但对于买受人非由于诈欺而订立的租赁契约,出卖人负有执行的义务。

第二目 出卖人受低价的损失而取消买卖

第 1674 条 如出卖人因买卖有失公平所受低价损失超过不动产价金十二分之七时,即有取消买卖的请求权;即使出卖人于契约中有抛弃此项请求权的明白表示且已声明赠与此项超过价金的价值者,亦同。

第 1675 条 为认定所受低价损失是否超过十二分之七,须就买卖时不动产的状态及其价值进行评价。

第 1676 条　取消买卖的请求，自买卖之日起满二年后即不受理。

前项期限同样适用于已婚妇女、不在人、禁治产者及继承成年出卖人权利的未成年人。

前项期限，于买回条款所定的买回期间内，照常进行，并不停止。

第 1677 条　受低价损失的证据，仅在举证的事实有充分真实性及可靠性足以推定有低价损失的情形，始得以判决确认之。

第 1678 条　前条的证据须依鉴定人三人的报告提出之。鉴定人应做成一共同调查书，并依多数表决的结果表明一个意见。

第 1679 条　如有不同意见时，调查书应记载其理由，但不得记明某种意见为某鉴定人所发表。

第 1680 条　前述的鉴定人三人应〔由审判员〕依职权选任之；但当事人就选任此三人共同达成协议时，不在此限。

第 1681 条　取消买卖之诉成立的情形，买受人得依其选择，或返还标的物而取回其已支付的价金，或在减法正常价金总额十分之一后，支付正常价金的不足额而保有不动产。

第三人占有标的物者，除得向自己的出卖人请求担保外，亦有前项的权利。

第 1682 条　买受人依前条规定愿支付不足额而保有不动产时，应负担自请求取消之日起不足额的利息。

如买受人愿返还标的物而收回价金时，应返还自请求取消之日起标的物产生的果实。

买受人支付价金的利息，亦自请求取消之日起算；如买受人未就标的物收取何种果实时，则自支付价金之日起算。

第 1683 条　买受人不得基于买卖有失公平因此遭受高价损失的理由而请求取消买卖。

第 1684 条　一切根据法律依法院的命令进行的买卖，不得以低价损失为理由而请求取消。

第 1685 条　在数人共同或分别出卖及出卖人或买受人遗有继承人数人的情形，前款〔关于行使买回权〕的规定，于取消诉权的行使，同样适用之。

第七节　共有财产的拍卖

第 1686 条　共有物有下列情形之一时，买卖应以拍卖的方式为之，其价金由共有人分配之：

属于数人的共有物不易分割且分割即将发生损害时；

在协议分割共有财产的情形，对共有财产任何共同分割者均不能或不愿取得其所有权时。

第 1687 条　各共有人均有请求第三人参加拍卖的权利；共有人中之一人为未成年人时，拍卖必须第三人参加之。

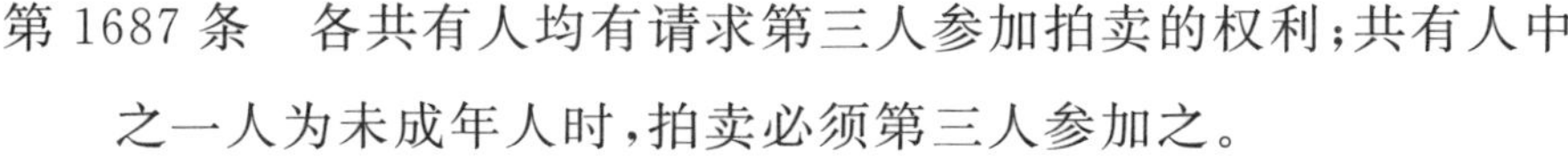

第 1688 条　共有财产的拍卖应遵守的方式及手续，由继承章及民事诉讼法规定之。

第八节　债权及其他无形权利的转让

第 1689 条　在债权、对于第三人的权利及诉权的转让中，让与人向受让人交付权利证书时，即认为已履行交付的义务。

第 1690 条　受让人，仅依对债务人所为关于转让的通知，始对于第三人发生权利占有的效力。

受让人亦得依记载于公证书中的债务人对于出让的承诺，发生权利占有的效力。

第 1691 条　债务人如在收到让与人或受让人关于转让的通知前，已向让与人清偿其债务者，其所负义务即有效免除。

第 1692 条　债权的买卖或让与，其标的包括保证、优先权及抵押权等从属于债权的权利。

第 1693 条　债权或其他无形权利的出卖人，虽无担保的特别约定，对于转让时此等权利的存在，应负担保的责任。

第 1694 条　出卖人仅在有特别约定的情形，始对于债务人的清偿能力负担保责任，且此种担保责任以其出让权利所得的价金为限。

第 1695 条　出卖人约定就债务人的清偿能力负担保责任者，此种约定仅适用于转让当时债务人的清偿能力，而并不包括债务人将来的清偿能力；但让与人明白约定就债务人的将来清偿能力负担保责任者，不在此限。

第 1696 条　继承人未列举继承财产的细目而出让其应继份时，仅对于其继承人的资格负担保的责任。

第 1697 条　除在买卖当时订有保留的明白规定外，前条的出卖人如于出卖前已自应继份中的土地收取果实，或受领属于应继份的某项债权的清偿，或出卖应继份中的某些动产时，应将此等利益返还于买受人。

第 1698 条　如无相反的约定时，买受人方面，并应以出卖人为清偿遗产的债务及负担而支出的款项以及出卖人以〔遗产的〕债权人资格应取得一切款项返还于出卖人。

第 1699 条　受追诉的债务人，对于讼争权利的受让人，得偿还其受让的实际价金、受让费用及正常手续费用以及自支付价金之日起的利息，以消灭此项诉讼。

第 1700 条　关于某项权利，就其实质发生诉讼及争议时，视为讼争权利。

第 1701 条　第 1699 条的规定，在下列三种情形不适用之：

一、出让的权利让与于共同继承人或共同所有人之一时；

二、因清偿所欠债务以权利让与于受让人时；

三、将以不动产为标的的讼争权利让与于该不动产的占有人时。

第七章　互易

第 1702 条　称互易者，谓当事人双方约定互相以一物交换他物的契约。

第 1703 条　互易与买卖同，得仅依当事人双方的合意为之。

第 1704 条　如互易人的一方已收取互易物而嗣后证明他方非该互易物的所有人时，互易人一方即不负交付其约定交换的互易物的义务，仅有返还其收取的互易物的义务。

第 1705 条　互易人被追夺其收取的互易物时，得依其选择，请求赔偿损害，或请求返还其已交付的互易物。

第 1706 条　基于交易有失公平因此遭受损失的理由而取消契约，于互易不适用之。

第 1707 条　关于买卖契约的其他规定，均适用于互易。

第八章　租赁

第一节　总则

第 1708 条　租赁契约可分为两种：

物的租赁契约；

劳动力的租赁契约。

第 1709 条　称物的租赁者，谓当事人约定，一方在一定期间内以物租与他方使用并收益，他方支付租金的契约。

第 1710 条　称劳动力的租赁者，谓当事人约定，一方为他方完成一定的工作，他方约定支付报酬的契约。

第 1711 条　以上两种租赁可再分为下列几类：

房屋租赁指房屋及家具的租赁；

土地租赁指农村土地的租赁；

雇佣即劳力或服役的租赁；

畜类租赁为出租人与承租人分享畜类产品的租赁。

为完成一定的工程而支付一定报酬的包工、承揽契约，如材料由工程定做人供给者，亦为租赁。

后三类租赁应依特别的规定。

第 1712 条　国家、区、乡与公共团体所有财产的租赁，适用特别的规定。

第二节　物的租赁

第 1713 条　各种动产或不动产均得为租赁的标的。

第一目　房屋及乡村财产租赁的通则

第 1714 条　租赁得以书面或口头为之。

第 1715 条　非以书面所为的租赁尚未开始执行而当事人一方否认租赁存在时，不问其租金如何低微，亦不问他方主张业已交付定金，租赁事实概不得以证言证明之。

在此情形，仅得要求否认租赁的一方举行宣誓。

第 1716 条　以口头所为的租赁开始执行后，发生关于租金的争议而并无租金收据时，承租人如不要求选任鉴定人评价，得依出租人的宣誓为凭；如〔承租人要求〕评价，而评价超过承租人声明租金的情形，评价费用应由承租人负担。

第 1717 条　承租人有转租或以租赁权让与于他人的权利，但租赁契约有禁止的约定者，不在此限。

前项权利得为全部或部分禁止的约定。

此等约定在任何情形下均有绝对拘束力。

第 1718 条　夫妻财产契约及夫妻间的相互权利章关于已婚妇女财产租赁的各条规定，对于未成年人财产的租赁适用之。

第 1719 条　即使无特别的约定，出租人依租赁契约的性质应负下列各项的义务：

一、交付租赁物于承租人的义务；

二、为承租人保持租赁物正常使用状态的义务；

三、保证承租人于租赁期间内安全使用收益租赁物的义务。

第 1720 条　出租人交付的租赁物，应做各方面的修缮以保持其良好状态。

在租赁期间，出租人应支付不归承租人负担的一切修缮费用。

第 1721 条　出租人就租赁物妨碍使用的瑕疵，对于承租人负担保的责任，即使在租赁时出租人不知此种瑕疵的存在者，亦同。

如承租人因瑕疵而发生某种损失时，出租人负赔偿损害的责任。

第 1722 条　在租赁期间，如租赁物因意外事故全部毁灭时，租赁契约即当然解除；如租赁物仅部分毁灭时，承租人得斟酌情形：或请求减少租金，或请求解除契约。于上述情形，均不发生损害赔偿问题。

第 1723 条　出租人不得于租赁期间改变租赁物的形式。

第 1724 条　如在租赁期间，租赁物急需修理，不能迟延至租赁期间终了时，不拘对承租人有何不便，甚或在修理期间被剥夺租赁物一部分的使用，承租人均须忍受之。

但修理之期间在四十天以上时，租金应按租赁物被剥夺期间的长短与被剥夺部分大小的比率减少之。

如因修理的结果，致使承租人及其家属必要居住部分的房屋不适居住时，承租人得解除其租赁契约。

第 1725 条　未就租赁物主张任何权利的第三人以实际行为妨碍承租人享用租赁物时，出租人不负担保责任；承租人得以自己名义提起排除妨碍之诉。

第 1726 条　在相反情形，如因对于租赁物所有权发生诉讼的结果，致使承租人的用益权遭受妨碍时，以此种情况通知出租人后，房屋承租人和土地承租人有按比率减少租金的权利。

第 1727 条　如以实际行为妨碍租赁物使用之人，〔经承租人诉请排除妨碍后〕主张就租赁物有某种权利者，或出租人本人被诉请放弃租赁物全部或部分的占有，或被诉请忍受地役权的行使者，承租人应要求出租人实行担保；〔以权利所有人资格，进行排除妨碍之诉〕必要时，承租人得说明其代出租人占有的事实，〔使第三人原告向真正占有人——出租人诉请放弃占有〕而摆脱诉讼。

第 1728 条　承租人负有两个主要义务：

一、应以善良管理人的注意并依照租赁契约规定的目的使用租赁物；在契约无规定时，依照当时情况所推定的目的使用之；

二、依约定日期支付租金。

第 1729 条　如承租人使用租赁物于非约定的目的，或其使用的方法可能对于出租人发生损害时，出租人得斟酌情形，请求解除契约。

第 1730 条　出租人与承租人间如曾做成关于租赁物的状态说明书，承租人应按照此种说明书记载的原状返还其所收受的租赁物于出租人；但因年久腐朽或不可抗力致使租赁物灭失或毁损者，不在此限。

第 1731 条　如无状态说明书，应推定承租人收受的租赁物具有适于使用的完整状态，并应按照原状返还之；但有相反的证据时，不在此限。

第 1732 条　承租人对于承租期间发生的灭失或毁损，应负赔偿的责任；但如承租人能证明灭失或毁损的发生非出于其过失者，不在此限。

第 1733 条　承租人如不能证明下列情形之一存在时，对于火灾应负赔偿责任：

火灾系由意外事故或不可抗力或建筑的瑕疵而引起者；

或火灾系由毗邻房屋延烧而造成者。

第 1734 条　在承租人为数人的情形，承租人全体如不能证明下列情形之一存在时，对于火灾应负连带的责任：

火灾系由承租人中之一人住所开始者，在此情形，应仅由该承租人负责；

或承租人中某数人仅证明火灾非由彼等的住所开始者，在此情形，此等人不负火灾的责任。

第 1735 条　承租人对于因其同居人或次承租人的行为而发生的毁损或灭失，应负赔偿责任。

第 1736 条　非以书面所为的租赁，当事人的一方仅得依照当地习惯所规定的期限向他方为租赁终止的通知。

第 1737 条　以书面所为的租赁，于约定租赁期限届满后当然终止，无须再为租赁终止的通知。

第 1738 条　如以书面所为的租赁满期后承租人仍占有租赁物而出租人未予反对时，即认为新租赁契约的开始，此种新契约的效力依关于非书面租赁各条的规定。

第 1739 条　出租人通知终止租赁后，承租人虽继续享用租赁物，亦不得主张已成立默示的新租赁。

第 1740 条　在前两条的情形，租赁契约保证人的义务，不因租赁契约的延长而延长。

第 1741 条　租赁契约，因租赁物的灭失及出租人与承租人不履行彼此的义务而解除。

第 1742 条　租赁契约并不因出租人或承租人的死亡而解除。

第 1743 条　如出租人出卖租赁物时，买受人不得辞退经公证做成或有确定日期的租赁契约的房屋或土地承租人；但于租赁契约中保留此项权利者，不在此限。

第 1744 条　如租赁时当事人双方协议，在租赁物出卖的情形，买受人得辞退房屋或土地承租人，而无关于损害赔偿的任何约定时，出租人应依以下数条规定的方式对房屋或土地承租人负损害赔偿的责任。

第 1745 条　租赁物为房屋、住宅或铺面时，出租人向被剥夺租赁物的承租人支付的损害赔偿额应相等于依当地习惯所许可的自通知终止租赁起直至迁出为止的期间内的租金。

第 1746 条　租赁物为乡村财产时，出租人对承租人支付的损害赔偿额应为租赁期间残余部分租金的三分之一。

第 1747 条　租赁物为企业、工厂或迁移需预支大量款项的其他建筑物时，损害赔偿额由鉴定人鉴定之。

第 1748 条　买受人在买卖租赁物的情形，决定行使租赁契约保留的辞退承租人的权利者，应按当地关于通知终止租赁的习惯先期通知承租人。

对于乡村财产的承租人，至少应于一年前通知之。

第 1749 条　出租人或租赁物买受人，非支付上述损害赔偿后，不得辞退承租人。

第 1750 条　如租赁契约非由公证书做成，或无确定日期者，买受人不负损害赔偿责任。

第 1751 条　附有买回条款的买受人，直至约定买回期限届满因而取得确定的所有人资格前，不得辞退承租人。

第二目　关于房屋租赁的特别规定

第 1752 条　承租人不在租赁的房屋内陈设相当的家具者，得成为辞退的原因；但就租金的支付提供有清偿能力的保证时，不在此限。

第 1753 条　次承租人对于房屋所有人仅就扣押当时所应付的次承租租金的限度内负支付义务，且不得主张租金已先期支付相抗辩。

次承租人按照转租契约的规定或当地习惯支付的租金不得视为先期支付的租金。

第 1754 条　除有相反的约定外，应归承租人负担的修缮或所费不大的修缮，其项目依当地习惯的规定，主要包括下列各种修缮：

炉灶、壁炉的底部、壁炉架及壁炉上小台面的修缮；

房屋及其他住屋场所墙壁的下端在一公尺高的限度内的粉饰；

房室内一部分破碎的铺砖、铺石的修缮；

窗上玻璃的修补；但因霰雹或其他意外事故及不可抗力等不应由承租人负责的事由而破坏者，不在此限；

门、窗、间隔木板或铺面的门板、铰链、锁键及锁的修缮。

第 1755 条　应归承租人负责的修缮，如因年久腐朽或不可抗力所造成者，承租人不负担修缮的费用。

第 1756 条　如无相反的约定时，水井及水沟的修浚由出租人负担。

第 1757 条　供给整所房屋、一所房屋的全部、铺面或其他公寓的家具的租赁，其租赁期间视为相同于上述各种房屋依当地习惯规定的通常租赁期间。

第 1758 条　有家具设备的公寓租赁契约，规定一年租金为若干时，其租赁期视为一年；

规定一月租金为若干时，其租赁期间视为一月；

规定一日租金为若干时，其租赁期间视为一日。

如未定一年、一月、一日之租金为若干时，其租赁期间依当地的习惯。

第 1759 条　如房屋承租人在书面契约满期后，仍继续享用租赁物而出租人亦未反对时，此种事实视为以相同的条件并依当地习惯所定的期间继续承租；除经依当地习惯所定的期限通知终止租赁外，承租人不得径行迁出，出租人亦不得任意辞退。

第 1760 条　在因承租人的过失而解除契约的情形，承租人应支付再出租前的租金；上项规定并不妨碍因承租人的不当行为而发生的损害赔偿责任。

第 1761 条　如无相反约定时，出租人即使声明拟收回房屋自住，亦不得因之解除契约。

第 1762 条　如在租赁契约中订有协议，出租人得收回房屋自住者，出租人仍应按当地习惯规定的期限，先期通知承租人终止契约。

第三目　关于土地租赁的特别规则

第 1763 条　依契约规定耕种他人土地以与出租人分享收获物为条件的承租人，不得转租土地亦不得让与其租赁权于他人；但租赁契约明白授予承租人以此项权利者，不在此限。

第 1764 条　违背前条的规定时，土地所有人有收回其土地的权利，承租人并应负担因不履行契约而发生的损害赔偿。

第 1765 条　关于土地租赁，如实际使用面积较契约所定面积多出或不足时，仅得依买卖章的规定增加或减少承租人的租金。

第 1766 条　如土地的承租人不具备耕作必需的家畜与工具，或抛弃耕作，或不以善良管理人的注意从事耕作，或以租赁物用于契约所定的用途以外的用途；且一般地说，如不执行契约条款，致出租人发生损害时，出租人得依据情况，请求解除租赁契约。

因承租人的行为而解除契约的情形，承租人应依第 1764 条的规定，负损害赔偿责任。

第 1767 条　乡村财产的承租人应依契约指定的地点储存其收获物。

第 1768 条　乡村财产的承租人遇有侵夺其承租土地的情事发生时，应通知土地所有人；否则应负赔偿损害及一切费用的责任。

前项通知，应与根据地点远近所规定的传唤期限相等的时限内为之。

第 1769 条　以数年为期的土地租赁，在租赁期间内收获物全部或至少二分之一因意外事故而丧失时，承租人得请求减少租金；但其已从以前的收获物取得补偿者，不在此限。

如承租人未取得补偿时，减租的评价须于租赁期间终了时始得为之，此时租赁期间各年中的收获应合并计算，以确定收获物的丧失是否达二分之一。

但审判员得根据承租人遭受的损失，暂先免除其一部分租金的支付。

第 1770 条　如租赁期间为一年且损失达收获的全部或至少二分之一时，应按比率免除承租人一部分租金。

如损失不足二分之一时，承租人不得请求减少租金。

第 1771 条　如收获物在收割完毕后发生损失时，承租人不得请求减少租金；但租赁契约规定支付土地所有人以收获物的一部分作为实物租金时，不在此限；在此情形，如承租人未经催告已交付土地所有人以应得收获物时，土地所有人应分担其应分担部分的损失。

如产生损失的原因在订立租赁契约时已存在并已发现时，承租人不得请求减少租金。

第 1772 条　如契约有明确的规定时，承租人对于意外事故亦应负担责任。

第 1773 条　前条契约规定应仅限于通常的意外事故，如霰雹、闪电、霜或早熟等。

上述约定不得包括非常的意外事故，如兵燹、洪水等使乡村受非常灾难的事故；但承租人如有对于可预见和不可预见的意外事故均负责任的约定时，不在此限。

第 1774 条　非以书面所为的土地租赁，推定以承租人收获其全部作物所必需的时间为租赁期间。

如饲养场、葡萄园及一切其他需一年时间收获其作物的土地租赁，应推定其租赁期间为一年。

按年头或季节轮耕土地的租赁，应以全部轮耕所需期间推定为租赁期间。

第 1775 条　虽非依书面订立的土地的租赁，在前条推定的租赁期间届满后，当然终止。

第 1776 条　如以书面所为的土地租赁满期后，承租人仍占有土地而出租人予以默许时，即成立一新的租赁契约，其效力依第 1774 条的规定。

第 1777 条　离开土地的承租人对于替代其耕作之人，应为其留下翌年耕作所需适用的房舍及其他便利的设备；在替代其耕作之人方面，亦应为其留下储存草料和残余收获物所需适用的房舍及其他便利的设备。

在前一情形或后一情形，均应从当地的习惯。

第 1778 条　离开土地的承租人如承租时曾收受一年的禾秆及肥料，并应留下一年的禾秆及肥料；且，即使未曾收受上述禾秆、肥料时，土地所有人亦得以评价的方法留置之。

第三节　劳动力的租赁

第 1779 条　劳动力的租赁主要可分为三类：

一、约定为他人提供劳务的劳动力租赁；

二、水陆运送旅客和货物的劳动力租赁；

三、依包工或承揽从事工程建筑的劳动力租赁。

第一目　仆人及工人的租赁

第 1780 条　人们仅得就一定的期限或一定的工作，负担对他人提供劳务的义务。

第 1781 条　雇主得以誓言证明下列事项的真实：

工资的定额；

过去一年工资的支付；

本年一部分工资的支付。

第二目　水陆运送的租赁

第 1782 条　水陆运送人，关于保全受托运送物的责任，与寄托及讼争物的寄托章规定旅店主人的义务同。

第 1783 条　水陆运送人不仅对于已装入船、车的货物应负保全的责任，对于已存于港口或栈房待装入船、车的货物亦同。

第 1784 条　水陆运送人应负受托运送物灭失及毁损的责任；但其证明灭失或毁损系出于意外事故或不可抗力所造成者，不在此限。

第 1785 条　公用的水陆运送业及马车运送业的承揽人，应置备簿册，记载其受托运送的款项、物件及包裹。

第 1786 条　公用的水陆运送业及马车运送业的承揽人及经理人、船主，并应遵守规范他们与其他公民间关系的法律的特别规定。

第三目　包工和承揽

第1787条　约定为他人完成一定的工程时，承揽人得依协议，仅供给劳动力，或并供给建筑材料。

第1788条　在建筑材料由承揽人供给的情形，如此等材料在交付前灭失时，不论其处于何种状况，由承揽人负担灭失的责任。

但定做人对接收建筑物负迟延责任者，不在此限。

第1789条　在承揽人仅供给劳动力或操作的情形，材料灭失时，承揽人仅对于其本身的过失负担赔偿责任。

第1790条　在前条的情形，虽非出于承揽人的过失，且在交工前未经催告定做人验收而建筑物灭失时，承揽人不得请求任何工资；但建筑物因材料的瑕疵而灭失时，不在此限。

第1791条　如工程包括数个建筑物或按度量计算时，定做人得逐步验收之。如定做人就已完成的工程按比率支付报酬时，其已支付报酬的工程部分视为已经验收。

第1792条　如按一定报酬完成的建筑物因建筑工程或地基的瑕疵致建筑物全部或部分灭失时，建筑师及承揽人应于十年期间内负担赔偿责任。

第1793条　建筑师或承揽人以契约承包一定工程，按照与地基所有人协定的计划进行工作时，建筑师或承揽人不得借口劳动力或材料涨价，亦不得借口计划有变更或增加而请求追加价金；但计划的变更或增加为文书所认可，且就价金与地基所有人达成协议者，不在此限。

第1794条　建筑工程虽已开始，定做人亦得根据其单方的意思，于赔偿承租人一切费用、劳动力及此次承揽可得的利益后解除契约。

第1795条　劳动力的租赁因承揽人、建筑师的死亡而解除之。

第1796条　如已完成之工程及备妥的材料对于定做人有用时，定做人应依契约所定的价金按比率支付已完成工程的报酬及备妥材料的代价于前条各人的遗产。

第1797条　承揽人对于其雇用人的行为自行负责。

第1798条　根据承揽契约，泥水匠、木匠及其他受雇从事房屋建筑或其他工程的工人对于定做人所有的诉权，以定做人于诉讼开始时所欠承揽人的债务为限。

第1799条　以约定的价金直接承包工程的泥水匠、木匠、锁匠及其他工人，应遵守本目的规定：上述工匠对于其承包的工程为承揽人。

第四节　畜类的租赁

第一目　通则

第1800条　称畜类租赁者，谓于当事人双方约定的条件下，一方交付畜群于他方，他方为之看管、饲养、照顾的契约。

第1801条　畜类的租赁契约有下列几种：

通常的畜类租赁；

合伙的畜类租赁；

土地所有人对于土地承租人或分享果实耕作人所为的畜类租

赁。

此外尚有第四种契约通常可称之为不完全的畜类租赁。

第 1802 条　所有可以繁殖或有益于农业或商业的各种畜类，均得租赁于他人。

第 1803 条　如无特别约定时，畜类租赁应适用以下的规定。

第二目　通常的畜类租赁

第 1804 条　称通常的畜类租赁者，谓当事人双方约定承租人在享受繁殖利益的半数并负担损失半数的条件下，出租人交付畜群于承租人，承租人为其看管、饲养、照顾的契约。

第 1805 条　租赁契约中关于畜群的评价，并不发生将畜群所有权移转于承租人的效力；评价之目的仅为确定租赁终了时计算损失或利益的便利。

第 1806 条　承租人应以善良管理人的注意保全承租的畜群。

第 1807 条　承租人对于意外事故招致的损失，仅在意外事故发生前其个人有过失，如无此种过失，损失即不致发生的情形，始负赔偿责任。

第 1808 条　如有争执时，承租人应就意外事故提出证明，出租人应就承租人的过失提出证明。

第 1809 条　承租人就意外事故所造成的损害免除责任时，应向出租人提出关于畜皮的计算。

第 1810 条　如租赁的畜群非因承租人的过失而全部灭失时，损失由出租人负担。

如租赁的畜群部分灭失时，损失应按租赁时的评价与租赁终了时的评价由当事人双方分担之。

第 1811 条　畜类租赁契约不得订定下列条件：

即使由于意外事故且非由于承租人的过失而畜群全部灭失时，仍由承租人负担损失的条件；

承租人分担损失的部分大于分享利益的部分的条件；

出租人于租赁终了时在租赁契约所提供的利益中先提取若干利益的条件；

此类约定，均属无效。

承租畜群的乳汁、畜粪及畜力，完全归承租人享受其利益。

羊毛及畜群繁殖的利益，由当事人双方分享之。

第 1812 条　承租人不经出租人同意，不得处分任何一头承租或繁殖的家畜，出租人亦不得不经承租人的同意而为上述的处分。

第 1813 条　租赁畜群于他人的土地承租人时，应通知该土地所有人；如不〔为上述〕通知时，土地所有人得扣押租赁的畜群且予以出售，以抵偿其土地承租人所欠的债务。

第 1814 条　承租人在未经通知出租人前不得剪取羊毛。

第 1815 条　畜类的租赁未定期限时，视为以三年为期。

第 1816 条　如承租人不履行其义务时，即在三年期限届满前，出租人得请求解除契约。

第 1817 条　畜类租赁契约期满或解除时，应对租赁的畜群重新评价。

出租人得先就每一种畜类取回一定的数量，直至与第一次评价的价额相等；其余由当事人双方平分之。

如所存畜群不足抵第一次评价的价额时，出租人取回现存的畜群，不足之数由当事人双方分担之。

第三目　合伙的畜类租赁

第 1818 条　称合伙的畜类租赁者，谓当事人双方各出半数畜类，共同放牧，平均分担利益和损失的契约。

第 1819 条　合伙租赁畜群的乳汁、畜粪及畜力，与通常的畜类租赁同，完全归承租人享受其利益。

出租人仅就羊毛及繁殖的利益有享受半数的权利。

相反的约定，均属无效；但出租人为土地所有人而畜群承租人为土地承租人或为分享果实耕作人时，不在此限。

第 1820 条　通常的畜类租赁的一切其他规定，于合伙的畜类租赁均适用之。

第四目　土地所有人对土地承租人或分享果实耕作人所为的畜类租赁

第一分目　土地所有人对土地承租人所为的畜类租赁

第 1821 条　本目的畜类租赁（又称严格的畜类租赁），系指土地所有人对于土地承租人约定后者在租赁终了时归还相等于其所收受畜群评价的畜群条件下，出赁其畜群的契约。

第 1822 条　关于对土地承租人出赁畜群的评价，并不发生将该畜群所有权转移于承租人的效力，但加以负担危险的责任。

第 1823 条　如无相反约定时，租赁期间内承租畜群所生的一切繁殖的利益，均归土地承租人享受。

第 1824 条　租赁畜群于土地承租人时，畜粪并不归属于承租人个人享受，但归属于承租的土地，应完全作为该项土地施肥之用。

第 1825 条　如无相反约定时，前条畜粪即使全部且由于意外事故而丧失时，由土地承租人负完全的责任。

第 1826 条　租赁终了时，土地承租人不得支付原评价的价额而保有承租的畜群；但应返还与其所收受的畜群价值相等的畜群于出租人。

如现存畜群不足应返还的数目时，应支付现金以补足其差额；仅超过部分的畜群，归承租人所有。

第二分目　土地所有人对于分享果实耕作人所为的畜类租赁

第 1827 条　非由于承租畜类的耕作人的过失而租赁的畜群全部灭失时，由出租人负担其损失。

第 1828 条　租赁契约得约定下列事项：

承租畜类的耕作人以低于普通市价的价格让与其应得的羊毛于出租人；

出租人较承租人取得较大部分的利益；

出租人享有半数的乳汁；

但不得约定损失完全由承租畜群的耕作人负担之。

第 1829 条　本分目的畜类租赁，随土地的租赁期间届满而告终。

第 1830 条　关于通常的畜类租赁的一切规定，对于本分目的畜类租赁均适用之。

第五目　不完全的畜类租赁

第 1831 条　以母牛一头或数头交付于承租人看管及饲养者，出租人保有其所有权：承租人仅取得其生产的牛犊。

第九章　合伙

第一节　通则

第 1832 条　合伙为二人或数人同意将若干财产共集一处，而以分配其经营所得利益为目的的契约。

第 1833 条　合伙契约应有合法的标的，并为当事人的共同利益而订立之。

合伙人应以金钱或其他财产，或其劳务为出资。

第 1834 条　合伙契约，如其标的价值超过一百五十法郎时，应做成书面。

不得以证人的证言主张和合伙契约内容相抵触或契约未记载的事项，亦不得声称此类事项发生于契约订立前，订立时，或订立后而以证言证明之；即使其标的总额或价值在一百五十法郎以下者，亦同。

第二节　合伙的种类

第 1835 条　合伙为两种：一为包括合伙；一为特别合伙。

第一目　包括合伙

第1836条　包括合伙分为两种：一为现有全部财产的包括合伙；二为收入的包括合伙。

第1837条　现有全部财产的包括合伙为合伙人将其现有全部动产及不动产，以及此种财产可能产生的利益，均归属于合伙。此种合伙亦得包括其他种类的利益，但继承、赠与或遗赠所取得的财产，只能以其收益作为合伙财产；如将其所有权约定作为合伙财产时，除夫妇间并依有关规定办理外，应禁止之。

第1838条　收入的包括合伙为合伙人在合伙存续期间，不论何种原因，由劳力所得的任何利益，均归属于合伙；合伙人在合伙契约成立当时所有的动产亦包括于上述收入之内；但不动产则仅以其收益为限。

第1839条　单纯的包括合伙的约定而未作其他说明时，应视为收入的包括合伙。

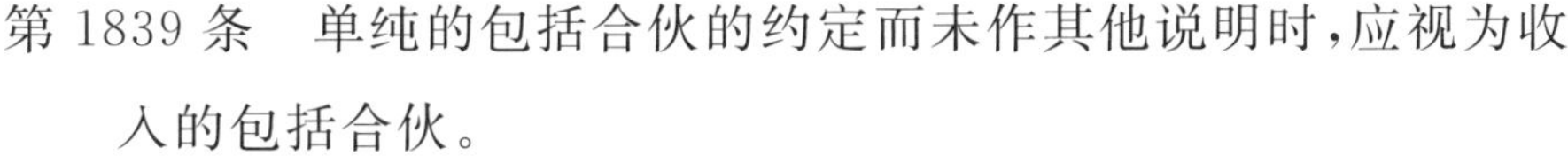

第1840条　任何包括合伙〔均含有赠与性质，因之，〕必须合伙人间彼此有赠与和受领赠与的能力，且须此等人间相互赠与以致损害他人的情形未被禁止者，始得订立之。

第二目　特别合伙

第1841条　特别合伙为仅以特定财产的使用或其所产生的利益所成立的合伙。

第1842条　数人为特定的企业或经营某种工艺或职业而缔结合伙契约者，亦为特别合伙。

第三节　合伙人间的义务以及合伙人对于第三人的义务

第一目　合伙人间的义务

第1843条　合伙，如契约上未指定其他日期时，自契约成立时开始。

第1844条　合伙存续期间如无合意时，除第1869条所规定限制外，应以全体合伙人的生存期间为其存续期间；或其事业有存续期间者，应以其事业存在期间为存续期间。

第1845条　合伙人关于其约定对合伙的出资，对合伙负债务人的责任。

以特定物出资而被他人追夺时，合伙人应负出卖人对于买受人同一担保的责任。

第1846条　合伙人以一定金额出资而不缴纳时，虽未经诉讼请求，依法当然自应付金额之日起负支付利息的义务。

合伙人如由合伙会计内挪用金额时，应自为其个人利益而挪用金额之日起负支付利息的义务。

以上规定，如有其他情节时，并不影响较多的损害赔偿。

第1847条　合伙人约定以劳务出资时，应将其作为合伙标的之劳务所发生的一切利益，归入合伙名下。

第1848条　某一合伙人为他人的债权人，同时该他人亦为合伙的债务人，其债额均已到期时，合伙人应将由债务人所收取的款项依照合伙的债权与自己债权的比率均分之，即使在其收据上记明完全偿还自己的债额时亦同；但在其收据上如记明完全偿还合伙的债额时，应从其所定。

第 1849 条　合伙人中的一人在合伙的共同债权上已收取其应得部分的偿还而债务人无力清偿时，应将其所收取部分还返于合伙，即使已开具受领应得部分偿还的收据时亦同。

第 1850 条　合伙人因自己过失致使合伙受有损失时，应负赔偿之责；不得以其劳务的结果在其他事务上所提供的利益与此损失相抵消。

第 1851 条　仅以特定物的收益为合伙的出资，而该物虽经使用并不消费时，该物灭失的危险仍由所有人负责。

如该物因使用而消费时，或因保存致生损坏时，或决定将其出售时，或将该物存放于合伙而记载其评价于财产目录时，该物灭失的危险应由合伙负责。

如该物经评价后而灭失时，合伙人只能请求返还其评价的总额。

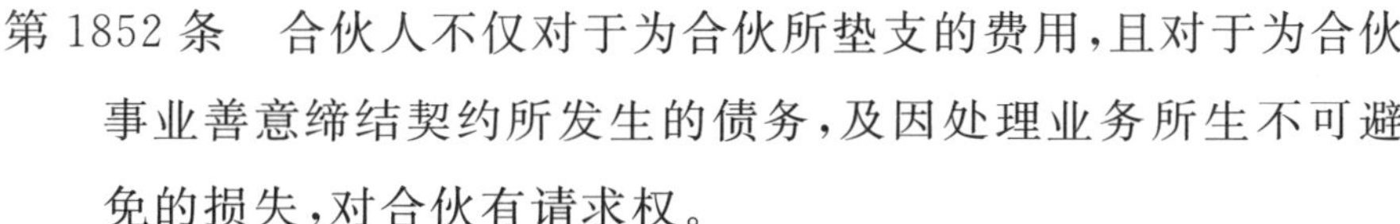

第 1852 条　合伙人不仅对于为合伙所垫支的费用，且对于为合伙事业善意缔结契约所发生的债务，及因处理业务所生不可避免的损失，对合伙有请求权。

第 1853 条　合伙章程如未规定合伙人分配利益或损失的成数时，应依各合伙人加入合伙的出资额的比率定之。

以劳务出资的合伙人，其分配利益或损失的比率应与出资额最少的合伙人的比率相同。

第 1854 条　合伙人如同意由合伙人中的一人或第三人决定其分配利益或损失的比率时，此项决定，如未显失公平时，不得予以攻击。

主张受有损失的合伙人由得知此项决定时起经过三个月后，或在其本人方面已开始执行此项决定时，任何有关此问题的请求不予受理。

第 1855 条　对于合伙人中之一人约定给予合伙全部利益者，无效。

对于合伙人中之一人或数人投资于合伙中的金额或物件，约定免除其分担合伙损失者，亦应无效。

第 1856 条　依合伙章程的特别条款规定负责执行业务的合伙人，就执行业务有关的一切行为，纵其他合伙人提出反对，除有诈欺情形外，均得为之。

此种权限在合伙存续期中，不得无合法原因予以取消；但此种权限仅在合伙章程订立后授予时，得比照普通委任取消之。

第 1857 条　合伙人数人负责执行业务，如未确定其职权范围时，或未约定其一人非得他人协助不得执行时，各合伙人就执行业务有关的一切行为，均得单独为之。

第 1858 条　如约定执行业务的合伙人中之一人非得他人的协助不得执行者，其执行业务的任何人在无新约定时，未取得他人的协助即不得单独执行业务，即使他人实际上不可能参加执行业务时，亦同。

第 1859 条　关于执行业务的方法如无特别约定时，依下列各款的规定：

一、合伙人被认为其彼此互相授予执行业务的权力。各合伙人的行为，即使有关其他合伙人的出资而未取得后者的同意，亦属有效；但其他合伙人或其他合伙人中之一人在该合伙人所为的行为尚未结束前，有声明异议的权利；

二、各合伙人得为其个人使用属于合伙的物件，但以其使用目的符合于经常使用的方式，且其使用不抵触合伙的利益或其使用并不妨碍其他合伙人使用的权利者为限；

三、各合伙人为保全合伙财产所支出的必要费用对于其他合伙人有请其共同负担之权；

四、合伙人中的一人，非得其他合伙人的同意，不得以处分变更属于合伙财产的不动产，即使此种变更对于合伙有利时，亦同。

第 1860 条　不执行业务的合伙人对于合伙财产，不得出卖或设定负担，即使动产亦同。

第 1861 条　各合伙人就自己的股份，得不经其他合伙人的同意而以第三人为其自己的合伙人：但合伙人如未经其他合伙人的同意，不得使第三人为合伙的合伙人，即使该合伙人为执行业务的合伙人时亦同。

第二目　合伙人对于第三人的义务

第 1862 条　在商业合伙以外的合伙，合伙人对于合伙债务不负连带责任，且合伙人中之一人非经其他合伙人授权时，不得使其他合伙人负担债务。

第 1863 条　各合伙人对于与合伙缔结契约的债权人，应按照〔合伙人数〕各负担相等数额或相等部分的债务，即使合伙人中的一人在合伙中的股份较小者亦同；但在契约上如约定依股份的比率确定各合伙人的责任时，不在此限。

第 1864 条　为合伙的计算订定债务的契约，仅拘束订约当事人而不拘束其他合伙人；但经其他合伙人授权时或该事件有利于合伙时，不在此限。

第四节　合伙解散的方法

第 1865 条　合伙因下列情形而解散：

一、合伙契约规定存续期限届满者；

二、特定物的消灭或合伙目的事业已成就者；

三、合伙人中之一人自然死亡者；

四、合伙人中之一人受民事死亡、禁治产或非商人破产的宣告者；

五、合伙人中之一人或数人表示退伙者。

第 1866 条　定有存续期限的合伙于期满后展延存续期限时，仅得依具有原合伙契约同一方式的书面证明之。

第 1867 条　合伙人中之一人预约以物的所有权为合伙出资，该物在交付前丧失时，对于全体合伙人应解散合伙。

合伙人中之一人仅以物的收益权为出资而保留其所有权者，如该物丧失时，亦应解散合伙。

但物的所有权已移转于合伙后而丧失时，不得解散合伙。

第 1868 条　约定在合伙人中之一人死亡的情形由其继承人继续合伙，或仅由现存的合伙人继续合伙者，应从其约定；但在第二种情形，死亡合伙人的继承人仅依照死亡当时的合伙情况，有分配合伙财产之权，对于死亡后合伙的财产，仅限于死亡合伙人死亡前的行为所产生的利益，始得主张分配。

第 1869 条　因合伙人中之一人退伙而解散合伙的情形，只适用于未定存续期限的合伙。退伙人应将其退伙事实通知其他合伙人，其退伙须出于善意并且非于不适时宜时提出，始得准许之。

第 1870 条　合伙人中之一人企图独自取得各合伙人均得主张共同享受的利益而退伙者，即系非善意的退伙。

合伙事业尚未完成且有暂缓解散的必要时，退伙即系不适时宜的退伙。

第 1871 条　定有存续期限的合伙，非有正当理由，合伙人中之一人不得在其期限届满前请求解散之；所谓正当理由，例如其他合伙人不履行义务，或长期患病以致无法参与合伙事业，或其他相类似的事由，关于理由的正当性或必要性，由审判员斟酌定之。

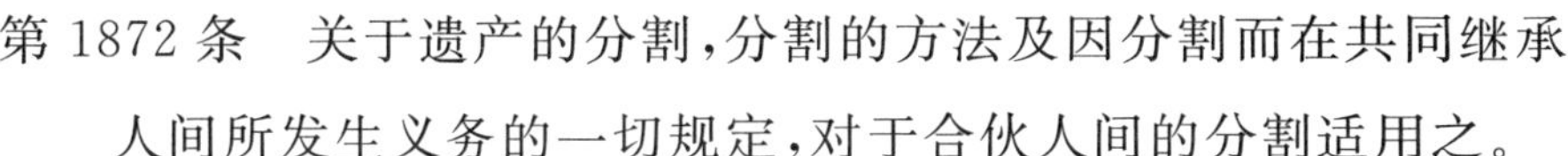

第 1872 条　关于遗产的分割，分割的方法及因分割而在共同继承人间所发生义务的一切规定，对于合伙人间的分割适用之。

有关商业合伙的规定

第 1873 条　本章的规定仅限于与商事法及商事习惯不相抵触的各点，对于商业合伙适用之。

第一〇章　借贷

第 1874 条　借贷分两种：一为供使用而不毁损物的借贷，一为因使用而消费物的借贷。前者称为使用借贷，后者称为消费借贷或单纯借贷。

第一节　使用借贷

第一目　使用借贷的性质

第1875条　使用借贷为当事人一方，以物交付他方使用，他方使用完毕后，负返还其物的义务的契约。

第1876条　使用借贷，按其性质为无偿契约。

第1877条　贷予人仍为借用物的所有人。

第1878条　任何得为买卖标的且不因使用而消费的物品，得为使用借贷契约的客体。

第1879条　使用借贷契约的效果及于贷予人的继承人，并及于借用人的继承人。

但借贷如仅约定为借用人本人的利益时，其继承人不得继续使用借用物。

第二目　借用人的义务

第1880条　借用人应与善良管理人同样负注意及保管借用物的义务。借用人只能依适合于物的性质或约定的目的而使用借用物，违反以上规定时，如有必要，应负赔偿损害之责。

第1881条　借用人如为其他目的或超过约定时间而使用其物致发生损失时，应负赔偿的责任；损失虽由于事变，亦同。

第1882条　在因事变而毁损借用物的情形，借用人在当时如使用自己的物件即能保存借用物，或借用人只能保存二者之一时，保存自己物件的借用人，应对借用物的损失负赔偿的责任。

第 1883 条　借用物在借用时曾经评价，日后发生损失者，即使损失由于事变，应由借用人负责，但有相反的约定时，不在此限。

第 1884 条　借用物纯因借贷目的使用的结果而发生损坏，且在借用人方面并无任何过失者，借用人不负损坏之责。

第 1885 条　借用人不得留置借用物，以抵消贷予人对自己所负的债务。

第 1886 条　如借用人为使用借用物而支出费用时，无请求偿还之权。

第 1887 条　数人共借一物时，对贷予人应负连带责任。

第三目　使用贷予人的义务

第 1888 条　贷予人在约定期限前不得收回借用物，如无约定期限时，应于该物依借贷目的使用完毕后收回之。

第 1889 条　在借贷期间，或在借用人不需要借用物以前，如贷予人对于该物有紧急及意外的需要时，审判员得依具体情形，责令借用人返还之。

第 1890 条　在借贷期间，为保存借用物起见，借用人不得不支出非常和必要的费用，且因情形急迫致不及通知贷予人时，贷予人应负偿还之责。

第 1891 条　借用物有足以损害借用人的瑕疵，如贷予人明知其瑕疵而不告知者，应负赔偿之责。

第二节　消费借贷或单纯借贷

第一目　消费借贷的性质

第 1892 条　消费借贷为当事人一方交付因使用而消费的物品的一定数量于他方，他方负返还同一种类、同一品质的同数量物品于贷予人的义务的契约。

第 1893 条　因消费借贷的结果，借用人变为借用物的所有人；在任何情形下发生损失时，其损失由借用人负担。

第 1894 条　种类虽同而个体上有区别的物品，例如兽类，不得依消费借贷的名义货予之：其借贷应为使用借贷。

第 1895 条　由金钱借贷所发生的义务，通常为偿还契约上所记载的金额。

在偿还金额前，如货币价格有涨落时，债务人应返还其所借的金额，并仅负担以偿还时通用的货币支付此项金额的义务。

第 1896 条　前条的规定，对于以金银条块为借贷者，不适用之。

第 1897 条　借用金银条块或商品时，不问其价格的涨落，债务人应返还同一质量、同一数量的物品，且仅负返还此种物品的义务。

第二目　贷予人的义务

第 1898 条　消费借贷的贷予人负第 1891 条使用借贷所规定的义务。

第 1899 条　在约定期限届满前，贷予人不得请求返还借用物。

第 1900 条　如未定返还期限时，审判员依据情形得允许借用人以适当的期间。

第 1901 条　借贷契约如只约定借用人能偿还时或有偿还能力时即行偿还者，审判员得依据情形指定偿还期间。

第三目　借用人的义务

第 1902 条　借用人应负担在约定期日返还与借用物同一数量、同一质量的物品的义务。

第 1903 条　借用人如不能以同一质量、同一数量的物品返还时，应按照契约规定应返还该物的时间与地点的价格，偿还其价金。

如未约定返还时间与地点者，按照该物借贷时及借贷地的价格，偿还其价金。

第 1904 条　借用人在约定期日不返还借用物或前条的价金时，从贷予人提起诉讼之日起，负支付利息的义务。

第三节　有利息的借贷

第 1905 条　对于金钱、商品或其他动产的消费借贷，得为支付利息的约定。

第 1906 条　借用人已支付未约定的利息者，不得请求返还，亦不得在原本内扣除之。

第 1907 条　利息有法定的利息或约定的利息。法定利息为法律所规定。约定利息得超过法定利息，但以法律未禁止者为限。约定利息的利率，应在书面上订定之。

第 1908 条　给予原本的收据而未载明利息尚未支付的保留者，认为利息已经支付且免除其支付的义务。

第 1909 条　人们得约定贷予人不得请求返还原本而以利息并入原本分期支付。

此类借贷称为定期金契约。

第 1910 条　前条定期金得依两种方式订立：一为永久定期金，一为终身定期金。

第 1911 条　永久定期金按其性质可以买回。

当事人只能同意在不超过十年的一定期限内不得买回，或同意非在预先约定期限内通知债权人后，不得买回。

第 1912 条　永久定期金债权人在下列情形下，得向债务人买回之：

一、债务人已二年不履行其义务时；

二、债务人未依契约所定，向贷予人提供担保时。

第 1913 条　永久定期金的原本，在债务人破产或非商人破产时，应认为债务到期。

第 1914 条　关于终身定期金的规定在本法赌博性契约章定之。

第一一章　寄托及讼争物的寄托

第一节　寄托的通则及其种类

第 1915 条　寄托，一般的为当事人一方收受他方物品，负责保管并返还原物的行为。

第 1916 条　寄托有两种：一为通常寄托，一为讼争物寄托。

第二节　通常寄托

第一目　寄托契约的性质

第1917条　通常寄托本质上为无偿契约。

第1918条　通常寄托的标的物，只以动产为限。

第1919条　通常寄托只以寄托物的现实交付或虚拟交付而发生效力。

受寄人以其他原因业已持有寄托的标的物时，只须为虚拟的交付。

第1920条　寄托有任意寄托与紧急寄托两种。

第二目　任意寄托

第1921条　任意寄托，依寄托人与受寄人的双方同意而成立。

第1922条　任意寄托仅限于寄托物所有人所为之寄托或经其明示或默示的同意而为之者，始成立合法的寄托。

第1923条　任意寄托应以书面证明之。其价值超过一百五十法郎以上时，不得以证言证明之。

第1924条　寄托物超过一百五十法郎且不能以书面证明时，被攻击的受寄人得以声明证明寄托的事实，寄托的标的物，或返还寄托物的事实。

第1925条　任意寄托仅限于有缔结契约能力人相互间，始得为之。

但如有缔结契约能力人收受无缔结契约能力人的寄托者，前者负有效寄托受寄人的一切义务；寄托人的监护人或财产管理人得对其提起诉讼。

第 1926 条　如有缔结契约能力人寄托物品于无缔结契约能力人时，寄托人仅对于尚在受寄人手中的寄托物，有请求返还的诉权，或在受寄人获得利益的限度内，有请求偿还利益的诉权。

第三目　受寄人的义务

第 1927 条　受寄人应以与保管自己财物同一的注意，保管寄托物。

第 1928 条　前条的规定在下列情形，应严格适用之：一、受寄人自己请求担任寄托者；二、受寄人保管寄托物有报酬者；三、寄托仅为受寄人的利益而为之者；四、受寄人有负担一切过失责任之明示的同意者。

第 1929 条　受寄人不问在任何情形下，对于不可抗力的事变，不负责任；但受寄人如迟延返还寄托物时，不在此限。

第 1930 条　受寄人非经寄托人明示或默示的许可，不得使用寄托物。

第 1931 条　寄托物存放于锁闭的箱柜或密封的包袋中而寄托于受寄人时，受寄人不得设法侦知寄托物为何物。

第 1932 条　受寄人应返还受寄的原物。

因之，货币寄托，不问其价额的涨落，应返还原货币。

第 1933 条　受寄人仅负担按照寄托物在返还时的状态返还寄托物的义务，非因受寄人的行为而发生的损坏，由寄托人负担其损失。

第 1934 条　受寄人因不可抗力丧失其寄托物后，如收受金钱或其他物品作为补偿时，应将所收受的补偿返还之，以代替寄托物的返还。

第 1935 条　受寄人的继承人，不知物品为寄托物而善意出售时，仅负返还其收取价金的义务；如尚未收取价金时，仅负移转其对买主请求交付价金诉权的义务。

第 1936 条　如受寄人收取寄托物所生的果实，应返还其收取的果实。受寄人对于受寄的金钱不负担任何利息，但自负迟延返还责任之日起，不在此限。

第 1937 条　受寄人仅对于寄托人，或以寄托人的名义而为寄托之人，或寄托人所指定的受领寄托物之人，负返还寄托物的义务。

第 1938 条　受寄人对于寄托人，不得请求其证明为寄托物的所有人。

但受寄人如发现寄托物为窃盗的赃物，并知该物的真正所有人为何人时，应将自己接受某人寄托的事实通知真正所有人，并催告所有人在相当期间内，请求返还寄托物；受通知者如怠于为此种请求时，受寄人得将该物交付于原寄托人而免除其责任。

第 1939 条　寄托人自然死亡或民事上死亡时，寄托物只能返还于其继承人。

继承人有数人时，应依其继承份而分别返还于各继承人。

如寄托物不可分时，应由继承人相互间协议之人收取之。

第 1940 条　寄托人的身份变更时，例如妇女在寄托时具有独立的能力，结婚后应受夫权的支配，寄托人为成年人于寄托后受禁治产的宣告时，凡此一切情形及其他相同的情形，只能返还寄托物于管理寄托人的权利及财产之人。

第 1941 条　监护人、夫或财产管理人，以此类资格而为寄托者，在其任务或管理事务终了后，寄托物只能返还于监护人、夫或财产管理人所代理的本人。

第 1942 条　寄托契约如指定返还处所时，受寄人应将寄托物携带至该处所。如因运输有支出费用的必要，由寄托人负担。

第 1943 条　契约未定返还处所时，应即在寄托地返还之。

第 1944 条　契约虽定有返还时期，如寄托人请求返还时，应立即返还寄托物；但受寄人收到扣押命令或禁止命令以阻止寄托物的返还及移动时，不在此限。

第 1945 条　恶意的受寄人〔因不履行返还义务，被处分民事拘留时〕，丧失裁判上让与其财产〔而免除拘留〕的利益。

第 1946 条　受寄人如发现并证明其本人为寄托物的所有人时，有关寄托的一切义务即行终止。

第四目　寄托人的义务

第 1947 条　受寄人为保管寄托物所支出的费用，寄托人应负偿还之责；受寄人因寄托所发生的一切损害，寄托人亦应负赔偿之责。

第 1948 条　寄托人因寄托对受寄人所负的债务如未全部清偿时，受寄人得留置寄托物。

第五目　紧急寄托

第 1949 条　紧急寄托是因逃避火灾、崩坍、抢夺、船难等灾害或其他不可预见的事故而为之寄托。

第 1950 条　紧急寄托，虽其价值超过一百五十法郎，亦得以人证证明之。

第 1951 条　以前各条的规定对于紧急寄托适用之。

第 1952 条　旅馆或旅店主人对于寄居旅客携带的物品，负受寄人的责任；此种物品的寄托视为紧急寄托。

第 1953 条　如旅客的物品被盗或损害时，不问出于旅馆仆人或雇佣人的行为，或出于其他出入旅馆之人的行为，旅馆或旅店主人应负赔偿责任。

第 1954 条　旅馆或旅店主人对于携带武器或以其他不可抗拒的手段所造成的损害，不负责任。

第三节　讼争物寄托

第一目　讼争物寄托的种类

第 1955 条　讼争物寄托有两种：一为合意的讼争物寄托，一为裁判上的讼争物寄托。

第二目　合意的讼争物寄托

第 1956 条　合意的讼争物寄托为一人或数人将讼争标的物，寄托于第三人，第三人在诉讼终结后，对于因判决而取得该物之人，负返还的义务。

第 1957 条　讼争物寄托，得为有偿的寄托。

第 1958 条　讼争物寄托如为无偿时，除下述不同的规定外，适用普通寄托的规定。

第 1959 条　讼争物寄托，不但动产得为寄托的客体，不动产亦得为寄托的客体。

第 1960 条　讼争物寄托的受寄人，在诉讼终了前，不得免除其责任，但经全体利害关系人的同意，或经判决认为有正当理由时，不在此限。

第三目　裁判上的强制寄托

第 1961 条　法院对于下列物件得为强制寄托的命令：

一、债务人已被扣押的动产；

二、二人或数人间对于所有权或占有发生争执的不动产或动产；

三、债务人为清偿所提供之物。

第 1962 条　裁判上财产管理人的指定，在扣押人与财产管理人间发生相互的义务。财产管理人对于被扣押物件的保管，应尽善良管理人的注意。

财产管理人因扣押人的出售而免除义务时，应交出扣押物；或因解除扣押时，对受强制执行者，应交出扣押物。

扣押人对财产管理人应支付法定的报酬。

第 1963 条　裁判上强制寄托的财产管理人或为当事人相互间同意之人，或为审判员依其职权所指定之人。

在前述两种情形中的任何一种情形，财产管理人应负合意的讼争物寄托所生的一切义务。

第一二章　赌博性的契约

第 1964 条　赌博性契约为当事人全体或其中一人或数人从此获得利益或遭受损失的效果，系依不确定的事实为转移的相互合意。

赌博性契约如下：

保险契约；

航海危险的借贷；

博戏及赌博；

终身定期金契约。

前两款应适用海商法的规定。

第一节　博戏及赌博

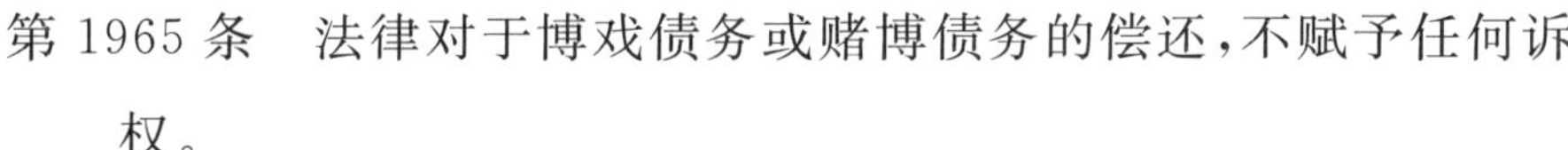

第 1965 条　法律对于博戏债务或赌博债务的偿还，不赋予任何诉权。

第 1966 条　关于练习使用武器的博戏、竞走、竞马、竞车、赛球及其他目的在锻炼并增进健康的同类博戏，约定赌注者，不适用前条的规定。

但法院认为其金额过大者，得驳回其请求。

第 1967 条　在任何情形下，败者不得请求返还其自愿支付的金额，但胜者如有诈欺、欺瞒或骗取情形时，不在此限。

第二节　终身定期金契约

第一目　契约的有效条件

第 1968 条　终身定期金，得以一定的金额，或以可估价的动产或不动产，为有偿的设定。

第 1969 条　终身定期金，亦得由于生前赠与或遗赠而为无偿的设定；在此情形，终身定期金应具备法律所定的方式。

第 1970 条　在前条的情形，如终身定期金超过处分人有权处分部分者，得减少之；如终身定期金为无受赠能力人设定者，无效。

第 1971 条　终身定期金，得就支付代价人的生命存续期或就无权享受定期金的第三人的生命存续期为标准而设定之。

第 1972 条　终身定期金，得就一人或数人的生命存续期为标准而设定之。

第 1973 条　终身定期金，虽由他人提供代价，得为第三人的利益而设定之。

在前项情形，终身定期金虽有赠与的性质，不适用有关赠与法定方式的规定；但第 1970 条规定的减少或无效的情形，不在此限。

第 1974 条　终身定期金契约以订约时已死亡之人的生命存续期为标准而设定者，不发生任何效力。

第 1975 条　终身定期金契约以身患疾病于契约成立后二十日内死亡之人的生命存续期为标准而设定者，亦同。

第 1976 条 终身定期金,契约当事人得任意约定每期应付金额,而设定之。

第二目 契约当事人间的契约效果

第 1977 条 有偿定期金债权人,在债务人不提供为履行所约定的担保时,得请求解除契约。

第 1978 条 因终身定期金的设定而受利益之人,不得仅以未付定期金,而请求返还原本或重行占有其出让的土地:受益人仅有权扣押和出卖其债务人的财产,并依裁判或合意就出卖财产的卖价内提取足够支付各期定期金的金额。

第 1979 条 设定人不得以返还原本并抛弃已付各期定期金的返还请求权,而免除终身定期金的支付;设定人对于以一人或数人生命存续期为标准所设定的定期金,在此等人生存期间内,不问生存期间如何久长及给付定期金的负担如何沉重,应负支付的义务。

第 1980 条 定期金受益人按自己生存的日数取得定期金。

但有预付的约定时,其应受预付期间的定期金,在应预付定期金之日取得之。

第 1981 条 终身定期金,除其设定为无偿的情形以外,不应为不得扣押的约定。

第 1982 条 终身定期金不因受益人的民事死亡而消灭;在其自然生存期间,应继续支付之。

第 1983 条 终身定期金的受益人,非证明自己的生存,或证明终身定期金依其生命存续期为标准而设定之人的生存时,不得请求定期金。

第一三章　委任

第一节　委任的性质及方式

第1984条　委任或委任书为一方授权他方以委任人的名义处理其事务的行为。

委任契约须经受任人的承诺而成立。

第1985条　委任得以公证书、私证书或书信为之；亦得依言辞成立。但只在依照契约或合意之债的一般规定章的规定下，始许以人证证明。

委任的承诺得依默示并基于受任人执行委任事务而成立。

第1986条　委任在无相反的约定时，为无偿的。

第1987条　委任或为关于委任人的一项或数项事务的特别委任，或为关于委任人的一切事务的概括委任。

第1988条　以概括词句委任者，仅包括管理行为。

委任如有关所有权的出让、抵押权或其他有关所有权行为的设定时，应以明示的授权为之。

第1989条　受任人不得在委任书所记载的范围以外处理任何事务：因之，和解权限的授予并不包括公断的权限。

第1990条　已婚妇女及解除亲权的未成年人，得被选任为受任人；但委任人对于未成年的受任人，只依有关未成年人义务的一般规定而有诉权，对于未得其夫许可而承诺委任的已婚妇女，只依夫妻财产契约及夫妻间的相互权利章的规定而有诉权。

第二节　受任人的义务

第 1991 条　受任人在委任存续时，负履行其义务的责任，并对于因其不履行所生的损害，负赔偿的责任。

如因迟滞而有发生不利的情形时，受任人应完成委任人死亡当时已着手的事务。

第 1992 条　受任人不仅对于诈欺负责，并应对于处理事务中的过失，负其责任。

但关于过失责任，无偿的受任人应较受领报酬的受任人为轻。

第 1993 条　受任人应将处理的事务向委任人报告，并交付基于委任所取得的一切之物于委任人，即使其所取得不属于委任人应得之物时，亦同。

第 1994 条　受任人对于他人代自己处理委任事务，有下述情形之一时，应负其责：一、受任人未取得委托他人为复代理人的权限时；二、授予受任人此种权限并未指定人名，而受任人所选之人显无能力或无资力时。

在任何情形下，委任人对于受任人的代理人，有直接请求之权。

第 1995 条　以同一证书选任的数个受任人或代理人，仅在有明白记载的限度内相互间负连带责任。

第 1996 条　受任人对于其个人挪用的金额，应自挪用之日起负担利息；对于债务残额，应自催告之日起负担迟延利息。

第 1997 条　受任人以受任人的资格与第三人缔结契约而使该第

三人充分了解自己的权限时，对于权限以外的行为不负担保责任，但受任人保证委任人追认而委任人拒绝追认时，不在此限。

第三节　委任人的义务

第 1998 条　委任人对于受任人依授予的权限所缔结的契约，负履行的义务。

委任人对于受任人权限外的行为，仅在其为明示或默示追认时，始负责任。

第 1999 条　受任人因履行委任所垫付的款项及费用，委任人应偿还之，如定有报酬时，委任人应支付之。

受任人如无任何过失时，即使事务未完成，委任人不得免除其偿还及支付的责任；委任人亦不得以费用及垫款原可较少为理由而减少其数额。

第 2000 条　受任人因处理委任事务，非由于自己过失致受损失时，委任人应负赔偿的责任。

第 2001 条　对于受任人垫付的款项，委任人自经证明垫付之日起负偿还利息的责任。

第 2002 条　数人为共同事务选任受任人者，各委任人对于受任人因委任所发生的一切效果，负连带责任。

第四节　委任终止的各种事由

第 2003 条　委任因下列的事由终止：

一、受任人的解任；

二、受任人的抛弃委任；

三、委任人及受任人的自然死亡（或民事死亡）、禁治产或非商人的破产。

第 2004 条　委任人得任意解除其委任，在必要时，得请求受任人返还其记载委任的私证书；如委任书的交付为公证书的原本时，得请求返还其原本；如交付委任书而保存原本时，得请求返还其公证抄本。

第 2005 条　仅通知受任人解任的情形，不得以此种解除对不知解任而与受任人缔结契约的第三人提出主张，但委任人对受任人有求偿权。

第 2006 条　关于同一事务选任新受任人时，自通知旧受任人之日起即发生解除旧受任人委任的效力。

第 2007 条　受任人得以其抛弃通知委任人，而抛弃其委任。

但抛弃如对委任人发生不利时，受任人对委任人应负损害赔偿之责，但受任人非受显著的损失即不能继续其委任时，不在此限。

第 2008 条　受任人于不知委任人的死亡或其他委任终止的事由所为的行为，仍属有效。

第 2009 条　在前条的情形，对于善意第三人，受任人应履行所约定的义务。

第 2010 条　受任人死亡时，其继承人必须通知委任人，在委任人收到通知、采取必要措施前，并应为委任人的利益处理紧急的事务。

第一四章　保证

第一节　保证的性质及范围

第 2011 条　债务的保证人，在债务人自己不履行其债务时，对债权人负履行其债务的责任。

第 2012 条　保证仅得就有效的债务提供之。

但对于仅债务人个人有取消债务抗辩权的债务，例如未成年人订立的债务，仍得提供保证。

第 2013 条　保证不得超过债务人负担的范围，亦不得约定较重的条件。

保证得约定仅担保债务的一部分，并得约定较轻的条件。

超过债务的保证，或约定较重条件的保证，并非无效：仅应减缩至主债务的限度。

第 2014 条　虽无主债务人的委托，甚至未为主债务人所知悉，亦得提供保证。

不仅得为主债务人的保证人，亦得为保证人的保证人。

第 2015 条　保证不得推定；保证应以明示为之，并不得扩张至超过契约所定的限度。

第 2016 条　对于主债务的无限制保证及于该主债务的一切附带债务，即使最初的诉讼费用及通知保证人以后的一切费用，亦在保证范围之内。

第 2017 条　保证人的义务得移转于其继承人，但保证人如负民事拘留的义务时，不在此限。

第 2018 条　负提供保证人义务的债务人，应提供有缔结契约的能力、有担保债务充分的财产并在国王法院（上诉法院）管辖区内有住所之人为保证人。

第 2019 条　保证人的资力仅以其不动产所有权为标准，但关于商事事件或小量债务，不在此限。

讼争的不动产，或其所在地距离遥远难以行使追索者，不计入前项不动产之内。

第 2020 条　债权人自愿接受或裁判上接受的保证人，如以后无资力时，债务人应提供其他保证人。

前项规定，对于依同意而由债权人所指定的特定人为保证人时，不适用之。

第二节　保证的效果

第一目　债权人及保证人间的保证效果

第 2021 条　保证人仅在债务人不履行其债务时，始对于债权人负履行债务的责任，债权人应先就债务人的财产进行追索，但保证人抛弃此种抗辩的利益，或保证人与债务人负担连带债务时，不在此限；在后一情形，关于保证人义务的效果，应适用连带债务的规定。

第 2022 条　保证人在最初被诉而主张应先向主债务人追索时，债权人应负追索主债务人财产的义务。

第 2023 条　请求先向主债务人追索的保证人，应将主债务人的财产指示于债权人，并预支为追索所必要的金额。

保证人，对于主债务人在履行地国王法院（上诉法院）管辖外的财产，或讼争中的财产，或为主债务设定抵押权而现不在主债务人占有中的财产，不得指示之。

第 2024 条　保证人指示前条规定的财产并预付为追索所必要的金额时，债权人如不为请求而日后主债务人发生无资力的情形，对于保证人在其指示财产的限度内，自行负责。

第 2025 条　数人为同一债务及同一债务人的保证人时，保证人各自负保证全部债务的责任。

第 2026 条　但各共同保证人，除抛弃分担保证的利益外，得请求债权人预先分割其诉权并缩减各保证人负担保证的部分。

因保证人中一人的请求而为分割宣判的当时，如保证人中有无资力者，此保证人应就无资力者所负担的部分，按比率负保证责任。但分割后发生无资力的情形时，不在此限。

第 2027 条　如债权人自愿分割其请求权时，即使在其同意分割前有无资力的保证人，亦不得请求取消其分割。

第二目　债务人及保证人相互间的保证效果

第 2028 条　已为清偿的保证人，不问其提供保证是否为债务人所知悉，得向主债务人请求偿还。

前项求偿权包括原本、利息及费用；但保证人仅限于将自己被诉的事实告知主债务人以后所支出的费用，始有求偿权。

保证人如受有损害时，对损害赔偿亦有求偿权。

第 2029 条　已清偿债务的保证人，代位债权人取得其对于债务人的一切权利。

第 2030 条　同一债务有数个主债务人负连带债务时，保证全体债务人的保证人，对于各连带债务人，有请求偿还其所支付金额的权利。

第 2031 条　已为第一次清偿的保证人未将其清偿通知主债务人，而主债务人为第二次清偿者，保证人不得向主债务人请求偿还；但对于债权人得行使请求返还的权利。

在保证人未经债权人诉追且未通知主债务人而为清偿的情形，如在清偿当时主债务人有请求宣告债务消灭的防御方法时，保证人对主债务人无求偿权；但对于债权人得行使请求返还的权利。

第 2032 条　保证人在下列情形下，即使在为清偿以前，得对债务人行使求偿权：

一、保证人被追诉清偿时；

二、债务人陷于破产或非商人的破产时；

三、债务人负担义务在特定期间内免除保证人的责任时；

四、债务因约定期间的到来而达清偿期时；

五、主债务未定有清偿期而经过十年时；但主债务在特定时期以前依其性质不得消灭者，例如监护人的义务，不在此限。

第三目　共同保证人间的保证效果

第 2033 条　数人对同一债务、同一债务人为保证时，其已为清偿的保证人有向其他保证人依各自负担部分，请求偿还之权。

但此项求偿权仅限于保证人依前条规定情形之一而为清偿时，始得行使之。

第三节　保证的消灭

第 2034 条　由保证所生的债务，因与其他债务同一的原因而消灭。

第 2035 条　主债务人和其保证人，如一方为他方的继承人时，因两种资格集中于一身而发生混同；在此情形，债权人对于保证人的保证人的请求权并不消灭。

第 2036 条　保证人对于债权人得主张属于主债务人和主债务的一切抗辩。

但保证人不得主张专属于债务人本身的抗辩。

第 2037 条　因债权人的行为，致保证人不能代位债权人行使属于债权人的权利、抵押权和优先权者，保证人应免其责。

第 2038 条　债权人同意接受不动产或某种动产抵偿其债权时，保证人即免除责任，即使日后债权人接受的财产被追夺时，亦同。

第 2039 条　债权人如单纯允许主债务人延期清偿时，并不免除保证人的责任，在此情形，保证人得对债务人提起诉讼强其偿还。

第四节　法定保证人及裁判上的保证人

第 2040 条　依法律或裁判负有提供保证人义务之人，其提出的保证人应具备第 2018 条及第 2019 条所定的条件。

裁判上的保证人除依前项规定外，并应为依法得处民事拘留之人。

第 2041 条　如未能提供保证时，得代之以相当的动产质押。

第 2042 条　裁判上的保证人不得为先向主债务人进行追索的请求。

第 2043 条　单纯为裁判上的保证人之保证人者，不得为先向主债务人及保证人进行追索的请求。

第一五章　和解

第 2044 条　和解为当事人以终止已发生的争执或防止将发生的争执为目的之契约。

和解契约应以书面做成之。

第 2045 条　和解当事人，应对于和解标的物，有处分的权利。

监护人仅得依未成年人、监护及亲权解除章第 467 条规定，为未成年人或禁治产人缔结和解；关于监护的计算，监护人仅得依同章第 472 条规定，于未成年人达成年后，与之缔结和解。

区、乡及公共机关非经国王的明示许可时，不得缔结和解。

第 2046 条　关于由侵权行为所生的民事利益，不妨成立和解。

前项和解并不阻止检察官对侵权行为提起诉讼。

第 2047 条　在和解上，对于不履行和解者，得为违约金的约定。

第 2048 条　和解仅对于其标的物发生效力：在和解上所为一切权利、诉权及请求权的抛弃，仅以有关争执发生的原因者为限。

第 2049 条　和解仅处理和解中所包括的争执，关于争执的范围，或以当事人特定的或概括的言辞表达的意思，或依其表示的

必然结论得以认定的意思为准。

第 2050 条　凡就自己个人的权利缔结和解者，以后又由他人取得同类权利时，其所取得的权利不受以前和解的拘束。

第 2051 条　利害关系人中之一人所缔结的和解，不得拘束其他关系人，并不得对其他关系人主张和解。

第 2052 条　和解在当事人间有终审判决的效力。

和解不得以法律错误或有失公平为理由提出攻击。

第 2053 条　但关于争执的当事人或标的物有错误时，和解得取消之。

在任何情形下，如有诈欺或胁迫时，其和解亦得取消之。

第 2054 条　就无效的权利证书的履行缔结和解者，亦得诉请取消；但当事人如明知其无效而缔结和解时，不在此限。

第 2055 条　基于以后证明为伪造的权利证书而缔结和解者，应全部无效。

第 2056 条　如当事人双方或一方不知诉讼经确定判决而取得判决拘束力时，其对于诉讼所缔结的和解无效。

如当事人不知其判决有上诉可能时，其所缔结的和解有效。

第 2057 条　当事人对于相互间所发生的一切争执而为概括的和解时，权利证书在当时为当事人所不知而在以后发现者，不得作为取消和解的原因；但权利证书由当事人一方留置时，不在此限。

如依新发现的证书确认当事人一方对于和解的标的物并无权利时，关于该标的物所缔结的和解，无效。

第 2058 条　和解如有计算的错误时，应订正之。

第一六章　民事拘留

第 2059 条　在民事上有假冒情形时，得处以民事拘留。

有下列情形之一者为假冒：

一、明知不属于自己的不动产而以之出售或抵押时；

二、设有抵押权的不动产而诡称并未设有负担时；或诡称不动产上设定的抵押权小于其实际负担时。

第 2060 条　有下列情形之一者，亦得处以民事拘留：

一、在紧急寄托的情形〔受寄人有恶意时〕；

二、在以暴行夺去所有人的不动产，经法院判决恢复原状，返还在不法占有期中所收取的果实，并偿还所有人所受的损失时〔为保证判决的执行，应拘留侵夺占有的行为人〕；

三、对于负责受寄金钱的官吏，请求返还金钱〔而拒绝返还〕时；

四、对于讼争物受寄人，或法院所任命的其他保管人，请求返还寄托物〔而拒绝返还〕时；

五、对于裁判上保证人和得处以民事拘留的保证人〔因其不履行保证义务时〕，但在后一情形，以保证人曾承诺此种执行方法者为限；

六、对于官吏，因其违背命令而不交出所保存的原本时；

七、对于公证人、律师及执行员，请求返还其在职务上代诉讼人收受的权利证书和款项〔而拒绝返还〕时。

第 2061 条　关于确认不动产所有权之诉，败诉人经确定判决判令其迁离不动产而拒绝履行时，法院在送达第一次判决于败诉人本人或其住所十五日后，得为第二次判决，处以民事拘留。

如土地或不动产距离败诉人住所地在五十公里以上时，前项十五日的期间，应按每五十公里增加一日。

第 2062 条　对于承租人，关于乡村财产租金的支付，除租赁契约明白约定外，不得为民事拘留的判决。

乡村财产租赁的承租人和约定分享果实的承租人在租赁契约终止时不交还所使用的牲畜、种子及其他农具者，除证明此种财物的缺损非由于承租人的行为外，得处以民事拘留。

第 2063 条　在以前各条规定的情形或在将来以其他法律明白规定的情形以外，审判员不得为民事拘留的判决；公证人或书记员不得做成有关此类约定的证书，又此类证书即使已在外国订立，法国公民亦不得承诺此类证书；如违背上述规定者，无效，并负担费用和损害赔偿。

第 2064 条　虽在前数条规定的情形，对于未成年人，不得为民事拘留的判决。

第 2065 条　在三百法郎以下的金额，不得为民事拘留的判决。

第 2066 条　对于七十岁老人及已婚或未婚的妇女，除假冒的情形外，不得为民事拘留的判决。仅须七十岁开始，即得享受关于七十岁老人所享受的利益。

对于已婚妇女在结婚期间，仅关于其分别财产制的财产或保留自由管理的财产，且以此等财产名义设定〔假冒〕的负担的情形，始得基于假冒的原因而为民事拘留的判决。

采用共同财产制的已婚妇女，应与其夫负共同的或连带的责任，不得因此种夫妻财产契约而视为假冒。

第 2067 条　民事拘留，虽在法律上有规定的情形，亦只能依判决为之。

第 2068 条　因提供保证而准予暂先执行的判决所宣告的民事拘留不因上诉而停止。

第 2069 条　民事拘留的判决，并不阻止或停止对于其财产的追索和执行。

第 2070 条　本章规定并不变更特别法律中有关商事的民事拘留的规定，或有关违警罚的法律或有关管理公款的法律中此类的规定。

第一七章　质押

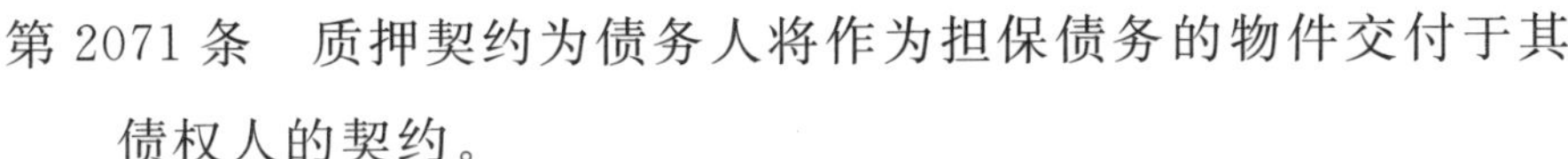

第 2071 条　质押契约为债务人将作为担保债务的物件交付于其债权人的契约。

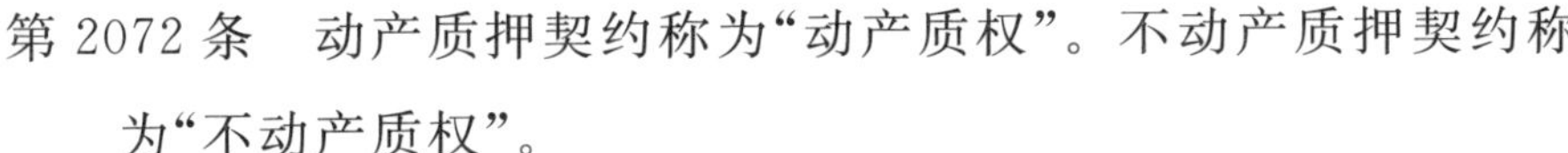

第 2072 条　动产质押契约称为“动产质权”。不动产质押契约称为“不动产质权”。

第一节　动产质权

第 2073 条　动产质权赋予债权人在质物上优先于其他债权人而受清偿的权利。

第 2074 条　此种优先权仅限于合法登记的公证书或私证书所记载主债务的数额以及作为担保品物件的性质、种类或黏附于证书的记录所载该物件质量、重量及长度的范围内发生。

但价值超过一百五十法郎时，始有做成证书和登记的必要。

第 2075 条　前条的优先权如以无形动产——例如有关动产的请

求权——为标的，仅得以公证书或私证书做成且经登记并通知设定质权的请求权的债务人时，始得成立。

第 2076 条　在任何情形下，如质物仅在债权人或经当事人同意的第三人手中并继续占有时，其优先权始存在于质物之上。

第 2077 条　第三人亦得为债务人而提供质物。

第 2078 条　债权人在债务不清偿时，不得处分质物：但债权人得请求法院准其依照鉴定人的估价，在债务的限度内，将质物作为代物清偿而归属于自己，或以拍卖方法，将质物出售之。

凡允许债权人不具备前项方式而取得或处分质物的约款无效。

第 2079 条　债务人在其质物所有权被剥夺（强制执行）以前，仍保有质物的所有权；在债权人占有中的质物，亦仅寄托于债权人以确保其优先权。

第 2080 条　债权人依契约或合意之债的一般规定章的规定，对于因自己过失所发生质物的灭失或毁损，负赔偿责任。

但债权人为债务人保存质物所支出有益并必要的费用，应由债务人偿还之。

第 2081 条　在以债权作质时，该债权如订有利息，质权人得由该债权的利息内取偿自己债权的利息。

如以债权作质所担保的债未订有利息时，质权人得由该债权的利息取偿自己债权的原本。

第 2082 条　债务人仅于以质权担保的债务的原本、利息及费用已全部清偿时，始得请求返还质物，但质物占有人滥用质物时，不在此限。

同一债务人于设定质权后又对同一债权人约定负担其他债务，而该债务在第一债务清偿前到期者，债权人在两个债权未受到完全清偿前，不负交还质物的义务，即使并无特约以质物担保第二债务的清偿时，亦同。

第2083条　债务纵在债务人的继承人和债权人的继承人间可以分割，质权不得分割。

债务人的继承人已清偿其负担部分的债务，如全部债务未完全清偿时，不得请求返还其在质物上的应有部分。

同样，债权人的继承人已受领其应分配部分的债权的清偿时，不得返还质物以损害其他共同继承人未受清偿的应分配部分的债权。

第2084条　关于商事及核准设立的质当借贷业，应依其他有关法律及规则的规定，不适用前数条的规定。

第二节　不动产质权

第2085条　不动产质权仅得以书面设定之。

债权人依此契约仅取得收取不动产果实的权利，债权如应付利息时，此项果实每年应先抵偿利息，其次即抵偿原本。

第2086条　债权人对于因取得不动产质权而占有的不动产，除另有约定外，应负支付每年租税及负担的义务。

债权人应负保存不动产并为有益及必要的修缮之责，其因此所支付的费用，得由收益中扣除之；不为上述行为致发生损害者负赔偿之责。

第2087条　在债务未完全清偿前，债务人不得请求享有设定质权的不动产的用益权。

但债权人如愿解除其前条义务时，得强迫债务人回复对于该不动产的用益权；但债权人曾抛弃此项权利时，不在此限。

第 2088 条　债权人不得仅因达到约定期日未为清偿而取得不动产的所有权；任何相反的约定无效：在此情形，债权人得依法请求按强制执行程序剥夺债务人的所有权。

第 2089 条　当事人约定以果实抵偿利息的全部或部分时，该约定的执行与其他为法所不禁的约定同。

第 2090 条　第 2070 条及第 2083 条关于动产质权的规定，对于不动产质权适用之。

第 2091 条　本章的规定并不妨害第三人在设定质权的不动产上的一切权利。

不动产质权人如在不动产上合法地成立或保存优先权或抵押权时，得与其他债权人同样地依照顺位而行使此等权利。

第一八章　优先权及抵押权

第一节　通则

第 2092 条　负担债务的人，负以现在所有或将来取得的一切动产或不动产履行其清偿的责任。

第 2093 条　债务人的财产为其全体债权人的共同抵押品；因此其财产的价金应依债权人债权额平等分派之，但债权人中如基于合法原因有优先受偿的权利存在时，不在此限。

第 2094 条　合法的优先受偿权利的原因为优先权和抵押权。

第二节　优先权

第 2095 条　优先权为依债务的性质而给予债权人先于其他债权人甚至抵押权人而受清偿的权利。

第 2096 条　优先权债权人如有数人时，依优先权的性质而定其优先权的顺位。

第 2097 条　同一顺位的优先权人，依其债权额平等受偿之。

第 2098 条　国库的优先权及其行使的顺位应依其有关法律的规定。

但国库不得因取得优先权以损害第三人早先取得的权利。

第 2099 条　优先权得对于动产或不动产行使之。

第一目　关于动产的优先权

第 2100 条　优先权得就一般的动产，亦得就特定的动产有优先受偿的权利。

第一分目　动产的一般优先权

第 2101 条　下列债权对于债务人一般动产上有优先权，并依下列顺位行使之：

一、诉讼费用；

二、丧葬费用；

三、受雇人过去一年的报酬及本年到期的报酬；

四、供给债务人或其家属的生活资料；即面包铺、肉铺或其他零售商人在前六个月供给的物品，寄宿舍及批发商人在前一年供给的物品。

第二分目　动产的特定优先权

第2102条　下列债权于债务人的特定动产上有优先权：

一、房屋或土地租赁的租金就本年度收获的果实和租赁房屋中或土地上一切设备的价金以及用作耕种土地的工具的价金有优先权；即如租赁契约以公证书或日期已经确定的私证书做成者，关于一切已到期及将来到期的租金有上述优先权；且在此两种情形，其他债权人在土地或房屋租赁期限届满前，有权为自己的利益转租土地或房屋于他人时，应偿还出租人尚未受偿的债权；

如土地或房屋租赁契约非以公证书做成或以私证书做成而日期并未确定时，出租人对于从本年终起算一年间的租金，有本条本款第一段的优先权；

关于承租人所负修缮房屋的义务或一切有关违反租赁契约的履行所发生的债务，亦有本条本款第一段的优先权；但关于种子或本年度收获费用所欠的金额，就收获物受偿，以及关于农具所欠的金额，就农具价金受偿，不问前一情形或后一情形，均有优先于出租人受偿的权利；

土地或房屋的所有人在承租人未得其同意而将土地或房屋中设备迁出时，得扣押此种设备，且如关于土地上的设备在四十日内行使追还权，关于房屋中的设备在十五日内行使追还权者，对于此种设备仍保有优先权；

二、质权债权人就其占有中的质物有优先权；

三、为保存物件支出的费用，就该物件有优先权；

四、购买动产未支付的价金，如该动产仍在买受人占有中者，不问其为现金买卖或赊欠买卖，出卖人就该动产有优先权；

如为现金买卖，在买受人占有该动产时，出卖人并得请求返还该动产，且如于交付该动产之日起八日内诉请返还而该动产仍保持交付时的原状者，并得阻止买受人转卖该动产；

出卖人的行使优先权，应在土地或房屋所有人的优先权之后，如能证明所有人已知土地或房屋所备置的动产不属于承租人时，不在此限；

以上规定并不变更商事上的法规及习惯有关追还所有权的规定；

五、旅馆主人对旅客的供给，就旅客搬运于旅馆的动产有优先权；

六、运输费用及附带费用，就运输物品有优先权；

七、关于官吏在职务上因擅权和渎职所发生的债权，就其出具的保证金及利息有优先权。

第二目　关于不动产的优先权

第 2103 条　在下列情形下，债权人对于债务人的不动产有优先权：

一、出卖人关于不动产价金的清偿，就其出卖的不动产有优先权；

如有连续数次的买卖而其价金的全部或部分尚未清偿时，第一出卖人优先于第二出卖人，第二出卖人优先于第三出卖人，并以此类推；

二、为购买不动产而贷予金钱的贷予人，如经公证的借贷契约证明其贷予金钱目的为购买不动产，且在出卖人的收据上亦载明买受人所付的价金为贷予人所贷予时，就该不动产有优先权；

三、共同继承人〔即不可分物的共同分割人，因其分配份被追夺〕对其他共同继承人有求偿权，以及〔因其分配份有失公平〕对其他共同继承人有要求返还超过额或补偿权，为保证此等权利，就遗产中的不动产有优先权；

四、建筑人、承揽人、泥水工、其他建筑、重建或修缮建筑物、沟渠或其他工程的工人，如具备下述程序，对不动产有优先权：1. 工程开始前，由建筑物所在地区的第一审法院指派鉴定人做成所有人计划与工地有关建筑物状况的记录，2. 工程完毕后至多六个月内，由法院指派鉴定人为验收工程做成的记录；但优先权的总额不得超过第二次记录认定的价值，并限于出让不动产时因工程所增加的价值；

五、为支付或偿还有优先权的工人而贷予金钱的贷予人，如经以公证做成的借贷契约和工人收据均证明其金额为供此项用途时，与前述为购买土地而贷予金钱的贷予人就买受的不动产有优先权相同，就前款建筑物有优先权。

第三目　关于动产及不动产的优先权

第 2104 条　关于动产及不动产的优先权为第 2101 条规定的各种优先权。

第 2105 条　前条规定的优先权，在无动产可资受偿而与对不动产有优先权的债权人共同就不动产的价金行使时，应依下列顺位清偿之：

一、第 2101 条规定的裁判上费用及其他费用；

二、第 2103 条规定的各种请求权。

第四目　保持优先权的方法

第 2106 条　不动产的优先权非经法定方式登记于抵押登记机关的登记簿册者，在债权人间，不发生效力，且登记效力仅自登记之日起发生，次条规定为唯一例外。

第 2107 条　第 2101 条规定的请求权免除登记的手续。

第 2108 条　出卖人得将其出让所有权于买受人并证明其应得价金全部或部分尚未支付的证书登记，以保全其对于不动产的优先权；关于此点，买受人登记其买卖证书，和出卖人或在买卖契约中供给买价而取得出卖人权利的贷款人的登记有同一效力；但抵押权登记机关的登记员对于产生于移转所有权证书的债权，不问为出卖人或贷款人的利益，应自行登录于登记簿，否则对第三人负赔偿一切损害的义务；登记员在买卖契约未进行登记的情形，亦得命令其登记以便据以进行保全未付价金的登记。

第 2109 条　共同继承人或依拍卖方法对不可分物进行共同分割之人，为保全其要求返还〔分配〕超过额或补偿权或拍卖的价金，在做成分割证书或拍卖拍定之日起六十日内请求登记时，就各分配份的财产或拍定财产有优先权；在上述六十日的期间内，就负担返还〔分配〕超过额或补偿权或拍卖卖价的财产，不得成立抵押权，以损害债权人关于要求返还〔分配〕超过额或补偿权或拍卖卖价的权利。

第 2110 条　建筑人、承揽人、泥水工及其他为建筑、重建或修缮建筑物、沟渠或其他工程的工人，及为支付或偿还上述工程费用而贷予金钱，其用途已经证明的贷予人经进行两次的登记——建筑物状况记录的登记，和验收记录的登记——而保全其权利，且自第一次记录登记之日起取得优先权。

第 2111 条　债权人及受遗赠人如依继承章第 876 条规定请求分离继承人与被继承人的财产，并自继承开始六个月内对于遗产的各种财产进行登录时，对于被继承人的继承人和代位继承人的债权人而言，即就遗产中的不动产保有优先权。

在六个月期限内，继承人或被继承人的代理人不得就该财产有效地设定抵押权以损害债权人或受遗赠人的权利。

第 2112 条　各种优先权债权的受让人，取得让与人的地位，得行使让与人的一切权利。

第 2113 条　应完成登记手续的优先权未依照上述法定要件以保全其优先权者，并不停止其保有抵押权；但对于第三人，抵押权仅自依下述规定登记之日起发生效力。

第三节　抵押权

第 2114 条　抵押权为保证清偿债务而在不动产上设定的物权。

抵押权在其性质上为不可分的，并就设定抵押权的数个不动产的全部，和每一不动产的每一部分上存在之。

设定抵押权的不动产不问归何人所有，抵押权跟随该不动产而存在。

第 2115 条　抵押权仅依法律许可的情形以及法定方式设定之。

第 2116 条　抵押权分为下列三种：法律上的抵押权、裁判上的抵押权、契约上的抵押权。

第 2117 条　法律上抵押权为依据法律规定所发生的抵押权。裁判上抵押权为依据裁判或司法行为所生的抵押权。契约上抵押权为依据合意及由一定方式的证书和契约所生的抵押权。

第 2118 条　抵押物以下列财产为限：

一、得为买卖的不动产及其视为不动产的附属物；

二、收益期内同一不动产及其附属物的收益。

第 2119 条　动产不得设定抵押权。

第 2120 条　本法典的规定不变更海商法有关船舶及航海船舶的规定。

第一目　法律上抵押权

第 2121 条　赋予法律上抵押权的权利和债权如下：

一、已婚妇女的权利和债权对于其夫的财产；

二、未成年人及禁治产人的权利和债权对于其监护人的财产；

三、国家、区乡、公共机关的权利和债权对于税收人员及会计人员的财产。

第 2122 条　有法律上抵押权的债权人，在以下规定的限制下得对于债务人现在的及将来取得的一切不动产行使其权利。

第二目　裁判上抵押权

第 2123 条　裁判上抵押权因司法上所为的判决——不问曾否经双方辩论或缺席，亦不问其为确定的或临时的——而发生；关于私署债务证书亦得经裁判上取得债务人的承诺或司法上的确认而发生裁判上抵押权。

裁判上抵押权，在以下规定的限制下，得对于债务人现在及将来取得的不动产行使其权利。

公断决定，仅在法院签发执行命令时，始发生抵押权。

在外国法院的判决，亦仅在法国法院宣告其有执行力时始发生抵押权；但政治的法律及条约有相反的规定时，不在此限。

第三目　契约上抵押权

第 2124 条　契约上抵押权，仅由有处分其不动产能力之人，始得设定之。

第 2125 条　在不动产上有权利之人，如其权利附有条件，或在某种情形下得解除或取消者，仅得在附有同一条件或同一解除或取消原因下，设定抵押权。

第 2126 条　就未成年人、禁治产人及不在人的财产，当此项财产仅被许可暂时占有的情形，仅依法律所定的原因及方式，或依法院的裁判，始得设定抵押权。

第 2127 条　契约上抵押权的设定应在公证人二人或公证人一人及证人二人面前按照公证书方式做成之。

第 2128 条　在外国缔结的契约，不得以在法国的不动产设定抵押权，但政治的法律或条约对此原则有相反的规定时，不在此限。

第 2129 条　契约上的抵押权，仅就在订定债务的公证书或在以后做成的公证书上具体记明现属债务人所有且经其同意作为债务抵押品的各不动产的种类及所在地的各不动产上，始有效成立。债务人得就其现有的每一不动产，个别地设定抵押权。就将来的不动产，不得设定抵押权。

第 2130 条　债务人现有并得自由处分的不动产如不足担保债务的清偿时，得将其不足之旨记载于证书并约定以后所得的不动产应陆续作为抵押物。

第 2131 条　抵押物如被毁灭或损坏以致不足担保债务的清偿时，债权人得请求立即清偿或增加抵押物。

第 2132 条　契约上抵押权的设定仅限于所担保债额在证书上已确定时，始生效力：如债权存在附有条件或债额未确定时，债权人仅得就其明白声明估价的限度内依下述规定请求登录，债务人认为有减低的理由时，亦有权请求减低其估价。

第 2133 条　抵押权的效力，应及于抵押物上所为的一切改良。

第四目　抵押权的顺位

第 2134 条　债权人间抵押权的顺位，不问其抵押权为法律上的、裁判上的、契约上的，应依债权人按法定方式登录于抵押权登记机关登记簿上的时日先后定之，但有次条规定的情形时，不在此限。

第 2135 条　在下列情形之一时，无须经过任何登录，即有抵押权的成立：

一、未成年人及禁治产人，因监护人为其处理事务，自监护人接受职务之日起，就监护人的不动产取得抵押权；

二、已婚妇女，因设有奁产及订有夫妻财产契约，自结婚之日起，就其夫的不动产取得抵押权。

妻关于其由继承所取得的奁产或婚姻关系存续中所受赠的奁产的总额，仅自继承开始或赠与发生效力之日起，就夫的不动产取得抵押权。

妻因与夫共同负担债务而取得的求偿权，或因其个人财产被夫出售而未予运用的价金，仅自债务发生或出售财产之日起，就夫的不动产取得抵押权。

在任何情形下，本条的规定不得影响第三人在本章公布前所取得的权利。

第 2136 条　夫及监护人对于其不动产上所负担的抵押权，负公告的义务，因此应将现在一切的不动产及以后取得的不动产从速登录于抵押权登记机关登记簿上。

夫及监护人不依前项规定请求登录，并不告知其不动产上已负担有其妻或被监护人的法律上抵押权，而同意或允许他人在其不动产上取得优先权或抵押权者，应认为假冒，处以民事拘留。

第 2137 条　监督监护人应注意监护人是否因执行监护职务而立即就自己的不动产进行登录，并应督促其进行登录；监督监护人个人就上述事项负责，如有违反，应负损害赔偿的责任。

第 2138 条　夫、监护人及监督监护人不依前条规定请求登录者，夫或监护人住所所在地或其不动产所在地的第一审法院的检察官应为登录的声请。

第 2139 条　夫或妻的血亲，未成年人的血亲，或无血亲时，其朋友亦得请求此项登录；妻及未成年人亦得自行请求登录。

第 2140 条　成年的夫妇在其夫妻财产契约上如约定仅就夫的某数个不动产为抵押权登录时，其他未为登录的夫的不动产免除作为妻的奁产或取回财产权或有关夫妻财产契约的权利的抵押物。夫妻不得约定不就夫的任何财产进行登录。

第 2141 条　未成年人的亲属会议决定仅就监护人的某数个不动产为抵押权登录时，其他不动产应适用前条的规定。

第 2142 条　在前两条所规定的情形，夫、监护人及监督监护人仅对于个别指定的不动产，负请求登录的义务。

第 2143 条　在选任监护人的证书上并未限定抵押权范围时，如就监护人全部不动产为抵押权登录已显示超过因执行监护所需提供担保的必要者，监护人得请求将其抵押权限定于足以完全保护未成年人利益所需的一部分不动产。

此项请求权应向监督监护人提起之，并事先应得亲属会议的同意。

第 2144 条　夫如取得妻的同意及其最近血亲四人的家庭会议的同意，得请求将妻由于奁产，或取回财产权，或有关夫妻财产契约的权利而就夫全部不动产取得的一般抵押权，限定于足以充分担保其妻的权利的部分不动产。

第 2145 条　对于夫及监护人所提起的诉讼，仅于听取检察官意见及进行辩论后，始得判决。如法院宣告抵押权仅限于部分不动产的判决时，就其他部分不动产所为的登录应予涂消。

第四节　优先权及抵押权的登录方法

第 2146 条　登录应在设定优先权或抵押权的不动产所在地的抵押权登记机关为之。如在破产程序开始前一定期间内所为的行为应宣告无效者，在上述期间内所为之登录，不发生效力。

被继承人的债权人中一人在继承开始后为抵押权的登录者，且继承仅为限定继承的情形，在债权人间亦适用前项的规定。

第 2147 条　凡有抵押权的债权人在同日登录者，不分别其在上午登录或下午登录，应取得同一的顺位而平等行使其抵押权，即使登记机关注明此项分别时，亦同。

第 2148 条　登录应由债权人本人或第三人向抵押权登记机关，提出产生优先权或抵押权的判决或证书的原本或公证抄本为之。

债权人应附交以印纸做成的详细申请书两份，其中一份得缮写于权利证书的公证抄本上；声请书应记载下列各事项：

一、债权人的姓名、住所、如有职业者其职业，及在抵押权登记机关管辖区内的选定住所(通讯处)；

二、债务人的姓名、住所、如有职业者其职业，以及关于其个人的详细叙述足以使抵押权登记机关识别何人为负担抵押权义务之人；

三、证书的日期及性质；

四、证书上所记载的债务原本总额，或请求登录的债权人对于依规定应估价的终身定期金、金钱以外的给付、期待权、附条件或未确定的权利所为的估价，以及附属于原本的权利的总额和清偿日期；

五、债权人欲保持优先权或抵押权的不动产的种类及所在地。

关于法律上或裁判上的抵押权，最后一款不必记载：无特殊约定的单纯抵押权的登录，其抵押权应及于在登记机关管辖区内的一切不动产。

第 2149 条　对于死者的不动产为优先权或抵押权的登录时，得依前条第二款规定仅记载关于死者的情况。

第 2150 条　登记机关应将申请书内容登录于登记簿而交还其证书或证书公证抄本及申请书一份于申请人，并应在申请书之末，附记已为登录的证明。

第 2151 条　登录某一产生利息的原本或定期金的债权人，有权以前两年及本年内应付利息和定期金与原本作为同一顺位享受抵押权的利益；但关于受第一次登录保护的定期金以外的定期金以特殊登录取得抵押权者，其抵押权的权利和顺位，从登记日起算。

第 2152 条　声请登录人及其代理人，或依公证书而受让其权利的人，得请求变更抵押登记簿上的选定住所，但须负责选择并指定在同一区域内的另一住所。

第 2153 条　国家、区乡或公共机关就会计人员的不动产所享有的

法律上抵押权，或未成年人、禁治产人、已婚妇女就其监护人或夫的不动产所享有的法律上抵押权，得提出记载下列事项的申请书两份，请求登录：

一、债权人的姓名、职业、现在住所及其在抵押登记机关管辖内的选定住所或由他人代为选定的住所；

二、债务人的姓名、职业、住所和关于其个人的详细叙述；

三、债权人受保护权利的种类及确定标的物的价值总额，关于期待权、附条件或未确定的权利，不必估定其价额。

第2154条　抵押权及优先权的登录，自登录之日起十年内保有登录的效力；在十年期满前如不更新登录者，应终止其效力。

第2155条　登录费用除另有约定者外，应由债务人负担之；除法律上抵押权外，由债权人先为垫付；在法律上抵押权的情形，登记机关为登录后得向债务人求偿登录费用。买卖的登录费用，即使出卖人请求登录时，仍应由买受人负担之。

第2156条　对债权人提起有关登录的诉讼，应向有管辖权的法院为之，传票应送达于本人，或送达于登记簿上所载的最后选定住所，虽债权人死亡或选定住所的主人死亡时，亦同。

第五节　登录的涂销与减缩

第2157条　涂销登录应依有涂消权的利害当事人的同意为之，或依终审判决或有拘束力的判决的宣告为之。

第2158条　在上述两种情形，请求涂销登录者，应向登记机关呈交记载同意的或判决的公证书的公证抄本。

第2159条　因他方不同意涂销登录，而诉请涂销登录者，应向登录地有管辖权的法院提起之，但登录如为保证附条件或未确定权利的判决的受偿，而关于该判决的执行及清偿，自称为债权人者及债务人正在或应在另一法院进行诉讼者，应向该法院提起之，或移送其诉于该法院。

但债权人与债务人约定如有争执应由已经协议的法院管辖时，此项约定，在当事人间发生效力。

第 2160 条　登录不根据法律或同意时，或登录虽系根据证书，但其证书不合法，或已失效，或已清偿，或已依法律上的方法消灭优先权或抵押权的权利时，对于此等登录，法院应为涂销的宣告。

第 2161 条　依法得就债务人现在及将来所有的不动产取得优先权或抵押权的债权人，未有约定的限制，而就债务人数宗不动产进行优先权或抵押权的登录，超过担保自己债权的必要者，债务人得请求法院将其登录减缩至足供担保的不动产，或涂销其超过担保必要部分的不动产登录。此项诉讼适用第 2159 条关于管辖的规定。

本条的规定对于契约上抵押权，不适用之。

第 2162 条　就数个不动产所为之登录，如其中一个或数个不动产的价值以其未设定负担前的价值为标准，超过其担保债权原本及合法附属权利的总额达三分之一以上时，应认为超过必要。

第 2163 条　抵押权担保的债权如并非由契约所订定而依其性质或为期待权，或为附条件或不确定的权利时，基于债权人的估价所为的登录，亦得依前条规定认为超过必要。

第 2164 条　在前条情形，法院应斟酌情况、条件实现的可能性与事实的推定，既保证债权人上述权利的担保又保障债务人合理地保留其信用的利益，而裁判其登录抵押权是否超过必要；如因某些事实的实现而使未确定债权大量增加时，不妨碍债权人依新的登录且自新登录之日起取得增加抵押权。

第 2165 条　在比较不动产的价值和担保债权的价值是否前者超过后者三分之一时，关于不动产价值的计算，先依土地税登记簿或征税通知单所记税率，并按土地税登记簿或征税通知单所记税率和不动产收入的比例，以计算该不动产的收入，再就此收入额，对于房屋以十倍计，对于土地以十五倍计，以确定该不动产的价值。但审判员对于收入额得借助于上述不动产的真实借贷证书或最近做成的估价报告书或其他类似的证书，在此各种材料中取其价值的平均数，以确定该不动产的收入额。

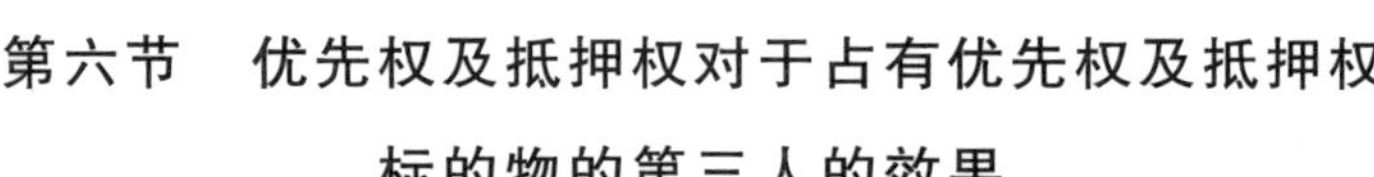

第六节　优先权及抵押权对于占有优先权及抵押权标的物的第三人的效果

第 2166 条　债权人对于不动产已为优先权或抵押权的登录者，不问该不动产转让于何人，仍保留其权利，并依债权的顺位，或登录的顺位而取得清偿。

第 2167 条　占有该不动产的第三人未依下述规定的方式消除其不动产上的负担者，基于登录的效果，仍以占有人资格负责清偿抵押权所担保的一切债务，并享受原债务人所得享受延期清偿的利益。

第 2168 条　占有该不动产的第三人，不问担保债权总额的多寡，应偿还一切到期的利息及原本，否则须不作任何保留，抛弃其负担抵押权的不动产。

第 2169 条　占有该不动产的第三人如不履行上述义务之一时，抵押权人在送达支付命令于原债务人并送达清偿到期债务或抛弃不动产的催告于占有该不动产的第三人三十日后，得请求扣押及出卖该不动产。

第 2170 条　占有该不动产的第三人，其个人并不负担债务，且主债务人一人或数人仍占有担保同一债务的其他设定抵押权的不动产时，占有该不动产的第三人得反对出卖其所受让且设有抵押权的不动产，并依保证章规定的方法主张先就主债务人其他设抵押权的不动产实行追索，在此期中，应暂缓该不动产的出卖。

第 2171 条　主张先就主债务人其他财产实行追索的抗辩，对于有优先权或在特定不动产上有抵押权的债权人，不得主张之。

第 2172 条　第三人占有不动产，其个人并不负担债务而有处分权利能力者，得抛弃其负担抵押权的不动产。

第 2173 条　在占有该不动产的第三人承认债务，或在法院判决其应履行债务后，仍得抛弃其不动产：抛弃并不阻止占有该不动产的第三人在拍卖前，因偿还其全部债务及费用而取回不动产。

第 2174 条　因抵押权而抛弃不动产者，应在不动产所在地法院书记室为之；法院应给予抛弃的证书。

法院依最有利害关系人的请求，对于已抛弃的不动产应指定财产管理人,关于不动产出卖的诉讼应依法定剥夺所有权的方式,向财产管理人提起之。

第 2175 条　占有该不动产的第三人因自己的行为或过失致抵押债权人或优先债权人受有损害时,应负赔偿之责;但不动产因改良而发生增值时,该第三人仅在增值限度内得收回为改良所支付的费用。

第 2176 条　占有该不动产的第三人由其收到请求清偿或抛弃不动产催告之日起,如诉讼开始后停止达三年时,应由其收到新催告之日起,负责交出其在设有抵押权的不动产上所收取的果实。

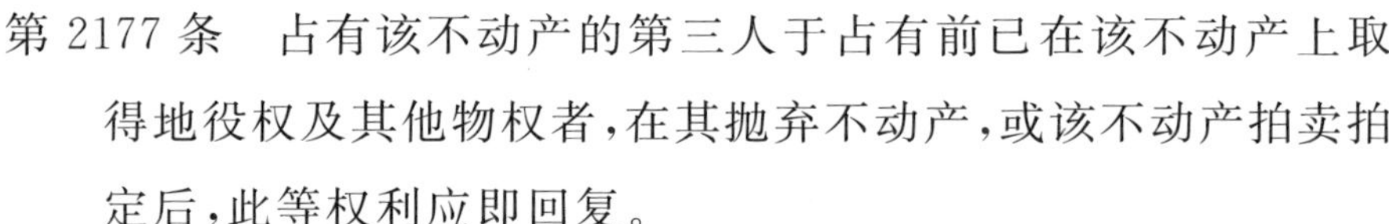

第 2177 条　占有该不动产的第三人于占有前已在该不动产上取得地役权及其他物权者,在其抛弃不动产,或该不动产拍卖拍定后,此等权利应即回复。

占有该不动产的第三人的债权人,应次于对以前所有人因登录取得抵押权的一切债权人,依照自己的顺位对于抛弃或拍卖的不动产行使其抵押权。

第 2178 条　占有该不动产的第三人如清偿抵押债务,或抛弃设有抵押权的不动产,或不动产因执行被剥夺所有权时,得依法定担保,对于主债务人行使求偿权。

第 2179 条　占有该不动产的第三人如偿还债额以消除不动产负担时,应依本章第八节规定的方式。

第七节　优先权及抵押权的消灭

第 2180 条　优先权及抵押权因下列情形而消灭:

一、主债务已消灭时；

二、债权人抛弃抵押权时；

三、占有不动产的第三人为消除其所取得不动产上的负担而履行法定方式及条件时；

四、时效完成时。

债务人就其占有的不动产，因产生抵押权或优先权的请求权时效届满，而取得其时效的完成。

第三人就其占有的不动产，依法律规定取得所有权的时效届满，而取得其时效的完成；在时效以权利证书为根据的情形，应由登录其权利证书于登记簿之日起，开始进行其时效。

债权人所为的登录，并不阻止法律为债务人或占有该不动产的第三人的利益所规定的时效的进行。

第八节　消除优先权及抵押权的方法

第 2181 条　第三人如拟消除在其不动产上的优先权及抵押权时，应将取得该不动产所有权或其他物权的契约全部，请求不动产所在地的抵押登记机关登录之。

登录应在登记簿上为之，登记员应给予登录证书于请求人。

第 2182 条　单纯登录不动产出让证书于登记簿者，并不消除不动产上现在负担的抵押权及优先权。

出卖人对于买受人仅移转其在出售的不动产上的所有权及其他权利；因此出卖人移转不动产时亦一并移转其所负担的优先权及抵押权。

第 2183 条　新所有人有意保证自己免受本章第六节规定诉讼的

效力时，应在其被诉前或在其收受第一个催告的一个月内，将下列事项，送达通知于债权人登录时所选定的住所：

一、权利证书的节本，其中仅记载证书的日期及性质、出卖人或赠与人的姓名及详细的叙述、出卖或赠与不动产的种类及所在地；如为一批财产时，不动产的概括指定及其所在地区、价金及构成价金部分的负担，或以不动产为赠与时，其估价额；

二、买卖证书登录的节本；

三、分作三栏的表格，第一栏记载各抵押权设定及登录的日期；第二栏记载各债权人的姓名；第三栏登录债权的总额。

第 2184 条　买受人或受赠人在同一证书上应声明不问债务到期与否，准备在不动产价金限度内偿付债务及抵押权的负担。

第 2185 条　新所有人在规定时间内送达上述通知时，所有已将其权利登录的债权人，得按照下列方式，请求将不动产公开竞卖或拍卖：

一、此项请求书应自收到新所有人送达第 2183 条通知之日起四十日内，送达于新所有人，上述期间如各债权人的真实住所与其登录的选定住所有距离时，每五十公里增加两日；

二、此项请求书应记载请求人的出价，超过契约订定的或新所有人声明的价金十分之一；

三、同一通知在同一期内应送达于前所有人及主债务人；

四、通知的原本及抄本应由为请求的债权人签名，或经其明示授权的受任人签名，在此情形，受任人有提出委任书抄本的义务；

五、债权人应按照价金及负担总额而提供保证。

不具备上列各款的方式者，其请求无效。

第 2186 条　债权人不在前条规定期间和规定方式而请求竞卖、拍卖不动产时，该不动产的价金即按照契约订定的价金，或新所有人所声明的价金最终确定，因之新所有人得依照债权人的顺位支付或提存上述价金，而消除该不动产上的一切优先权或抵押权。

第 2187 条　如依拍卖方式再卖不动产时，应基于为此种请求的债权人或新所有人的请求按照实行抵押权的规定为之。

请求人在公告上应记载约定价金，或新所有人所声明的价金，以及债权人所负责提出或要求提出的增加价金。

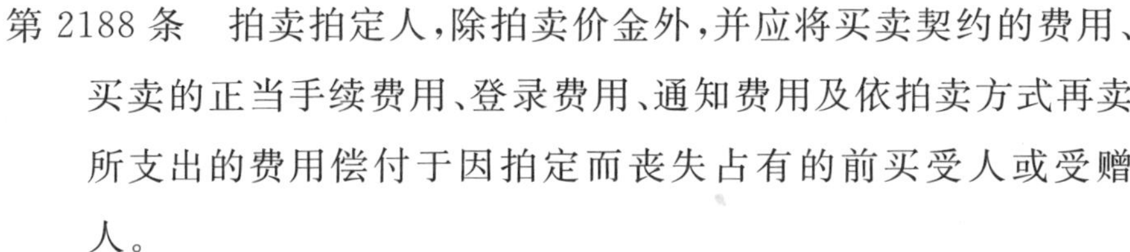

第 2188 条　拍卖拍定人，除拍卖价金外，并应将买卖契约的费用、买卖的正当手续费用、登录费用、通知费用及依拍卖方式再卖所支出的费用偿付于因拍定而丧失占有的前买受人或受赠人。

第 2189 条　前买受人或受赠人在拍卖不动产时因支付拍卖价金而保有不动产者，对于许可公开拍卖的判决，不负登录的义务。

第 2190 条　请求拍卖不动产的债权人，如撤回其请求，即使给付其自己竞买的出价，亦不停止公开的拍卖，但其他抵押债权人均明示同意时，不在此限。

第 2191 条　前买受人如为拍定人时，依法对于出卖人有权请求偿还超过原买卖契约所定价金的增额，及由每次支付此项增额之日起的利息。

第 2192 条　在新所有人的权利证书中如包括不动产及动产，或数个不动产，其中有设定抵押权或未设定抵押权的，在设定抵押权的数个不动产中，有在同一或不同登记机关管辖地区的，有以同一或个别价金购入的，有隶属于或不隶属于共同经营之用的情形，则关于每一分别登录有抵押权的不动产的价金在新所有人通知上应个别记载之，如有必要，并应根据权利证书上所载的全部价金，估计各不动产的价金。

在任何情形，不得强令竞买债权人出价购买动产，或非为担保其债权而在同一地区的其他不动产；但新所有人对于出卖人得请求赔偿其因分割不动产或割裂共同经营所发生的损失。

第九节　对于夫及监护人的不动产未为抵押权登录时消除其抵押权的方法

第 2193 条　如因监护事务，或奁产，或取回财产权，或有关夫妻财产契约的权利取得法定抵押权而未就监护人或夫的不动产进行抵押权登录时，监护人及夫的不动产买受人得消除在其买受不动产上现存的抵押权。

第 2194 条　为前条的目的，买受人应将其所有权移转契约经合法校正的副本一份，送交不动产所在地民事法院书记处存档，并送达通知书于妻或监督监护人及法院检察官以证明其业已将副本存档。记载订立契约的日期，契约当事人的姓名、职业及住所，不动产的种类及所在地，买卖的价金及其他负担等的本应继续两个月张贴于法院法庭；在此期间内，妻、夫、监护人、监督监护人、未成年人、禁治产人、其亲属或朋友及检察官，如必要时得就其所出卖的不动产向抵押权登记机关请求为抵押权的登录，此项登录与在缔结夫妻财产契约之日或监护人执行其职务之日为抵押权登录者有同一的效力；但如夫及监护人对于第三人设定抵押权而未声明该不动产已因婚姻或监护而负担抵押权时，不得以上述登录而妨碍第三人对于夫及监护人有权提起的诉讼。

第 2195 条　在张贴证书节本两个月期间内，如未有为妻、未成年人或禁治产人就所出售的不动产请求登录抵押权时，其不动产所有权应完全移转于买受人而消除因奁产，或取回财产权，或有关夫妻财产契约的权利或处理监护事务而发生的抵押权，但对于夫及监护人请求赔偿者，不在此限。

在两个月期内，如有为妻、未成年人或禁治产人就所出售的不动产请求为抵押权登录，而在结婚前或监护开始前的债权人应取得其不动产价金的全部或部分时，其买受人因付价金的全部或部分于有优先顺位的债权人而消除其不动产的负担全部或部分，因之，为妻、未成年人或禁治产人所为的抵押权登录应涂销其全部或部分。

如为妻、未成年人或禁治产人就所出售的不动产所为的抵押权登录为最早的登录时，买受人不得偿付任何部分的价金以损害其登录，此项登录，如上所述，应于缔结婚姻契约之日或开始监护之日发生效力：在此情形下，其他债权人在后的登录不能取得优先顺位，应涂销之。

第一〇节　登记簿的公开及登记员的责任

第2196条　抵押权登记员对于凡要求取得登录于登记簿上的证书的抄本和现存登录的抄本者，或要求取得并无任何登录存在的证明书者，应交付此种书类。

第2197条　抵押权登记员因下列情形发生的损害负赔偿责任：

一、对于在登记簿上权利移转证书的登录和向登记机关要求进行的登录，未为登录者；

二、在证明书上漏未记载现存的一个或数个登录者，在此情形，因请求人的陈述不充分以致发生错误时，不在此限。

第2198条　买受人在登录其买受不动产的权利证书后而请求证明书时，如登记员在其付予的证明书中漏未记载有关设定在该不动产上的负担的一个或数个登录者，除登记员负赔偿责任外，该不动产在新占有人手中即免除未记载的负担；但如买受人未付价金或债权人间的顺位未经法院认可前，不妨碍债权人依其顺位受分配的权利。

第2199条　登记员对于权利移转证书的登录、抵押权的登录，或交付证明书的请求，不得予以拒绝或迟延，如有拒绝或迟延时应负赔偿之责；为达到赔偿的目的，请求人得请求治安审判员、初级法院的执行员、其他执行员，或公证人一人加以两个证人的协助，到场做成拒绝或迟延的记录。

第2200条　但登记员应备置登记簿，按日期和号码的顺序，登录关于移转权利或设定负担证书的登录声请；并以贴有印花的纸张记明登记簿上声请登录的号数的有关不动产登记情况证明书给予声请登录之人，且限于依声请登录日期和顺序，登录移转权利或设定负担证书于为此目的所备置的登记簿。

第 2201 条 登记簿应用贴有印花的纸张为之，并由登记机关所在地法院审判员一人在其簿册每一页自第一页起至最末一页止附记号码并签名。其簿册应依证书登记簿册的同一方法，每日终结之。

第 2202 条 登记员应依照本章规定履行其义务，如有违反，初犯时处二百法郎以上一千法郎以下罚金，再犯时撤销其职务；并不妨碍当事人请求赔偿的权利，其赔偿应先于罚金给付之。

第 2203 条 登记员在登记簿上为关于书类提出的记载、移转权利和设定负担的登录，应依次登录，不留空白，且不间行；如违背上述规定时，处一千法郎以上二千法郎以下的罚金，并赔偿当事人的损害，此项赔偿亦先于罚金支付之。

第一九章 对于债务人不动产的强制执行及债权人间受分配的顺位

第一节 强制执行

第 2204 条 债权人对于债务人下列财产，得请求强制执行：

一、债务人所有的不动产及视为不动产的附属物；

二、债务人所有在不动产上的用益权。

第 2205 条 但对于某一共同继承人在遗产中不可分的不动产上所有的应有部分，其债权人在自己认为分割适当，请求分割或拍卖不可分物以进行分割前或在分割中依继承章第 882 条参与分割前，不得单独请求强制执行该应有部分。

第 2206 条　对于未成年人——不问其解除亲权与否——的不动产，或禁治产人的不动产，在未先就其动产取偿前，不得强制执行。

第 2207 条　在成年人与未成年人或禁治产人共同负担债务的情形，或在债权人先对成年人提起诉讼或在禁治产人未宣布禁治产前向其提起诉讼的情形，债权人即得对此等人共有的不动产请求执行，无须先就其动产取偿。

第 2208 条　对于作为夫妻共同财产一部分的不动产请求强制执行时，即使妻为债务人的情形，仅得对于其夫提起追诉。

对于妻不属于共同财产的不动产请求强制执行时，应向夫及妻提起追诉，如夫拒绝与妻共同应诉或夫为未成年人的情形，妻得请求法院许可其自行应诉。

在夫妻均为未成年人，或仅妻为未成年人，夫虽已成年，但拒绝代妻应诉时，法院得为妻指定监护人，在此情形，强制执行之诉即以该监护人为被告。

第 2209 条　债权人仅在设定抵押权的不动产价金不足清偿其债权的情形，始得就未设定抵押权的不动产请求强制执行。

第 2210 条　请求强制执行的数个不动产所在地如在不同的数个地区时，只能陆续请求执行之，但各不动产如为同一经营的一部分时，不在此限。

如各不动产为同一经营的一部分时，应向其主要经营地法院请求之；如无主要经营地时，应依照土地税登记的标准向提供最大收入额的不动产所在地法院为之。

第 2211 条　设定抵押权的不动产与未设定抵押权的不动产，或与不在同一地区的不动产，如构成同一经营，而经债务人的请求，其中若干不动产强制出卖时，其他不动产得随同出售；如有必要，按照强制拍卖所得总价金，以确定各不动产的价金。

第 2212 条　债务人如以公证租赁契约证明其不动产一年内不负有负担的纯收入足够偿还债务原本、利息及其他费用，并提出将此一年收入让与债权人时，法院得停止其诉；但在支付时发生异议或障碍时，仍得回复其诉。

第 2213 条　为确定的和已清算的债务的清偿，不动产的强制出卖仅得依公证及执行证书为之。

如债务尚未清算，其请求执行的诉讼有效，但强制出卖只能在债务清算后，始得为之。

第 2214 条　有执行效力的权利证书的受让人，仅在将受让事实通知债务人后，始得请求执行。

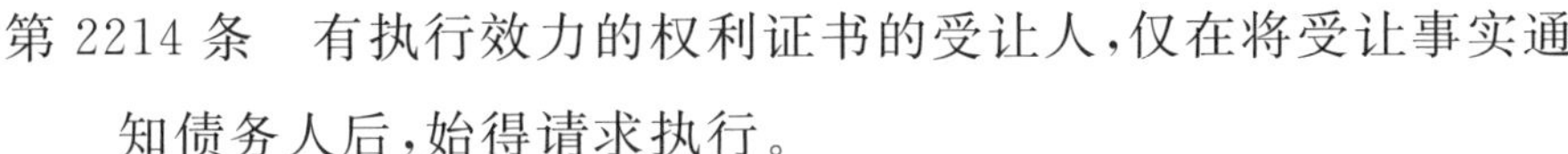

第 2215 条　执行之诉得依据确定或暂先判决为之，暂先执行，即有上诉时亦不停止执行；但强制出卖只能在终审判决或判决发生判决拘束力后，始得为之。

宣告缺席判决后在债务人得声明异议的期间内，不得提起执行之诉。

第 2216 条　债务人不得以债权人请求的债额超过其应负的数额为理由，而请求驳回执行之诉。

第 2217 条　债权人在请求强制出卖不动产之前应先请求执达员送达支付命令于债务人本人或其住所。

请求送达支付命令及强制出卖的方式，依诉讼法的规定。

第二节　债权人的顺位及其分配价金

第2218条　分配不动产价金的顺位及其进行分配的方式依诉讼法定之。

第二〇章　时效

第一节　通则

第2219条　时效谓依法律特定的条件，经过一定的期间，而取得财产的所有权或免除义务的方法。

第2220条　时效不得预先抛弃：但在时效完成后，得抛弃之。

第2221条　抛弃时效或为明示的，或为默示的：由事实得推定其抛弃既得权者即为默示抛弃。

第2222条　无处分权的人，不得抛弃已完成的时效。

第2223条　审判员不得自动援用时效的方法。

第2224条　无论诉讼进行至何种程度，即使在国王法院（上诉法院），均得主张时效；但依情况对于不为时效抗辩的人应认其为抛弃时效时，不在此限。

第2225条　〔有主张时效权利人的〕债权人或其他一切对于时效完成有利害关系的人，均得主张时效，即在债务人或所有人抛弃时效时，亦同。

第2226条　对于不能为买卖的物件，不得适用时效的规定。

第2227条　国家、公共机关及区乡与私人同受时效规定的拘束，并得向其主张时效。

第二节　占有

第 2228 条　对于物件或权利的持有或享有，称为占有；该项物件或权利，由占有人自己保持或行使之，或由他人以占有人的名义保持或行使之。

第 2229 条　为使时效完成，应具有以所有人的名义继续、不断、和平、公然并明显的占有。

第 2230 条　在任何情形均推定以所有人名义为自己而占有，但如证明其开始为他人占有者，不在此限。

第 2231 条　占有人开始占有时如为他人占有者，推定其此后亦为他人占有，但有相反的证明时，不在此限。

第 2232 条　如仅系单纯的授予他人为某种行为或容忍他人为某种行为的法律行为，不得成立占有或时效。

第 2233 条　胁迫的行为亦不得据以成立主张时效的占有。

有效的占有仅自胁迫停止之时开始。

第 2234 条　现在占有人如证明过去亦有占有者，在前后两时之间，推定为继续占有，但有相反的证明时，不在此限。

第 2235 条　占有人得将自己的占有与让与人的占有合并而使时效完成，不问占有人依何种方式继承让与人的占有：或基于包括的或特定的权利根源；或基于有偿的或无偿的权利根源。

第三节　阻止时效的原因

第 2236 条　为第三人占有者，不论经过任何期限，不得因时效而取得所有权。

因此，承租人、受托人、用益权人及其他一切非以自己作为所有人占有他人所有物的人，不得因时效而取得所有权。

第 2237 条　不问依前条规定的何种原因而占有他人财产之人的继承人，不得因时效而取得所有权。

第 2238 条　如前两条规定之人，基于从第三人受让的原因或自己否认所有人权利而为相反的主张，致使占有名义更改时，亦得因时效而取得所有权。

第 2239 条　依出让契约由承租人、受托人或其他非以自己作为所有人而占有他人财产之人受让其财产者，得因时效而取得所有权。

第 2240 条　任何人不得超出其取得占有的行为，依时效而取得权利：亦即任何人自己不得更改其占有的原因和性质。

第 2241 条　任何人得反于其设定权利的行为，依时效而取得权利：亦即任何人得依时效而消灭其所约定的债务。

第四节　时效中断或停止的原因

第一目　时效中断的原因

第 2242 条　时效的中断得依自然的原因或法律的原因。

第 2243 条　占有人被所有人或第三人剥夺其占有物的享用达一年以上者，即为自然的中断。

第 2244 条　送达法院传票、支付命令或扣押命令于享有时效利益者，即为法律的中断。

第 2245 条　为和解传唤被告至治安审判员办公场所，并在法定期限内向法院起诉者，其时效的中断应自和解传唤之日起算。

第 2246 条　裁判上传唤，即使该审判员无管辖权者，亦发生时效中断效力。

第 2247 条　有下列情形之一者，不认为时效中断：

一、传唤因欠缺形式而无效时；

二、原告撤回其诉时；

三、原告因不遵守诉讼期间而丧失诉权时；

四、原告之诉被驳回时。

第 2248 条　债务人或占有人对于因时效进行而受不利益之人的权利为承认时，即中断其时效。

第 2249 条　依前数条规定送达传票于连带债务人中之一人，或获得其承认者，对于其他连带债务人，包括他们的继承人，亦发生中断时效的效力。

送达法院传票于连带债务人的继承人中之一人，或获得其承认者，对于其他共同继承人，如债务非不可分割的债务，即使设定有抵押权，不发生时效中断的效力。上述的送达或承认，对于其他共同债务人，仅就该继承人负担部分的债务发生中断时效的效力。

送达传票于已死债务人的全体继承人或得其全体继承人的承认时，对于其他共同债务人全体发生全部中断时效的效力。

第 2250 条　送达传票于主债务人或获得其承认时，对于保证人亦中断其时效。

第二目　时效停止的原因

第 2251 条　时效除法律有特别规定外，对于任何人均不停止其进行。

第 2252 条　对于未成年人及禁治产人，应停止时效的进行，但有第 2278 条的规定及法律规定其他特别情形时，不在此限。

第 2253 条　夫妇间停止时效的进行。

第 2254 条　即使妻未依夫妻财产契约订定或经法院宣告采取分别财产制，对于已婚妇女由其夫管理的财产，不停止时效的进行，但妻对夫有求偿之权。

第 2255 条　依第 1561 条规定构成奁产制的奁产出卖时，在婚姻关系存续中，时效停止进行。

第 2256 条　在婚姻关系存续中，时效依下列情形停止进行：

一、妻只在其行使承认或不承认共同财产的选择后，始得自行提起诉讼的情形；

二、夫不经妻的同意而出卖其个人财产，夫对此种出卖负担保责任的情形，以及其他妻得转向其夫提起诉讼的情形。

第 2257 条　时效在下列情形下停止进行：

一、条件成就前的附条件债务；

二、追夺之诉提起前的担保请求权；

三、特定日到达前的订有特定日到期的债务。

第 2258 条　关于遗产的请求权，对于限定继承人，其时效不进行。

对于无人承认的遗产，虽未指定财产管理人，亦进行时效。

第 2259 条　在开具遗产目录的三个月期间和四十日的考虑期间

内，其时效亦进行。

第五节 时效期间

第一目 通则

第2260条 时效应按日计算，并不按时计算。

第2261条 经过期限最末日时，即发生时效的效力。

第二目 三十年的时效

第2262条 一切关于物权或债权的请求权均经过三十年的时效而消灭，主张时效的人无须提出权利证书，并不得对其援用恶意的抗辩。

第2263条 由终身定期金最后证书做成之日起经过二十八年后，债务人应债权人或其权利继受人的要求以自己的费用做成新证书给予之。

第2264条 在本章规定以外的客体应适用的时效，应依有关各章的规定。

第三目 十年或二十年的时效

第2265条 基于正当权利证书及善意而占有不动产之人，于真正所有人在不动产所在地国王法院（上诉法院）管辖区域内有住所的情形，经过十年时效而取得不动产所有权；于真正所有人在管辖区域以外有住所的情形，其时效期间为二十年。

第2266条 在真正所有人于不同的时间在管辖区域内并在管辖

区域外有住所的情形，将居住于管辖区域内的年数以一年作为一年计算，加以居住于管辖区域外的年数，以两年作为一年计算，如两数相加凑满十年，即完成十年的时效。

第 2267 条　违背法定方式而无效的证书，不得据以作为十年或二十年时效的权利证书。

第 2268 条　在任何情形均推定占有人为善意，主张恶意者，应负举证的责任。

第 2269 条　在取得占有时系善意者，即为善意占有。

第 2270 条　建筑人及承揽人，经过十年后，即免除其对于建筑或指导的巨大工程担保的义务。

第四目　若干特别时效

第 2271 条　下列请求权，经过六个月不行使而消灭：

一、科学及技艺教师每月授课的报酬请求权；

二、旅馆及饮食店主人的住宿费及饮食费；

三、工人及劳动者的每日工资及供给。

第 2272 条　下列请求权，经过一年不行使而消灭：

一、内科、外科医生、药剂师对于其出诊、手术和制药的报酬请求权；

二、执达员关于送达证书、执行任务的报酬请求权；

三、商人出卖其商品于非商人的请求权；

四、供食宿的私塾的教师，对于其学生食宿的费用和其他教师对于传授技艺的酬金请求权；

五、以一年为期所雇的佣仆对于其报酬请求权。

第 2273 条　律师对其费用及报酬的请求权，由当事人诉讼裁判宣告之日，或原被告双方和解之日，或撤销其律师委任之日起经过两年不行使而消灭。关于当事人未终结的诉讼，律师就其费用及报酬的请求权，因经过五年不行使而消灭。

第 2274 条　依前数条的情形，虽在继续供给、交付服务及工作中时，其时效亦进行。

如有公证计算书或私署债务证书，或提起诉讼时，其时效停止之。

第 2275 条　主张时效的人，应依相对人的请求，对其是否已为真正的偿还以宣誓证明之。

如主张时效人死亡时，相对人得要求主张时效人的孀妇及继承人以宣誓证明其是否知有负债情形；如继承人为未成年人时，得要求其监护人以宣誓证明之。

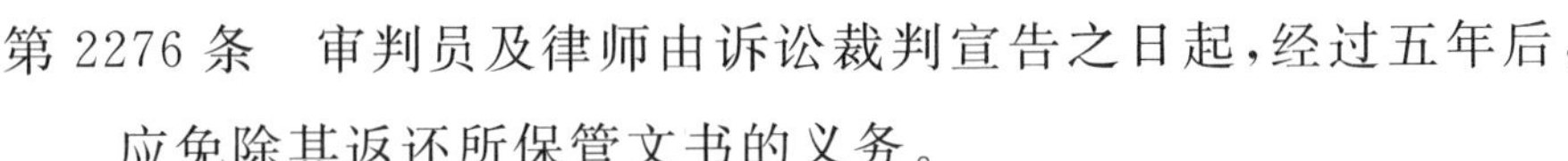

第 2276 条　审判员及律师由诉讼裁判宣告之日起，经过五年后，应免除其返还所保管文书的义务。

执达员由执行任务或送达其负责的证书之日起，经过两年后，亦免除其义务。

第 2277 条　下列请求权，因经过五年不行使而消灭：

一、永久定期金或终身定期金；

二、作为赡养的定期给付金额；

三、房屋及土地租赁的租金；

四、金钱借贷的利息及其他一切每年应付或在更短期间内应按期给付的款项。

第 2278 条　本节规定的时效，对于未成年人及禁治产人，亦不停止其进行;但未成年人及禁治产人对其监护人有求偿之权。

第 2279 条　对于动产,占有有相当于权利根源的效力。

但占有物如系遗失物或窃盗物时,其遗失人或被害人自遗失或被盗之日起三年内,得向占有人请求回复其物;但占有人得向其所由取得该物之人行使求偿的权利。

第 2280 条　现实占有人如其占有的窃盗物或遗失物系由市场、公卖、或贩卖同类物品的商人处买得者,其原所有人仅在偿还占有人所支付的价金时,始得请求回复其物。

第 2281 条　在本章公布前开始时效的进行时,适用以前法律的规定。

时效虽在本章公布前开始并依以前法律尚须经过三十年以上者,本章公布后只须经过三十年期间,即为时效完成。

图书在版编目(CIP)数据

拿破仑法典:法国民法典/李浩培,吴传颐,孙鸣岗译.—北京:商务印书馆,2017
(汉译世界学术名著丛书:120年纪念版:珍藏本)
ISBN 978-7-100-14463-6

Ⅰ.①拿… Ⅱ.①李… ②吴… ③孙… Ⅲ.①民法—法典—法国 Ⅳ.①D956.53

中国版本图书馆CIP数据核字(2017)第154807号

汉译世界学术名著丛书
(120年纪念版·珍藏本)
拿破仑法典
(法国民法典)
李浩培 吴传颐 孙鸣岗 译

商务印书馆出版
(北京王府井大街36号 邮政编码100710)
商务印书馆发行
北京新华印刷有限公司印刷
ISBN 978-7-100-14463-6

2017年12月第1版 开本710×1000 1/16
2017年12月北京第1次印刷 印张23½

定价:118.00元